U0525095

广州城市智库丛书

全球城市网络
与广州城市能级提升

邹小华 ◎ 著

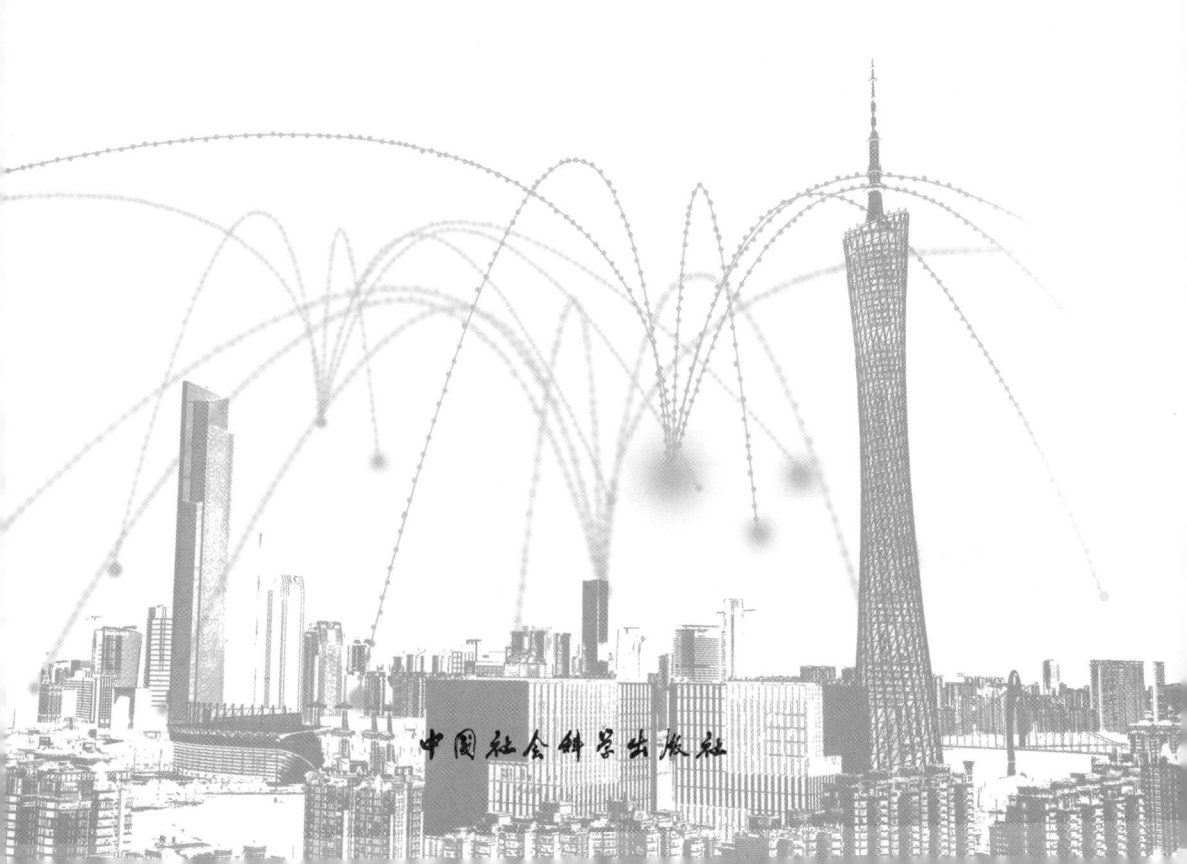

中国社会科学出版社

图书在版编目（CIP）数据

全球城市网络与广州城市能级提升/邹小华著 . —北京：中国社会科学出版社，2022.9

（广州城市智库丛书）

ISBN 978-7-5227-0902-4

Ⅰ.①全… Ⅱ.①邹… Ⅲ.①城市发展—研究—广州 Ⅳ.①F299.276.51

中国版本图书馆 CIP 数据核字（2022）第 178950 号

出 版 人	赵剑英	
责任编辑	喻　苗	
责任校对	胡新芳	
责任印制	王　超	
出　　版	中国社会科学出版社	
社　　址	北京鼓楼西大街甲 158 号	
邮　　编	100720	
网　　址	http://www.csspw.cn	
发 行 部	010-84083685	
门 市 部	010-84029450	
经　　销	新华书店及其他书店	
印　　刷	北京明恒达印务有限公司	
装　　订	廊坊市广阳区广增装订厂	
版　　次	2022 年 9 月第 1 版	
印　　次	2022 年 9 月第 1 次印刷	
开　　本	710×1000　1/16	
印　　张	17.5	
插　　页	2	
字　　数	220 千字	
定　　价	95.00 元	

凡购买中国社会科学出版社图书，如有质量问题请与本社营销中心联系调换
电话：010-84083683
版权所有　侵权必究

《广州城市智库丛书》
编审委员会

主　任　张跃国
副主任　杨再高　尹　涛　许　鹏

委　员（按拼音排序）
　　　白国强　蔡进兵　杜家元　方　琳　郭艳华　何　江
　　　何春贤　黄　玉　罗谷松　欧江波　覃　剑　王美怡
　　　伍　庆　杨代友　姚　阳　殷　俊　曾德雄　曾俊良
　　　张赛飞　赵竹茵

总　　序

何谓智库？一般理解，智库是生产思想和传播智慧的专门机构。但是，生产思想产品的机构和行业不少，智库因何而存在，它的独特价值和主体功能体现在哪里？再深一层说，同为生产思想产品，每家智库的性质、定位、结构、功能各不相同，一家智库的生产方式、组织形式、产品内容和传播渠道又该如何界定？这些问题看似简单，实际上直接决定着一家智库的立身之本和发展之道，是必须首先回答清楚的根本问题。

从属性和功能上说，智库不是一般意义上的学术团体，也不是传统意义上的哲学社会科学研究机构，更不是所谓的"出点子""眉头一皱，计上心来"的术士俱乐部。概括起来，智库应具备三个基本要素：第一，要有明确目标，就是出思想、出成果，影响决策、服务决策，它是奔着决策去的；第二，要有主攻方向，就是某一领域、某个区域的重大理论和现实问题，它是直面重大问题的；第三，要有具体服务对象，就是某个层级、某个方面的决策者和政策制定者，它是择木而栖的。当然，智库的功能具有延展性、价值具有外溢性，但如果背离本质属性、偏离基本航向，智库必会惘然自失，甚至可有可无。因此，推动智库建设，既要遵循智库发展的一般规律，又要突出个体存在的特殊价值。也就是说，智库要区别于搞学科建设或教材体系的大学和一般学术研究机构，它重在综合运用理论和知识分析研判重大问题，这是对智库建设的一般要求；同时，具体到一家智库个体，又要依据自身独一无二的性质、类型和定位，塑造独特个性和鲜明风格，占据真正属于自己的空间和制高点，这是智库独立和自立的根本标志。当前，智库建设的理论和政策不一而足，实践探索也呈现出八仙过海之势，这当然有利于形成智库界的时代标签和身份识别，但在热情高涨、高歌猛进的大时代，也容易盲目跟风、漫天飞舞，以致破坏本就脆弱的智库生态。所以，我们可能还要保持一点冷静，从战略上认真思考智库到底应该怎么建，社科院智库应该怎么建，城市社科院智库又应该怎么建。

广州市社会科学院建院时间不短，在改革发展上也曾经历曲折艰难探索，但对于如何建设一所拿得起、顶得上、叫得响的新型城市智库，仍是一个崭新的时代课题。近几年，我们全面分析研判新型智库发展方向、趋势和规律，认真学习借鉴国内外智库建设的有益经验，对标全球城市未来演变态势和广州重大战略需求，深刻检视自身发展阶段和先天禀赋、后天条件，确定了建成市委、市政府用得上、人民群众信得过、具有一定国际影响力和品牌知名度的新型城市智库的战略目标。围绕实现这个战略目标，边探索边思考、边实践边总结，初步形成了"1122335"的一套工作思路：明确一个立院之本，即坚持研究广州、服务决策的宗旨；明确一个主攻方向，即以决策研究咨询为主攻方向；坚持两个导向，即研究的目标导向和问题导向；提升两个能力，即综合研判能力和战略谋划能力；确立三个定位，即马克思主义重要理论阵地、党的意识形态工作重镇和新型城市智库；瞄准三大发展愿景，即创造战略性思想、构建枢纽型格局和打造国际化平台；发挥五大功能，即咨政建言、理论创新、舆论引导、公众服务、国际交往。很显然，未来，面对世界高度分化又高度整合的时代矛盾，我们跟不上、不适应的感觉将长期存在。由于世界变化的不确定性，没有耐力的人常会感到身不由己、力不从心，唯有坚信事在人为、功在不舍的自觉自愿者，才会一直追逐梦想直至抵达理想的彼岸。正如习近平总书记在哲学社会科学工作座谈会上的讲话中指出的，"这是一个需要理论而且一定能够产生理论的时代，这是一个需要思想而且一定能够产生思想的时代。我们不能辜负了这个时代"。作为以生产思想和知识自期自许的智库，我们确实应该树立起具有标杆意义的目标，并且为之不懈努力。

智库风采千姿百态，但立足点还是在提高研究质量、推动内容创新上。有组织地开展重大课题研究是广州市社会科学院提高研究质量、推动内容创新的尝试，也算是一个创举。总的考虑是，加强顶层设计、统筹协调和分类指导，突出优势和特色，形成系统化设计、专业化支撑、特色化配套、集成化创新的重大课题研究体系。这项工作由院统筹组织。在课题选项上，每个研究团队围绕广州城市发展战略需求和经济社会发展中重大理论与现实问题，结合各自业务专长和学术积累，每年年初提出一个重大课题项目，经院内外专家三轮论证评析后，院里正式决定立项。在课题管理上，要求从基本逻辑与文字表达、基础理论与实践探索、实地调研与方法集成、综合研判与战略谋划等方面反复打磨锤炼，结项仍然要经过三轮评审，并集中举行重大课题成果发布会。在成果转化应用上，建设"研究专报+刊物发表+成果发布+媒体宣传+著作出版"组合式转化传播平台，形成延伸转化、彼此补充、互相支撑的系列成果。自2016年以来，广州市社会科学院已组织开展40多项重大课题研究，积累了一批具有一定学术价值和应用价值的研究成果，这些成果绝大部分以专报方式呈送市委、市政府作为决策参考，对广州城市发展产生了积极影响，有些内容经媒体宣传报道，也产生了一定的社会影响。我们认为，遴选一些质量较高、符合出版要求的研究成果统一出版，既可以记录我们成长的足迹，也能为关注城市问题和广州实践的各界人士提供一个观察窗口，是很有意义的一件事情。因此，我们充满底气地策划出版了这套智库丛书，并且希望将这项工作常态化、制度化，在智库建设实践中形成一条兼具地方特色和时代特点的景观带。

感谢同事们的辛勤劳作。他们的执着和奉献不但升华了自我，也点亮了一座城市通向未来的智慧之光。

广州市社会科学院党组书记、院长

张跃国

2018年12月3日

目 录

第一章 导言 …………………………………………… (1)
 第一节 研究背景 …………………………………… (1)
  一 全球化下的全球城市网络 ……………………… (1)
  二 全球化与中国城市发展 ………………………… (5)
  三 广州对外开放下的城市全球化 ………………… (6)
 第二节 研究问题 …………………………………… (8)
 第三节 研究意义 …………………………………… (9)
 第四节 内容安排 …………………………………… (10)

第二章 城市全球化与全球城市网络研究综述 ………… (13)
 第一节 城市全球化 ………………………………… (13)
  一 城市全球化的内涵 ……………………………… (13)
  二 城市全球化的多样化动力 ……………………… (15)
 第二节 全球城市网络 ……………………………… (21)
  一 全球城市网络研究的理论基础 ………………… (21)
  二 全球城市网络的实证研究 ……………………… (28)
 第三节 全球城市网络中的中国城市 ……………… (36)
 第四节 小结 ………………………………………… (38)

第三章　国内城市全球化研究的热点与趋势 …………… (40)

第一节　数据来源和研究方法 …………………………… (41)
一　数据来源 ……………………………………………… (41)
二　研究方法 ……………………………………………… (41)

第二节　文献特征分析 …………………………………… (42)
一　载文量在波动增长中总体保持上升 ………………… (42)
二　城市规划、城市研究和地理类期刊是相关
　　研究的主要发表阵地 ………………………………… (43)
三　国内已基本形成较为稳定的研究单位和团队 …… (44)

第三节　国内城市全球化研究的热点变化 ……………… (46)
一　1992—2000 年：重点关注国际大都市建设的
　　硬件条件，广州和上海是研究热点城市 ………… (46)
二　2001—2005 年：研究内容"高端化"和
　　多元化，研究热点城市逐步"北移" ……………… (47)
三　2006—2019 年：国内多元实证研究的基础上
　　不断"走出去"，上海和北京仍是研究热点
　　城市 …………………………………………………… (49)

第四节　小结 ……………………………………………… (56)

第四章　广州城市全球联系发展的背景与现状 ………… (58)

第一节　广州国际化与全球联系发展历程 ……………… (58)
一　1949 年前作为中国对外贸易的重要窗口 ………… (58)
二　新中国成立后至改革开放前的缓慢发展 …………… (60)
三　改革开放下的国际化水平提升 ……………………… (61)
四　对外开放的扩大与全球联系的深化 ………………… (62)
五　深化对外开放与全球联系全面拓展 ………………… (64)

第二节　广州全球联系发展的基础 ……………………… (66)
一　国际交通枢纽提供重要基础 ………………………… (66)

二　国际商贸中心地位突出 ………………………………… (67)
　　三　科教文化与创新功能突出 ……………………………… (67)
　　四　全球人文交往联系频繁 ………………………………… (68)
　　五　城市生态宜居环境良好 ………………………………… (68)
　　六　全球资源配置功能突出 ………………………………… (69)
　第三节　全球联系评价中的广州 ……………………………… (69)
　　一　GaWC 的全球城市评价 ………………………………… (69)
　　二　科尔尼"全球城市指数" ……………………………… (70)
　　三　Z/Yen 集团"全球金融中心指数" …………………… (72)
　　四　2 Thinknow "全球创新城市指数" …………………… (73)
　　五　"新华·波罗的海国际航运中心发展指数" …………… (74)
　第四节　小结 …………………………………………………… (75)

第五章　广州全球联系的综合评价与比较 …………………… (76)
　第一节　城市全球联系发展趋势与国际经验 ………………… (76)
　　一　从经济联系为主到综合联系全面发展 ………………… (76)
　　二　从网络汇聚中心到网络控制中心 ……………………… (77)
　　三　从"硬"联系为主到"软""硬"并重 ……………… (77)
　　四　从要素联系到创新联系 ………………………………… (78)
　　五　从垂直体系到扁平化网络 ……………………………… (78)
　　六　从全球联系到区域联系 ………………………………… (79)
　　七　从政策吸引到城市软环境提升 ………………………… (80)
　第二节　研究方法与指标选取 ………………………………… (80)
　　一　研究方法 ………………………………………………… (80)
　　二　指标选取 ………………………………………………… (81)
　　三　对比城市选取 …………………………………………… (84)
　第三节　广州全球联系度的比较分析 ………………………… (85)
　　一　经济实力比较 …………………………………………… (85)

二　高端生产性服务业比较 ……………………………… (86)
　　三　科技创新比较 ………………………………………… (87)
　　四　全球联系比较 ………………………………………… (88)
　　五　国际影响比较 ………………………………………… (89)
　　六　文化软实力比较 ……………………………………… (90)
　　七　城市治理比较 ………………………………………… (92)
　　八　可持续发展比较 ……………………………………… (94)
　　九　人的现代化比较 ……………………………………… (95)
　　十　区域城市网络比较 …………………………………… (97)
　第四节　小结 ………………………………………………… (98)

第六章　广州全球高端生产性服务网络中的地位演变 … (100)
　第一节　GaWC 的全球城市网络研究 …………………… (100)
　　一　研究背景 ……………………………………………… (100)
　　二　研究对象与分析维度 ………………………………… (102)
　　三　研究方法和数据来源 ………………………………… (105)
　第二节　广州全球高端生产性服务网络联系度变化 … (113)
　　一　总体联系度较好，全球联系度稳步增长 ………… (113)
　　二　金融联系最为突出，各行业全球联系差异
　　　　明显 …………………………………………………… (119)
　第三节　小结 ………………………………………………… (122)

第七章　广州在全球及区域创新网络中的地位 ………… (124)
　第一节　创新活动的空间集聚 ……………………………… (125)
　　一　创新活动在空间上的连续性与变化性 …………… (125)
　　二　创新活动的空间集聚性 ……………………………… (127)
　第二节　研究数据与方法 …………………………………… (131)
　　一　创新的测度 …………………………………………… (131)

二　空间集聚的测定 …………………………………… (133)
　　三　创新的测度 ……………………………………… (134)
　第三节　全球创新集聚的空间特征 …………………………… (136)
　第四节　全球创新空间集聚形成机制 ………………………… (141)
　第五节　小结 …………………………………………………… (144)

第八章　广州在全球基础设施网络中的地位 ………………… (147)
　第一节　广州的全球交通联系及对比 ………………………… (148)
　　一　广州的全球航空联系 …………………………… (149)
　　二　广州的全球海运联系 …………………………… (152)
　第二节　全球信息网络联系对比 ……………………………… (154)
　　一　总体排名落后，与全球高信息联系度城市
　　　　差距较大 ……………………………………………… (155)
　　二　分项排名均靠后，国际信息传播与交流
　　　　名次最低 ……………………………………………… (155)
　第三节　广州全球交通信息联系的优势与制约 ……………… (157)
　　一　广州全球交通信息联系的优势 …………………… (157)
　　二　广州全球交通信息联系发展的制约因素 ………… (160)
　第四节　小结 …………………………………………………… (161)

第九章　广州全球商贸联系度比较分析 ……………………… (163)
　第一节　国际商贸中心的特征与历史演进 …………………… (163)
　　一　国际商贸中心的内涵 ……………………………… (163)
　　二　国际商贸中心的特征 ……………………………… (164)
　　三　国际商贸中心的演变历程 ………………………… (166)
　第二节　广州国际商贸中心发展的基础 ……………………… (168)
　　一　深厚的对外商贸积淀 ……………………………… (168)
　　二　发达的基础设施联系网络 ………………………… (169)

三　深厚的产业发展基础和制造业腹地 …………… (170)
　　四　良好的营商氛围 ………………………………… (172)
　　五　发达的会展业 …………………………………… (172)
　第三节　广州国际商贸联系的比较分析 ……………… (173)
　　一　全球贸易联系度对比 …………………………… (173)
　　二　全球消费联系度对比 …………………………… (176)
　　三　国际会展业对比 ………………………………… (177)
　第四节　小结 …………………………………………… (179)

第十章　"走出去"背景下的广州对外经济联系 …… (180)
　第一节　中国经济全球扩展研究 ……………………… (180)
　　一　中资企业全球扩展 ……………………………… (181)
　　二　产业要素的影响 ………………………………… (182)
　　三　制度因素影响 …………………………………… (183)
　第二节　中国经济的外向化特征与趋势 ……………… (185)
　　一　中国对外投资特征变化 ………………………… (185)
　　二　中国对外经济合作特征与变化 ………………… (194)
　第三节　广州经济"走出去"的特征与趋势 ………… (195)
　　一　广州企业对外投资联系 ………………………… (197)
　　二　广州对外经济合作联系 ………………………… (203)
　第四节　小结 …………………………………………… (205)

第十一章　广州提升全球联系度的对策建议 ………… (207)
　第一节　提升外向型企业的全球联系水平 …………… (207)
　　一　进一步支持企业"走出去" …………………… (207)
　　二　提升对境外跨国企业的吸引力 ………………… (209)
　第二节　强化国际商贸中心功能 ……………………… (210)
　　一　创新与完善国际贸易功能 ……………………… (210)

二　建设国际消费中心城市 …………………………………（212）
　　三　建设国际会展之都 ……………………………………（213）
第三节　着力提升全球高端生产性服务联系 …………………（214）
　　一　行业发展策略：扩大优势、强化中游、补齐
　　　　短板 ………………………………………………………（214）
　　二　错位发展，增强与粤港澳大湾区城市的协作 …（218）
　　三　实施差异化的全球联系空间拓展策略 …………（219）
　　四　建立高端生产性服务经济发展监测机制 ………（220）
第四节　提升城市创新能力 ……………………………………（220）
　　一　加强全球创新网络枢纽建设 ……………………（220）
　　二　构建连接国际资源市场的全球服务网络枢纽 …（221）
　　三　加强区域创新集群建设 ……………………………（222）
　　四　加强创新的人才保障 ………………………………（222）
第五节　提升城市国际交往能力 ………………………………（222）
　　一　全力打造"国际活动聚集之都" …………………（222）
　　二　实施广州城市品牌形象塑造与传播 ……………（223）
　　三　提升广州文化名城建设及国际认同度 …………（223）
　　四　复兴"传媒之都"活力 ……………………………（224）
　　五　提升国际组织参与度与影响力 …………………（225）

参考文献 ………………………………………………………（226）

图目录

图 2-1　Friedmann 提出的全球城市等级体系 ……………（22）
图 2-2　等级化城市网络 ……………………………………（23）
图 2-3　高端生产性服务公司分支机构网络 ……………（31）
图 2-4　全球城市网络中主要城市的地位及网络
　　　　连接度变化 ……………………………………（33）
图 3-1　1992—2019 年国内城市全球化研究文献
　　　　数量变化 ………………………………………（42）
图 3-2　国内研究单位共现网络 ……………………………（45）
图 3-3　国内研究作者共现网络 ……………………………（46）
图 3-4　1992—2000 年研究热点变化 ……………………（47）
图 3-5　2001—2005 年研究热点及其变化 ………………（48）
图 3-6　2006—2019 年研究热点及其变化 ………………（53）
图 4-1　1999—2008 年 GaWC 研究中中国主要城市
　　　　排名变化 ………………………………………（70）
图 4-2　广州在科尔尼"全球城市指数"排名中
　　　　变化情况（2015—2019） ………………………（71）
图 4-3　广州在 2Thinknow"全球创新城市指数"
　　　　排名中变化情况 …………………………………（73）
图 4-4　广州在"新华·波罗的海航运中心发展指数"
　　　　排名中变化情况 …………………………………（74）

图 6-1　2000—2018 年中国主要城市全球联系度排名变化 ……………………………………………（114）
图 6-2　2018 年全球联系度排名前 30 位城市 …………（114）
图 6-3　2000—2018 年全球联系度绝对变化值前十位城市 ……………………………………（115）
图 6-4　广州与全球各区域间的联系分布 ………………（116）
图 8-1　2017 年主要全球城市国际航空客运量对比 ……（149）
图 8-2　2017 年主要全球城市国际航空货运量对比 ……（150）
图 8-3　2017 年主要全球城市国际航空线路数量对比 ……………………………………………（151）
图 8-4　主要全球城市全球海运航线数量（2017 年） ………………………………………（153）
图 8-5　主要全球城市港口集装箱外贸吞吐量（2017 年） ………………………………………（154）
图 8-6　主要全球城市信息联系对比（2017 年）………（157）
图 9-1　2015—2019 年广州市工业增加值及其增长速度 ………………………………………（171）
图 9-2　2017 年主要全球城市货物进出口总额对比 ……（174）
图 9-3　2017 年主要全球金融中心发展指数对比 ………（174）
图 9-4　2019 年主要全球城市全球知名期货交易所数量对比 ……………………………………（175）
图 9-5　2017 年主要国际消费中心城市著名商业街年租金对比 ………………………………（176）
图 9-6　2017 年主要全球城市入境游客数量和旅游总收入对比 ………………………………（177）
图 9-7　2017 年主要全球城市会展业对比 ………………（178）
图 9-8　2017 年主要全球城市举办 ICCA 国际会议数量 ………………………………………（179）

图号	标题	页码
图 10-1	2010—2019 年中国对外直接投资额及增幅变化	(186)
图 10-2	2019 年末中国对外直接投资主体构成占比	(189)
图 10-3	2019 年中国地方对外直接投资地区分布	(190)
图 10-4	2016—2019 年中国对"一带一路"沿线国家直接投资变化	(194)
图 10-5	2001—2019 年中国对外承包工程情况变化	(195)
图 10-6	2010—2019 年中国对外直接投资额变化	(196)
图 10-7	2009—2019 年广州企业对外投资情况	(198)
图 10-8	广州企业境外投资的全球区域分布	(203)
图 10-9	主要年份广州对外经济合作业务情况	(204)
图 10-10	主要年份广州对外经济合作派遣人员情况	(205)

表 目 录

表1-1　弗里德曼的全球城市体系划分方案 …………………（3）
表1-2　史密斯和丁布莱克全球城市等级划分方案 ………（4）
表2-1　国内外学者关于城市全球化的定义及特征 ……（15）
表2-2　城市间联系形式的类型划分 ………………………（26）
表2-3　GaWC全球城市排名中中国城市地位的
　　　　变化（2000—2018年）………………………（37）
表3-1　国内发文量前20期刊不同时期载文数量
　　　　变化 …………………………………………………（43）
表4-1　1700—1950年广州城市人口数量及全球
　　　　排名变迁 ……………………………………………（59）
表4-2　广州在Z/Yen集团"全球金融中心指数"
　　　　排名中变化情况 ……………………………………（72）
表5-1　经济实力比较 ………………………………………（85）
表5-2　高端生产性服务业对比 ……………………………（86）
表5-3　创新能力比较 ………………………………………（88）
表5-4　主要国际大都市全球联系度比较 …………………（89）
表5-5　国际影响比较 ………………………………………（90）
表5-6　城市文化现代化比较 ………………………………（91）
表5-7　文化现代化比较 ……………………………………（91）
表5-8　城市治理比较（1）…………………………………（93）

表5-9	城市治理比较（2）	(93)
表5-10	城市可持续发展比较	(94)
表5-11	人的现代化比较（1）	(96)
表5-12	人的现代化比较（2）	(96)
表5-13	区域城市网络比较	(98)
表6-1	服务值矩阵样例	(106)
表6-2	城市间联系矩阵构建的样例	(107)
表6-3	城市全球高端生产性服务网络联系度样例	(109)
表6-4	全球邻近城市的联系度变化结果	(116)
表6-5	中国大陆主要城市的联系度及其构成	(117)
表6-6	中国大陆主要城市联系度变化	(118)
表6-7	全球高端生产性服务网络综合联系和分行业联系排名与广州相近的城市	(120)
表7-1	中国城市（区域）专利、科研成果、全球商业联系及综合创新联系对比	(138)
表7-2	全球范围与广州拥有同等创新水平的大都市区	(139)
表8-1	主要全球城市信息网络联系对比	(156)
表9-1	2019年主要全球城市举办国际会议数量	(165)
表9-2	国际商贸中心的功能分类	(166)
表9-3	不同时期国际商贸中心的内涵演变	(167)
表9-4	1776—1830年主要国家往来广州的外国商船数量	(169)
表9-5	2020年主要营商环境研究中的重要城市排名	(172)
表10-1	1979年以来中国对外投资政策变化	(183)
表10-2	中国对外投资合作在全球的地位变化（2010—2019）	(187)

表 10-3 2019 年中国对外直接投资的三大产业构成 …(187)
表 10-4 2018—2019 年中国对外投资不同行业变化 …(188)
表 10-5 2019 年末中国对外直接投资企业的所有制结构 …(189)
表 10-6 2018—2019 年中国对外直接投资流量前 10 省份 …(191)
表 10-7 2019 年全球各洲接收中国对外直接投资流量及比重变化 …(192)
表 10-8 2019 年中国境外直接投资在主要国家/地区的分布 …(193)
表 10-9 2010—2019 年中国对外直接投资流量全球排名变化 …(196)
表 10-10 2019 年广州境外企业情况 …(198)
表 10-11 2019 年广州企业境外投资的国家/地区分布 …(200)

第一章 导言

第一节 研究背景

一 全球化下的全球城市网络

（一）全球化的发展及其对城市影响的深化

全球化的发展由来已久，其起源最早可以追溯到大航海时期，全球贸易网络将世界范围内的国家和地区联系成一个整体（康拉德·S.，2018）。早期的全球化是资本主义经济全球扩张下的产物，以欧美为中心的资本主义经济在全球范围内影响力的扩大，塑造了中心—半边缘—边缘的世界体系（Wallerstein，1980；Wallerstein，1974），并且国家作为行动主体，在此过程中扮演了主要的角色。但工业革命前的城市发展较缓，虽然少数大城市（如长安、罗马、君士坦丁堡等）通过人口和财富积累，产生了一定的国际影响，但其更多的是作为区域性政治或经济中心，在全球范围内影响力有限（Chandler，1987）。

工业革命的爆发大幅提升了生产力，更多的城市通过工业化生产活动的集聚快速壮大自身规模和实力，并且不断扩展在区域乃至全球的经济、政治和文化影响力（King，1990）。这些全球顶级城市的出现，成为原有世界体系在空间上新的表达（Brenner，1998）。同时，随着全球化的不断演进，全球化过程中的行为主体逐渐由主权国家转变为跨国公司、国际移民、国际组织等国际行动个体和非国家行为体（入江昭，2018）。而城市，特别是重要的全球性城市作为这些跨国行为主体的空间载体，在全球化过程中发挥的重要作用也日益凸显（Heenan，1977）。

（二）全球城市的兴起

"世界城市"作为表述顶端城市的术语可以追溯到18世纪末。歌德（J. F. Goethe）将罗马、巴黎称为"weltstadte"（世界城市或世界性城市）（歌德，1999；歌德，2008），其所描述的世界城市更多的是在人类历史上有着巨大的文化影响力和辐射力的城市（张海平，2016）。"世界城市"（World City）一词的正式提出最早来自英国的吉登斯（Geddes，1915），主要指那些在贸易和交流网络中处于支配地位的国家首都（如巴黎、柏林）和经济中心（如杜塞尔多夫、芝加哥）等。霍尔（Hall，1966；Hall，1984）根据吉登斯的世界城市概念框架，将衍生自欧洲资本主义经济系统的日本和北美城市纳入研究，认为世界城市是拥有全球最重要商务量中不成比例的一大部分的某几个特定城市（共7个），后来他称为"巨型大城市"（Hall，1966）。之后世界城市和它的各种衍生概念日益流行。海默（Hymer，1972）利用跨国公司总部数量作为指标对世界城市进行排名，其也是最早利用经济变量对世界城市体系进行定量划分的研究者之一。弗里德曼（John Friedmann）在前人所提出的世界城市概念的基础上，用世界城市体系研究全球资本积累和空间联结，他和沃尔夫（Wolff，1982）认为世界城市起到世界或某一大区域的经济枢纽作用，是经济全球化推进的产物（Friedmann，1986；Friedmann and Wolff，1982）。

"全球城市"这一词的使用首推萨森（S. Sassen），她在《全球城市：纽约、伦敦、东京》（*The Global City*：*New York*，*London*，*Tokyo*）一书中提出相关概念，并认为纽约、伦敦和东京作为金融、服务和管理中心是世界经济的三巨头,而劳动力市场二元分割、移民同化、办公成本增长等是全球城市的通病(Sassen,1991)。萨森的全球城市是全球化时代最顶端的城市,但涵盖的范围比世界城市要小。①

(三) 城市间联系的加强与全球城市体系的网络化转向

经济社会活动和跨境人口迁移等跨国要素在空间上的集聚,决定了全球城市的发展并不是均衡的,一些城市通过集聚跨国公司、全球性金融机构、国际机构等的总部,以及作为全球交通和通信枢纽,在全球占据重要的中心和支配地位,与其他处于半边缘和边缘的城市一起,构成了全球城市体系(Friedmann,1986)。弗里德曼提出,全球城市应该是全球资本控制的基地,是大量国内外移民的目的地,同时还是资本主义矛盾的聚集地。他使用金融中心、跨国公司总部、国际机构的集中度、商务服务部门的增长度、重要的制造业中心、交通枢纽和人口规模7项指标,借用 Wallerstein 的核心—边缘模式(Wallerstein,1983;Wallerstein,1974;Wallerstein,1980),首创性地构建出全球城市体系(Friedmann,1986)(见表1-1)。

表1-1　　　　　弗里德曼的全球城市体系划分方案

核心区		半边缘地区	
首位	次位	首位	次位
伦敦	布鲁塞尔	—	—
巴黎	米兰	—	—
鹿特丹	维也纳	—	—
法兰克福	马德里	—	—

① 关于"全球城市"和"世界城市"这两个名词,学术界对其概念和内涵的界定并未达成共识,这两个词所表达的含义也较为相似,为避免产生歧义,下文中涉及全球城市和世界城市的相关内容,除一些专有名词外,统一用"全球城市"进行表述。

续表

核心区		半边缘地区	
首位	次位	首位	次位
苏黎世	—	—	约翰内斯堡
纽约	多伦多	圣保罗	布宜诺斯艾利斯
芝加哥	迈阿密	—	里约热内卢
洛杉矶	休斯敦	—	加拉加斯
—	旧金山	—	墨西哥城
东京	悉尼	新加坡	香港

资料来源：根据 Friedmann（1986）整理。

卡斯特尔（M. Castells）强调了信息技术在全球化中的作用。他认为，全球城市要提高其控制地位，必须发展促进信息流动的基础设施，他以电信基础设施为指标划分出了全球城市等级体系（Castells，1996）。2001年，史密斯和丁布莱克（Smith & Timberlake）通过对全球主要城市1977—1997年航空客流的网络分析，得出了另一种全球城市体系的划分方案（Smith and Timberlake，2001）。该方案同弗里德曼提出的方案相似度较高，被纳入体系的城市并没有太大的区别，只是在排名上有细微变化（见表1-2），但在划分的方法上，体现出了全球城市体系的研究由原来的属性研究向城市联系分析转变。

表1-2　　史密斯和丁布莱克全球城市等级划分方案

1991年		1994年		1997年	
城市	网络联系值	城市	网络联系值	城市	网络联系值
伦敦	1	伦敦	1	伦敦	1
法兰克福	0.944	法兰克福	0.94	法兰克福	0.859
巴黎	0.914	巴黎	0.932	巴黎	0.767
纽约	0.68	纽约	0.747	纽约	0.672
东京	0.579	阿姆斯特丹	0.677	阿姆斯特丹	0.614

续表

1991年		1994年		1997年	
城市	网络联系值	城市	网络联系值	城市	网络联系值
阿姆斯特丹	0.575	迈阿密	0.575	迈阿密	0.533
苏黎世	0.537	苏黎世	0.572	苏黎世	0.533
迈阿密	0.53	东京	0.571	洛杉矶	0.516
洛杉矶	0.524	洛杉矶	0.551	香港	0.516
曼谷	0.492	香港	0.537	新加坡	0.502
新加坡	0.492	新加坡	0.528	东京	0.491
香港	0.457	曼谷	0.504	汉城	0.463
马德里	0.429	马德里	0.416	曼谷	—

资料来源：Smith and Timberlake, 2001。

二 全球化与中国城市发展

20世纪70年代以来，中国实行对外开放，主动参与到全球化进程中来，以外商投资为代表的全球经济力量的进入，极大地刺激了中国经济的持续、快速发展（薛凤旋、杨春，1997），并且推动了中国社会主义市场经济制度的建立。特别是中国加入世贸组织后，对外开放进入新的阶段，中国得以在更大的范围、更广的领域、更高的层次上参与国际经济技术合作和竞争，并充分利用国际国内两个市场，优化资源配置，拓宽发展空间，为全面建成小康社会以及下一步实现现代化奠定更加坚实的基础（杨春贵，2003）。当前的全球化虽然充满了诸多不确定性因素，但也为中国的持续快速发展提供了良好的国际环境和有利的经济条件，并为中国经济的持续、健康发展提供了新的动力和机遇（孙庆平，2004；郭继文，2006）。

随着中国对外开放的持续扩大和"一带一路"倡议的提出，中国城市全球化发展也将迎来新的机遇。如何通过"引进来"和"走出去"相结合，进一步提升自身在全球城市网络中的联系度，是新一轮全球化下中国城市发展的重要突破点（潘峰华等，2019）。而在全球网络时代，形成开放型经济新体制，通过"引进来"和"走出去"相结合全面提升全球联系，必然成为中国城市寻求进一步发展应当考虑的一个重要方面。

三 广州对外开放下的城市全球化

（一）全球化水平不断提升

改革开放后，中国开始与世界各国恢复和建立经济、文化和政治联系，积极对接全球市场、WTO以及一系列国际合作机制与平台，以上海、北京、广州等为代表的城市国际化水平大幅提升，并逐渐成长为中国对外联系的门户和标杆城市（张蓉、许学强、叶嘉安，1995）。作为中国对外开放的前沿，广州已成长为国家重要中心城市，并且一直注重强化全球交通、经贸、文化等方面的联系，积极融入全球城市体系，已成为中国对外开放度和国际化水平最高的城市之一（于涛方、刘娜，2005）。广州的全球联系也经历了从低水平到高水平、从单一到多元、从硬联系为主向软联系拓展的演化过程（薛德升等，2010b）。

早期的广州，以全球交通和商贸中心为抓手，着重发挥千年商都优势，通过开办"广交会"，扩大对外贸易，不断开通国际航空、海运线路等，融入世界城市网络（龙绍双，2001）。进入21世纪，伴随着中国加入WTO及各种国际组织和平台，广州提升全球化联系的重点逐步转向基于制造业国际化的对外贸易和投资，全球贸易联系也由商品贸易向服务贸易转变，并从终端商品交易为主进一步向人才、技术、资金等生产要素引进配置拓展（尤彧聪、易露霞，2018）。

"十三五"以来，广州提出建设枢纽型网络城市及提高全球资源配置能力，并加强国际大都市建设和进一步迈向全球城市的发展战略，由此对广州强化全球联系度、进一步提升在全球城市体系中的能级提出了新的要求，即未来需加速向基础设施联系国际化、金融国际化、科技创新国际化乃至人文国际化、制度规则国际接轨贯通演进（彭高峰，2017）。近年来，广州国际航线数量增长明显、举办国际会议次数显著增加，引进外国领事馆数量增长迅速，更多地"走出去"进行城市形象的宣传与推广，更多地引进海外知名高校，国际产业与科技创新合作水平不断提升等（刘炜等，2019；曾德雄，2016）。未来，科技创新将成为全球经济发展新的核心支撑力量，同时科技支撑也是广州产业发展的重要着力点（郭艳华、周兆钿，2005）。

（二）全球化的质量有待进一步提升

广州虽然是中国对外开放最早、对外开放程度最高的城市之一，在全球化水平不断提升的同时，我们应该认识到，从全球联系的质量、构成以及总体实力来看，广州仍有待进一步提升和完善（Derudder et al.，2018；Zeng，2016）。从城市经济发展体量来看，2019年广州的GDP总量已位列全球城市前20强，但从全球联系度排名来看，2020年广州在全球化与全球城市研究小组（Globalization and World City research network，GaWC）组织发布的全球城市网络联系度排名中列第34位，一定程度上低于其经济总量排名，并且位列迪拜、米兰、法兰克福、布鲁塞尔、日内瓦等很多经济体量相对较小的全球城市之后。这种情况部分是源于广州的全球化程度与影响力低于此类西方城市，但更多还是由于广州全球联系的水平、质量与发展的全面性等低于这些城市。

具体来看，广州虽然拥有大量的世界500强、中国500强等大型龙头企业，但发端于广州本土的企业数量有限，并且这些企业绝大部分营收仍然来自国内市场，企业的全球影响力和全球化程度发展有限。广州已接纳了数十万常住外籍人口，在城市内部也形成了规模不等的族裔人群聚集区（李志刚等，2009；刘云刚等，2010），但其国际人口规模和结构与伦敦、纽约甚至上海、香港等国际大都市相比仍存在巨大差距。近年来，广州举办的国际会议和大型体育赛事等活动的数量大幅增加（李志刚、闵飞，2011），但通过举办国际会议发布具有世界影响力的研究成果、行动宣言、技术标准等却较少。广州每年实施的国际人文交流合作项目不少，且成功加入世界大都市协会并成为联合主席城市（姚宜，2013），但与国际大都市相比，广州远未发展成为全球文化及时尚的策源地、引领者和风向标。此外，尽管广州数字经济蓬勃兴起，数字经济的发展也产生了海量数据，但其跨境数据流的规模仍然较为有限（陆菁、傅诺，2018）。总体上看，广州提升全球联系水平和质量仍有很长的路要走，与世界的全方位、深层次对接与融合方面还有待进一步加强和深化。

（三）全球格局动荡带来机遇

当前，全球范围内的政治、经济体系正在发生重构，以欧美为主的反全球主义和反区域主义开始抬头，经济全球化遭遇逆流，中美战略博弈日趋激烈，新冠肺炎疫情肆虐全球，贸易争端此起彼伏，技术流动受到日益严格的审查，人员跨境流动受限加大，保护主义、单边主义、种族主义日渐抬头，地缘政治局势越发紧张，国际贸易和投资大幅萎缩，全球城市体系发展格局正在发生重构（丁工，2019）。这些全球化变量产生的变化为广州全球化进程带来了前所未有的挑战，但同时又创造了大量机会。

第二节 研究问题

广州的全球联系拥有深厚的历史积淀，并且经历了改革开放以来的快速发展。在此过程中，广州全球联系发展的历史演变特征，全球联系的构成特征，全球联系的优势、特色和新兴领域的发展特征如何？存在哪些优势和制约因素？广州如何把握全球化发展趋势从相关全球城市的发展经验中予以借鉴？广州应该从哪些方面着手，以及具体如何提升城市全球联系和全球化水平？以上问题也是本书试图回答的主要问题。

第三节 研究意义

本书从总体对比分析和分项分析入手，对广州的经济、社会、文化、基础设施等方面的全球联系进行系统深入分析，并通过与国内外先进的全球城市进行对比，分析广州在全球联系中的地位及其各方面联系存在的优势和不足。本书研究将为城市提升全球联系度，推动国际大都市建设进一步提供广州样本经验，推动国际大都市建设与全球城市网络理论进一步发展。目前，全球城市网络已成为国内外学界研究关注的热点，但当前研究主要是从宏观层面进行的结构性分析，对于具体城市全球联系度发展的个案深入研究及城市之间联系度的对比分析关注较少，而此类研究对于更加深刻地理解全球城市网络的形成过程和机制，以及城市全球联系拓展的战略选择等，都有着重要的意义。

从应用价值来看，深入剖析广州全球联系的发展过程、构成要素、空间分布等方面的特征和发展趋势，为广州进一步提升全球联系度、建设国际大都市的政策制定提供参考依据。本书结合国家"一带一路"建设和粤港澳大湾区战略实施，研究提出广州通过进一步提升全球联系度来推动国际大都市建设的战略构想，并就广州全球联系度进一步提升的目标模式、重点领域、重要区域以及实施路径等提出相应的政策建议，研究成果对城市决策层推进广州国际大都市建设和全球影响力的提升具有一定启示和实践指导意义。

第四节　内容安排

本书在内容上共安排了 11 章。其中第一章分析了全球化背景下城市发展的历程以及全球城市的兴起，并由之形成的全球城市网络，并回顾全球化对中国城市的发展加深以及广州受全球化影响的不断深化等背景，在此基础上提出了本书研究的问题和研究的意义。

第二章通过对相关文献的分析，梳理了以国外研究为主的城市全球化与全球城市网络研究发展的历程，着重对城市全球化的内涵与城市全球化的多样化动力进行了分析，并回顾了全球城市网络研究的发展历程以及对中国城市在全球城市网络中的地位变化进行了梳理。

第三章对国内城市全球化研究的热点话题与发展趋势进行了研究。本章利用基于 CiteSpace 工具的文献计量方法，通过对中国知网城市全球化与全球城市相关文献的分析，对国内城市全球化与全球城市研究文献的发展特征与趋势、热点话题的变化等进行了分析。

第四章回顾了广州全球联系的发展背景与现状。主要回顾了不同历史时期和不同政策背景下广州全球联系发展的特征演变，并从基础设施、经济、文化、人文、生态和资源配置等方面，对广州全球联系发展的基础进行了分析。此外，还梳理了当前主流全球城市排名中广州排名的变化。

第五章对广州的全球联系进行了综合评价和对比分析。在对当前城市全球联系发展趋势以及主要全球城市发展经验进行分析的基础上，从综合经济实力、高端专业服务实力、科技创新能力、全球联系能力、城市国际影响力、文化软实力、城市治理能力、城市可持续发展能力、人的现代化以及区域城市网络发展程度十个方面，对广州全球联系度的发展程度、基础和潜力等进行了综合对比分析。

第六章至第十章，对广州的基础设施全球联系、经济全球联系、科技创新全球联系、商贸全球联系以及经济"走出去"下的对外联系五个分项进行了深入分析。其中第六章基于当前全球城市网络研究的权威机构——GaWC的相关研究方法，以高端生产性服务业为例，分析了广州在全球经济网络中的总体排名变化以及全球联系特征。

第七章研究了广州在全球和粤港澳大湾区创新网络中的地位。本章在对创新集群和创新网络理论进行分析的基础上，选取了专利申请、科研产出以及高端生产性服务三个指标，对包括广州在内的全球100个创新城市和创新集群的全球创新联系的空间特征进行了分析，并着重分析了全球创新集聚形成的机制以及广州在全球和大湾区创新网络中的地位及发展的优势和劣势。

第八章研究了广州全球基础设施网络联系的特征。本章选取重要的全球城市，重点就这些城市在全球航空联系、全球海运联系以及全球信息网络联系三个方面的情况与广州进行了对比；同时，还对广州全球航空联系的空间特征进行了分析。在此基础上，总结了广州全球交通信息联系的优势和制约因素。

第九章对广州全球贸易联系进行了研究。本章首先对国际贸易中心的概念、内涵以及发展的历史演进进行了回顾，其次从广州对外商贸发展的历史积淀、基础设施联系的支撑、产业基础、营商氛围以及会展业的发展等方面，对广州拓展全球商贸联系的基础进行了分析。最后选取全球重要的商贸中心城市，从全球贸易联系、全球消费联系以及全球会展联系三个方面，就广州的全球商贸联系发展程度进行了对比分析。

第十章从广州经济"走出去"的视角，对广州的对外经济联系进行了分析。首先对中国经济"走出去"的相关研究现状进行了分析，着重梳理了中国经济全球扩展的企业属性、产业构成变化以及制度影响因素等方面的研究。在此基础上，分别对中国和广州对外投资与对外经济合作联系的特征和趋势进行了分析。

第十一章提出了广州进一步提升全球联系度的对策建议。主要从加强"走出去"和"引进来"两个方面进一步提升企业的外向联系、进一步强化国际商贸中心功能和联系、着力提升全球高端生产性服务联系、进一步提升城市创新能力以及提升城市国际交往能力五个方面，对广州进一步提升全球联系水平提出了针对性的对策建议。

第二章 城市全球化与全球城市网络研究综述

城市全球化的发展由来已久,并且不同时期城市全球化和全球城市/全球城市的内涵也存在一定差异,这也与不同时期全球的经济社会发展特征以及全球化的主要动力变迁有关。早期的城市发展动力主要来源于自身或者其周边腹地,这一定程度上限制了城市发展所需的资源、人口等的来源,城市发展的规模和影响力也有限。随着全球一体化水平的不断增强,人口、资源、文化、信息等要素在全球范围内的流动也不断强化,部分城市通过集聚和配置全球要素,获得了快速发展,在全球范围内的影响力也相应增强,城市的发展也由早期的依赖自身和区域性腹地,转变为依靠全球以及全球性腹地。基于此,本章主要梳理城市全球化的兴起和内涵演变,并对全球联系背景下作为个体的全球城市研究向作为系统的城市网络体系研究的转变进行梳理,总结城市全球化的动力和全球城市网络演化的机制,为后文的实证分析提供理论基础。

第一节 城市全球化

一 城市全球化的内涵

城市国际化的概念来源于全球城市和全球城市的相关研究,

城市的全球化水平表征了一个城市在全球城市体系中的辐射力、影响力、控制力。全球城市或全球城市的概念最早由英国城市规划师吉登斯在1915年所著的《进化的城市》中提出（Geddes，1915）。1966年，英国著名学者彼得·霍尔的《全球城市》一书，开启了现代城市国际化和全球城市的研究（Hall，1966）。此后，来自美国的两位著名学者弗里德曼和萨森分别从不同角度对全球城市研究做出了突破性贡献，使全球城市理论臻于完善（Friedmann，1986）。在国内，来自上海的周振华教授是最早引入西方全球城市理论，并将之再创新并成功应用于以上海为代表的中国城市战略规划实践的先驱（周振华，2006；周振华，2004）。

国内外学者虽因研究视角不同而对全球城市的界定有所差异，但均揭示了全球城市的两大基本功能属性：联结与控制（Gong，2015；Smith，2014）。其中，联结是基础和前提，控制是结果和标志。此外，国内外研究还进一步揭示：全球城市的特征集中体现为对全球经济、科技、政治、文化具有极强的控制力与影响力，全球城市不仅是全球战略性资源、战略性产业和战略性通道的控制中心，也是世界文明融合交流的多元文化中心和国际政治外交事务的协调管理中心（见表2-1）。综合国内外研究成果，可以认为，城市全球化发展的最高级形态是全球城市，高度全球化的城市是一个在全球经济及产业链上有控制力、在国际事务及标准制定中有话语权、在全球思想及文化时尚上有引领力的融国际经济决策、战略管控、文化引领、国际交往等高端功能于一体的世界重要节点城市。

表 2-1　　　　国内外学者关于城市全球化的定义及特征

代表学者	研究视角	概念界定	基本特征
彼得·泰勒 （Taylor，2004）	城市功能视角	那些已对全球或大多数国家产生经济、政治、文化影响力的国际一流大都市	国际政治中心 国际交通枢纽与商业中心 国际金融中心 世界文化、传媒与科技中心 巨大的人口集聚地
约翰·弗里德曼 （Friedmann，1986）	全球城市体系视角	全球经济一体化背景下的产物，是全球经济系统的中枢或组织节点，集中了控制和指挥世界经济的各种战略性功能	国际金融中心 跨国公司总部 国际组织总部所在地 高速增长的商务服务部门 重要的制造中心 主要的交通枢纽 重要的人口集聚地 国际人口迁移的目的地
萨斯齐雅·萨森 （Sassen，2001）	全球城市视角	能够高效管理、服务于全球经济并在全球经济运行过程中具备高度控制力的城市，本质上是全球资本服务地或全球价值链管控中心	国际经济的治理中心 重要的金融与专业服务集聚地 新兴产业集聚地 创新创意的策源地及主要市场
周振华 （2008）	全球化与信息化视角	在经济、文化及创新方面最具实力，在全球经济协调与组织中扮演超越国家界限的关键角色，成为全球资源要素配置的基本节点城市	世界经济协调与组织中心 全球经济体系的连接点 全球资本、信息、人才等要素的汇聚地与流动地 引领全球创新思想、创意行为、创业模式的主要策源地 融入全球城市区域的核心城市

二　城市全球化的多样化动力

（一）城市全球化的经济动力

传统全球城市研究者将城市全球化的发展动力归结为新国

际劳动分工下的资本主义经济重组和全球通信和交通技术的发展（Frobel et al.，1980；Feagin and Smith，1987）。科恩（Cohen，1981）分析了跨国公司组织结构和全球城市体系变化之间的关系，认为包括高端生产性服务公司在内的企业在组织管理结构上发生了新的变化，其通过全球性分支机构网络来组织全球化生产和管理的新模式，促成了作为商业决策的国际中心和公司战略制定地点的全球城市的出现。

弗里德曼（Friedmann，1986）则认为，全球城市形成的基本动力来自新的国际劳动分工，城市在融入世界经济的过程中，其经济结构和空间布局也会相应地进行重构，并且其中一些城市的功能和地位得到凸显，成为全球的关键节点，这些关键城市不再直接生产工业产品，而是作为国际资本集聚和扩散的中心，并通过复杂的全球经济联系网络成为整合全球生产和市场的指挥者和协调者。

萨森（Sassen，1991）也表达了相似的观点，即全球城市体系是全球经济体系在空间上的表达，而全球经济体系是由经济发展水平各异的区域经济系统所构成，经济实力越雄厚的区域，其拥有的全球城市的等级就越高，反之则越低（Sassen，1994）。她认为，全球城市的形成动力来自两股强大的经济力量的结合：一是以制造业为主的生产活动在全球范围内的不断扩散；二是对这种生产活动的控制力不断向主要城市集中，带动了包括金融、法律、会计、广告、保险及咨询在内的高端生产性服务和金融服务行业在这些城市的空间集聚。

（二）城市全球化的政治动力

关于城市全球化政治动力的讨论主要集中在两个方面，一个是国家权力的尺度重构，另一个是全球城市内部的地方政治冲突。布伦纳（Brenner，1999）认为，在全球城市的发展过程中，国家对经济活动的管理功能并没有弱化，只是国家权力进行了重构，分成了民族国家、区域和地方三个尺度。民族国家通过空间构架的规划和相关制度安排，在协调经济活动的空间格局和城市—区域重构过程中产生了重要影响（Brenner，1998）。如首尔作为高度全球化的城市，国家的政策在城市的发展和重构，乃至融入全球经济体系的过程中，都发挥了重要的作用（Shin and Timberlake，2006）。

政治是推动全球化的要素之一，通过集聚拥有全球影响力的政治组织来提升在全球化中的话语权和影响力，也是部分城市提升全球化水平的重要策略之一。西蒙（Simon，1995）认为，在非洲大陆，大部分地区都是贫穷落后的后殖民国家，经济动力的解释很难在这里得到应用，而对于约翰内斯堡和内罗毕来说，在没有工业支撑的情况下，国际组织（主要是联合国驻非洲总部）的入驻，使得城市在区域乃至世界中的地位都得到了提升。

从城市发展的内部空间重构来看，全球城市的形成一定程度上是空间争夺的结果，如作为全球城市的法兰克福，城市中的社会空间重构不断在中心区和边缘区出现，社会冲突是重构出现的主要原因。亚太地区的大都市中每天都在不停地上演着全球城市形成过程中的直接冲突，表现为拆毁贫民窟、驱逐穷人，破坏旧的小规模的资本主义商业社区。本质上，社会和政治的推动力在城市的边缘产生了一个新的政治空间，从而使边缘地区成为城市新的增长极，原本的农业和农村的土地变成了全球城市形成和发展的复杂板块（Douglass，1998）。

（三）城市全球化的文化动力

全球城市通常是重要的文化中心城市。金（King，2012；King，1990）认为，除经济的国际劳动分工外，也存在文化的国际劳动分工体系。从文化全球化的角度看，由于信息和人员的流动，来自世界各地相互差异的价值观念、生活方式、艺术形式等文化要素需要以全球城市为空间节点实现全球流动,这赋予这些城市在全球文化要素流中的控制和协调的功能(King,2006b)。

在当今时代,西方掌握着话语权使其文化也成为主导,这样在全球范围内所建立起的所谓的"主流世界文化",事实上是全球城市发展文化动力因素的一种缺失(King,1991;King,2006a)。当前用生产性服务业来衡量城市全球化水平一定程度上忽视了全球城市发展的历史维度研究,特别是对于中国有着深厚历史文化底蕴的城市而言,已有研究并不能真实反映其全球化的真实情况(King,1990)。

传媒业作为一种文化产业,也是城市全球化的动力之一。文化产业集群在大传媒集团的全球网络中发挥着地方节点的作用,传媒公司与生产性服务业一样重要,它们不但能够制造世界性的文化市场空间,同时也是生产性服务业赖以生存的基础(Krätke,2003)。例如慕尼黑和洛杉矶,文化产业的发展对其全球城市性的提升起到了非常重要的作用(Krätke and Taylor,2004)。另外,文化策略也是全球城市营销的一种有效方式,柏林波茨坦广场的成功很好地说明了文化策略在城市全球化过程中的作用(王立等,2019;Lehrer,2006)。

全球城市的文化中心职能集中体现于其对全球文化的生产能力,这得益于三个方面:(1)由于经济的高度发达产生对文化消费的巨大需求,全球城市吸引了大量创意群体。(2)全球城市的文化多元性和包容性,为创意群体提供了丰富的创作元素和宽松的创作环境。(3)由于网络社会信息技术的发展,全球城市精英阶层的文化观念、生活方式,成为"流行""时尚"的风向标,迅速在全球范围内传播。由于以上三个因素,纽约、伦敦、东京等经济意义上的顶级全球城市,往往同时是全球文化的生产地。纽约、柏林、伦敦、东京、巴黎在其构建的"全球艺术中心指数"(Global Arts Centers Index)中排前5位(Skorska，2013)。其中纽约长期以来是艺术家的集聚地，是全球的创意中心，其得以保持其顶级全球城市的地位，最重要的动力不是金融业和高端生产性服务业，而是艺术、设计、媒体、娱乐等创意产业（Currid，2006）；伦敦是世界最重要的流行音乐生产地，音乐产品的生产增强了伦敦与世界其他城市的联系（Watson et al.，2009）；东京借助其高度发展的动漫和游戏产业，助力其地方文化的全球推广和城市国际形象的传播（Oóhagan，2007）。

近年来，学界兴起的对"全球传媒城市体系"（Global Media Cities）的研究，可以视为一种区别于经济体系的全球城市文化地图。克拉克特（Krätke，2003；Krätke and Taylor，2004）作为这一领域的开拓者之一，通过研究媒体企业的全球分布，描绘出全球城市的文化信息流动。霍伊勒等（Hoyler and Watson，2013）通过"链锁网络模型"（Interlocking Network Model）计算世界主要传媒企业的空间分布，描绘出全球传媒城市构成的文化网络。沃特森（Watson，2011）认为，传媒业产生文化要素的全球流动，西方城市在文化生产的统治地位受到亚太地区城市的抵制。莫尔德（Mould，2013）认为，传媒产业是全球城市的重要发展战略，悉尼通过电视剧生产提高城市的文化地位。

（四）全球城市发展的其他动力

1. 城市全球化的技术支撑

全球通信和交通技术的发展为城市全球化的发展提供了基础条件和支撑。格拉汉姆（Graham，1999）认为，全球城市是通过精细的、高水准的信息网络等基础设施连接起来的，其基础是全球光导纤维，通信和交通系统的非规范化和私有化，引发了横跨欧美的通信、媒体和光缆公司的重组，为了提升全球范围内的竞争力，这些公司正在组成前所未有的全球联盟。虽然新的信息通信和交通技术可能把全球的城市联系更紧密，但是他们似乎并没有把所有的重要经济区都包括进去，很大程度上，这些技术主要为霸权经济活动者和组织服务，这也一定程度上加剧了全球经济体系和城市体系发展的不均衡性（Toly et al.，2012；Graham，1999）。

2. 城市利用殖民经济关系参与全球化

金（King，2006b）展示了20世纪早期英国殖民地城市系统中的一些城市，主要包括印度、锡兰、南非、东非、西非、加拿大和加勒比海地区的城市，是如何通过宗主国参与国际劳动分工的。这些国家和地区中的城市作为18、19世纪英国的殖民地，为宗主国提供原材料，进口英国的工业制成品，如今也参与到了全球经济之中。在空间形式上，表现出同宗主国相似的建筑特征。

3. 利用国际援助打开城市大门参与全球化

沙特金（Shatkin，1998）认为，国际援助也是促进城市参与全球化的一种动力。柬埔寨作为一个到20世纪90年代政权才得以稳固的国家，在国际货币基金组织等国际机构的原则下，国家政府打开国门接纳世界经济的涌入，金边作为国家首都发展出了同东盟国家/城市之间的联系，它将泰国、新加坡和马来西亚作为潜在的市场，提供原材料和发展旅游业，使得金边在区域经济中的地位得到不断提升。

4. 利用新自由主义政策融入全球经济

1966年至20世纪80年代的殖民城市孟买，由于国家政府对进口依赖严重，国家对土地所有者和资产阶级实施征税制度软弱无力，城市无法生成足够的资金维持基本的需求。20世纪80年代末，国家政府采取新自由主义政策，放松合资股权限制，允许国外企业独资。随着外国公司的涌入，孟买逐渐形成了全球性的城市中央商务区。同样的状况也发生在加纳的首都阿克拉，国家政府开放政策，城市中的通信、房地产、广告等高端生产性服务业也开始繁荣（Grant and Nijman，2002）。

5. 利用非正规生产嵌入全球经济

圣保罗作为全球城市的发展过程不光来自巴西的外向型投资策略，对于城市广大的底层人民来说，非正规就业是其赖以生存的主要经济来源，如包括大型跨国公司和中小企业在内的正规生产单位将生产服务外包进行层层外包，最后由非正规就业的雇用工人完成生产，虽然这种非正规就业存在一定的不稳定性，但也被视为城市参与全球化过程和提升在全球城市体系中功能和地位的一项动力（Simon，2006）。

第二节 全球城市网络

一 全球城市网络研究的理论基础

（一）早期认识——全球城市等级体系

在吉登斯提出的全球城市概念的基础上，1966 年，霍尔通过对伦敦、巴黎、兰斯塔德、莱茵—鲁尔、莫斯科、纽约和东京七个城市或区域在政治、经济、文化、贸易、基础设施以及科技等方面所具备的重要职能，首次得出了当时以这 7 个世界上的顶级城市和地区为主的全球城市等级体系（Hall，1966）。早期的研究主要是对全球城市概念与内涵，及其具备的一些属性的探讨，关注的是城市本身，并且也未形成系统的全球城市理论，是对全球城市体系研究的一种探索。

弗里德曼及其合作者，在前人理论的基础上，从世界体系融合对城市的经济、社会、空间以及政治结构产生的影响出发，对全球城市的内涵及其形成机制进行了详细阐述（Friedmann and Wolff，1982）。并且，弗里德曼还创造性地提出了全球城市等级体系，认为全球城市作为银行、跨国公司等机构的总部，主要行使的是控制职能（Friedmann，1986）。弗里德曼的全球城市理论的一个重要贡献是认为全球城市并不是孤立的，而是存在于一个相互联系的体系之中，并且在 Wallerstein 将不同国家划分为中心、半边缘和边缘三个等级的世界体系（World System）理论基础之上（Wallerstein，1974），首次将世界范围内的主要城市划分为核心和半边缘两个等级（其中每个等级内部又细分为首要城市和次要城市）（见图 2-1）（Friedmann，1986）。虽然这一划分只是根据全球城市所具备的相关属性所进行的较为简单的描述与主观判断（Korff，1987），但其所开创的全球城市等级的研究，为以后的进一步研究提供了重要的借鉴。

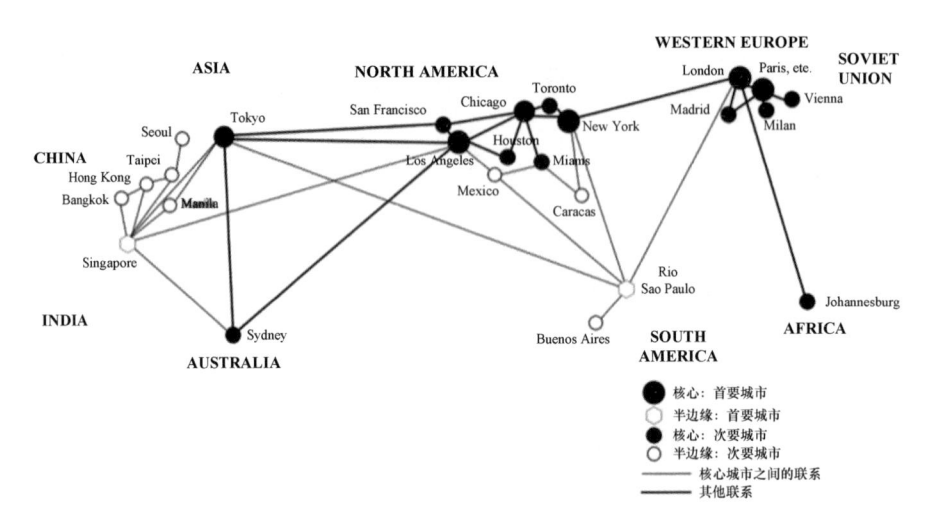

图 2-1 Friedmann 提出的全球城市等级体系

资料来源：根据 Friedmann（1986）绘制。

卡玛尼（Camagni，1993）也提出了等级化的城市网络观点，将城市网络从上往下分为世界、全国、区域三个等级，并且相邻两个等级之间也都存在着联系（见图 2-2），虽然这一观点只是理念上的，缺乏实证基础，但仍然为全球城市体系研究提供了有价值的启示。

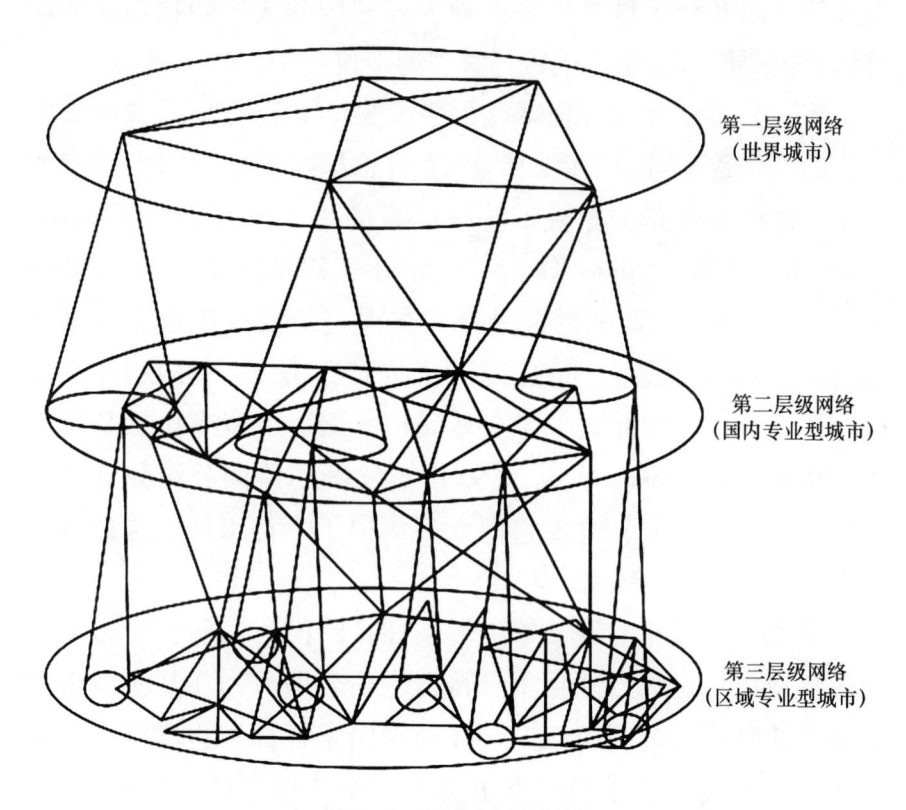

图 2-2　等级化城市网络

资料来源：根据 Camagni（1993）绘制。

图中标注：第一层级网络（世界城市）；第二层级网络（国内专业型城市）；第三层级网络（区域专业型城市）。

萨森（1991）认为，纽约、伦敦、东京等专业公司服务和金融服务高度集中的城市，同时也是相关产品与创新服务的生产与消费中心，并成为世界经济的控制中心，因此可被称为全球城市（global city）。与 Friedmann 的全球城市作为全球经济的控制与协调的中心的理论不一样（Friedmann，1986），萨森的全球城市理论更强调城市的生产功能，特别是对全球经济运行起着核心作用的高端生产性服务的生产以及金融创新的生产（Sassen，1991）。

肖特等（Short et al.，1996）提出了多项全球城市研究的数据来源，主要包括：主要金融中心、公司总部、电信通信节点、交通节点以及全球性事件举办地，并利用相关原始数据，来评价世界主要城市在全球城市等级中的地位。

跨国公司作为经济全球化的主要推动者，是全球城市研究关注的一个重要对象，因而跨国公司总部在全球范围内城市的分布，也成为研究全球城市等级体系的一个重要手段（Feagin and Smith，1987；Short Kim Kuus Wells，1996）。迈耶尔（Meyer，1986）利用主要国际金融公司在南美重要城市设立办事处的情况，对南美城市之间及其与世界重要城市之间的相互影响进行了分析，并依此划分了全球城市等级。罗森布拉特和普麦恩（Rozenblat and Pumain，1993）对欧洲的跨国公司分支机构的分布进行了研究，发现它们大多集中于大都市区，这也强化了欧洲城市的等级体系。

除了这一强化的城市等级体系外，跨国公司的空间布局行为还呈现出一定的专业化集聚特征，如金融活动在某些城市的集聚，并且跨国公司也倾向于布局在国家首都和边境城市，这也使得一些规模较小的城市也融入到全球城市体系中来（Rozenblat and Pumain，2007）。但随着全球经济的扩散，跨国公司的总部布局也开始不仅限于顶级的全球城市，而是向一些全国性或区域性中心城市扩散，这也使得利用跨国公司总部数量来表示顶级城市在全球城市等级体系中的控制地位的可信度减弱（Lyons and Salmon，1995）。这一手段无法说明跨国公司在全球区位选择的策略，不能真正反映全球城市体系的结构，同时还夸大了日本、韩国等中央集权式经济体的城市在全球城市等级体系中的地位，而使发展中国家的城市在全球城市体系中更加边缘化，因而缺乏一定的合理性，故应该同时考虑跨国公司总部和重要分支机构的区位（Godfrey and Zhou，1999）。

虽然关于城市研究的数据很多，但绝大多数数据都是关于单个城市的，而无法在城市之间进行对比，并且，早期关于全球城市等级体系的研究都是建立在早期一些假设和主观判断基础之上，而很少能定量地对全球城市体系进行测度，这也成为全球城市研究中一个"公开的秘密"，同时也大大降低了全球城市等级体系研究结果的可信度（Beaverstock et al., 2000; Short Kim Kuus Wells, 1996）。

全球城市等级体系研究只是对各城市本身属性进行对比，而忽视了城市之间的联系。并且，应用属性数据对全球城市体系所进行的相关研究，只是对全球城市进行了排名，并未反映出城市等级的结构，并且缺乏系统性，因此其建立的并不是真正的全球城市体系（Taylor, 1997）。

（二）全球城市网络研究的兴起

城市的发展不能独立于其他城市，而是与其他城市之间的联系息息相关的（Jacobs, 2014; Pred, 1975）。现代交通、通信以及信息技术的发展，为各种"流"在空间的流动提供了基础与支撑，在此基础上形成的网络中，城市作为其中的中心与节点，发挥着比作为传统的地点更加重要的作用（Castells, 1996）。城市之间的联系表现为多种形式。史密斯和丁布莱克（Smith and Timberlake, 1995）提出，虽然基于国家的世界体系具有一定的等级结构，但城市之间能通过各种流产生联系，因而可以看作是脱离于国家的独立单位（尽管城市之间的联系一定程度上受到国家的影响），并从经济、政治、文化、社会四个方面把城市之间的联系划分为人员、物质和信息三种类型（见表2-2）。罗和杨（Lo and Yeung, 1998）认为，全球城市是通过各种网络而相互联系的，并通过这些网络来提高其中心性与重要性，这些网络通过金融流、总部—分支关系、高科技服务的密度以及通信网络而产生。虽然城市之间存在着形式多样的联系，但绝大多数联系是无法定量测度的。

表 2-2　　　　　　　　城市间联系形式的类型划分

功能	形式		
	人员	物质	信息
经济	劳动力、管理人员、律师、咨询师	资本、商品	商业通话、传真、电传、技术转让、广告
政治	军队、外交、社会工作者	军事装备、国外援助	协议、政治威胁
文化	交换学生、舞蹈团、摇滚音乐会、剧院	绘画、雕刻、手工艺品	未来电影、视频、留声机唱片
社会再生产	家庭、红十字会、社区管理者	汇款、国外援助	明信片、午夜电话（night phone call）

资料来源：根据 Smith and Timberlake（1995）整理。

泰勒等（Taylor et al., 2001）继承和发展了沃勒斯坦的现代全球城市体系理论，结合布罗代尔的世界经济系统，将全球城市体系的讨论推广到全球范围。他将全球城市网络的形成置于长周期的历史背景之下，认为在不同的历史时期全球城市网络就已经出现，只是在不同的时期表现出不同的形态和结构。全球化时代，信息技术消除了距离带来的壁垒，各种流（flows）成为财富和权力积累的主要方式，流在某些节点汇集而形成了一个全球性的网络社会（Beaverstock et al., 2000）。同时，随着技术的不断进步，经济活动的扩张不再发生在于农村腹地之间，而是发生于周围的城市群之间。在这样的意义下，城市不再是一个场所，而是一个过程，是经济全球化整体中的一个部分。然而，这些交往和流动发挥的载体不是城市本身，而是驻扎在城市中的高端生产性服务公司（Advanced Producer Service Firms），公司之间的信息流动才是全球城市网络发生的原因

(Taylor and Walker, 2001)。

在构建全球城市体系网络时，泰勒打破了社会科学研究中原有的以国家为单元的研究模式，转而发展出一种以城市为中心的研究范式。思想上，他将国家和城市的互动关系划分成了三个阶段，分别是领土必要性阶段（the necessity of territoriality）、领土国家化阶段（nationalization of territoriality）和领土消亡阶段（the demise of territoriality）（Taylor, 1995）。在国际组织的出现和繁荣，布雷顿森林体系的崩溃和新的国际劳动分工的背景之下，国家的作用不再像之前那样重要，因此，我们正处在国家—城市关系的第三个阶段，城市开始在社会认同构建中取代国家，并且正在一步步侵蚀国家经济和民族国家（Taylor, 1995b）。重新尺度化，并以流动空间取代传统上的国家马赛克才是地理全球化的主要特征，以城市为单元才是理解地方—全球系统最有效的工具。在未来的社会科学研究中，城市网络将会成为新的元地理单元（Taylor et al., 2002；Beaverstock et al., 2000）。

以往全球城市研究（包括弗里德曼的30个全球城市）的数据基础是以国家为中心的，并且以属性数据为导向，这一城市研究中肮脏的小秘密（the little dirty secret）不能有效地研究全球城市所形成的体系和网络，因为层级体系的内涵是城市之间的联系，只有用能够反映城市之间联系的数据才能实现这一目的（Short et al., 1996）。基于认为数据上存在着问题，GaWC提出了三种用来衡量构建全球城市体系的数据标准，分别是通过商业新闻报纸所提供的能够替代联系的数据（surrogate of relations）、能够反映出城市间劳动关系的数据（移民）和能够反映城市关系的组织数据（APS），这些数据库得到了广大全球城市研究者的支持，因而全球城市体系的大量实证研究成果开始涌现（Smith and Timberlake, 1995）。

二 全球城市网络的实证研究

(一) 基于高端生产性服务企业联系的全球城市网络

1. 高端生产性服务业

对于高端生产性服务业,学术界并无明确的定义。早期的研究又将其称为高端公司服务 (advanced corporate services) (Cohen et al., 1981),即在生产性服务业中,为公司提供创新知识服务和金融服务的行业 (Beaverstock et al., 1999; Sassen, 1991),包括银行、保险、会计、法律、广告、管理咨询等,其主要特征是高度专业化和高度的技术密集性 (Taylor et al., 2001)。高端生产性服务业的出现是与现代公司的演变与专业化分不开的,公司的进一步发展离不开银行、保险和会计等金融服务的支持;公司扩张过程中难免要与政府、法律等政治组织和因素产生联系,这就需要专业的律师事务所为其提供专业化服务;随着公司的发展壮大以及业务的进一步扩张,就需要来自管理咨询公司和广告公司的服务 (Cohen et al., 1981)。因此,公司的扩张也带动了这些为其提供专业化服务公司的扩张,而这些公司在目标城市的集聚,为城市的进一步发展也提供了基础。换言之,跟随跨国公司进行扩张的高端生产性服务公司在特定城市的布局,对不同尺度的城市体系也会产生一定的影响。

2. 高端生产性服务业与全球城市

20世纪90年代以来,服务业,特别是高端生产性服务业在世界经济中发挥着越来越重要的作用,并且多集中于大都市 (Daniels, 1993)。萨森指出,现代公司的发展使得其内部经营与管理越来越复杂,而公司的产品多样化、公司合并以及跨国经营等都需要高水平的专业服务,如金融、管理咨询、会计、法律、广告、保险等,这使得公司,特别是跨国公司,对高端生产性服务业的依赖程度日益提高；另外，跨国公司分支机构的全球扩张，也带动了高端生产性服务公司分支网络的全球分布。由于行业面对面交流、减少交易成本以及更好地获取信息等的需要，高端生产性服务业倾向于在大都市区集聚，而纽约、伦敦、东京等全球顶级城市，也成为高端生产性服务业的高度集聚中心，高端生产性服务业的集聚，也有力地推动了这三大全球城市经济的增长，同时也强化了其全球控制能力，因此高端生产性服务业可以看作后工业化时代全球城市的最主要特征之一（Sassen，1991）。

3. 基于高端生产性服务业的全球城市网络研究

（1）全球城市网络研究与链锁网络模型

虽然高端生产性服务公司主要集聚于顶级的全球城市，但不仅限于此，其在等级相对较低的全球城市也有一定分布，因此应将基于高端生产性服务业的全球城市研究扩展到更多的城市（Beaverstock et al.，1999）。针对全球城市研究中用于定量测度城市间联系的数据缺乏问题，以 Peter Taylor 和 Jonathan Beaverstock 等为代表的一批学者发起成立了 GaWC，旨在探究定量测度城市间联系的数据与方法，其所提出的一系列方法中，最具代表性，也最为重要的一个便是利用高端生产性服务公司的分支网络，来测度全球城市网络（Beaverstock et al.，2000）。

高端生产性服务公司是经济型城市网络形成的关键作用者。阿布拉姆（Abrams，1978）认为，城市本身并不能产生经济联系。泰勒（2004）也提出应避免将城市"物化"（reification），并将全球城市网络分解成三个组成部分：作为节点的城市、作为亚节点的高端生产性服务公司的分支机构以及世界经济这一超越节点之上的网络，并提出，作为节点的城市本身并不能产生联系，连接城市的是作为亚节点的 APS 公司。其认为，银行、法律、保险、会计、广告、管理咨询等高端生产性服务公司位于不同城市的分支机构之间的联系，构成了当前全球城市之间联系的核心。在此基础上，全球城市网络可以被看成由三个要素构成：其中，真正作为作用主体的是作为亚节点的高端生产性服务公司分支机构网络（见图2-3），而分支机构之间的联系所构成的链锁网络（interlocking network），也成为全球城市网络的核心构成部分（Taylor，2001）。虽然基于制造业和基于高端生产性服务业的全球城市网络研究同样都是关注跨国公司，并且都是通过公司网络来研究城市网络，但由于其数据来源，使用模型与方法等方面的不同，两种方法及其所得出的全球城市体系也存在一定差异。

根据链锁网络模型的原理，高端生产性服务公司根据总部及分支机构的大小及重要性，一般可以分为五个等级，总部为最高等级，区域性中心或规模较大的分支机构次之，第三等级为规模较大的分支，第四等级为一般性的分支机构或办公室，最后一级为规模较小的代表处以及那些缺乏数据及有效信息的分支机构，最后根据这一标准，对不同城市的分支机构的重要性进行量化赋分，以此来计算城市之间的联系及各城市在城市网络中的重要性（Taylor et al.，2002）。

（2）全球城市网络特征的变化

在主要基于西方高端生产性服务公司的全球城市网络中，西方城市占据着重要的地位。由于高端生产性服务公司在拓展其分支网络时，一般具有一定的区域针对性，因此其连接下的全球城市网络存在明显的区域性特征，这其中三个最明显的区域是北美、西欧与亚太地区（Taylor，2004）。如纽约与伦敦高居首位，并且长期占据全球城市网络的核心位置，传统的核心地区的城市排名普遍较高，边缘地区的城市排名相对较低（Liu et al.，2014；Derudder et al.，2003）。

城市全球化是一个过程，全球城市网络的发展也处于一个

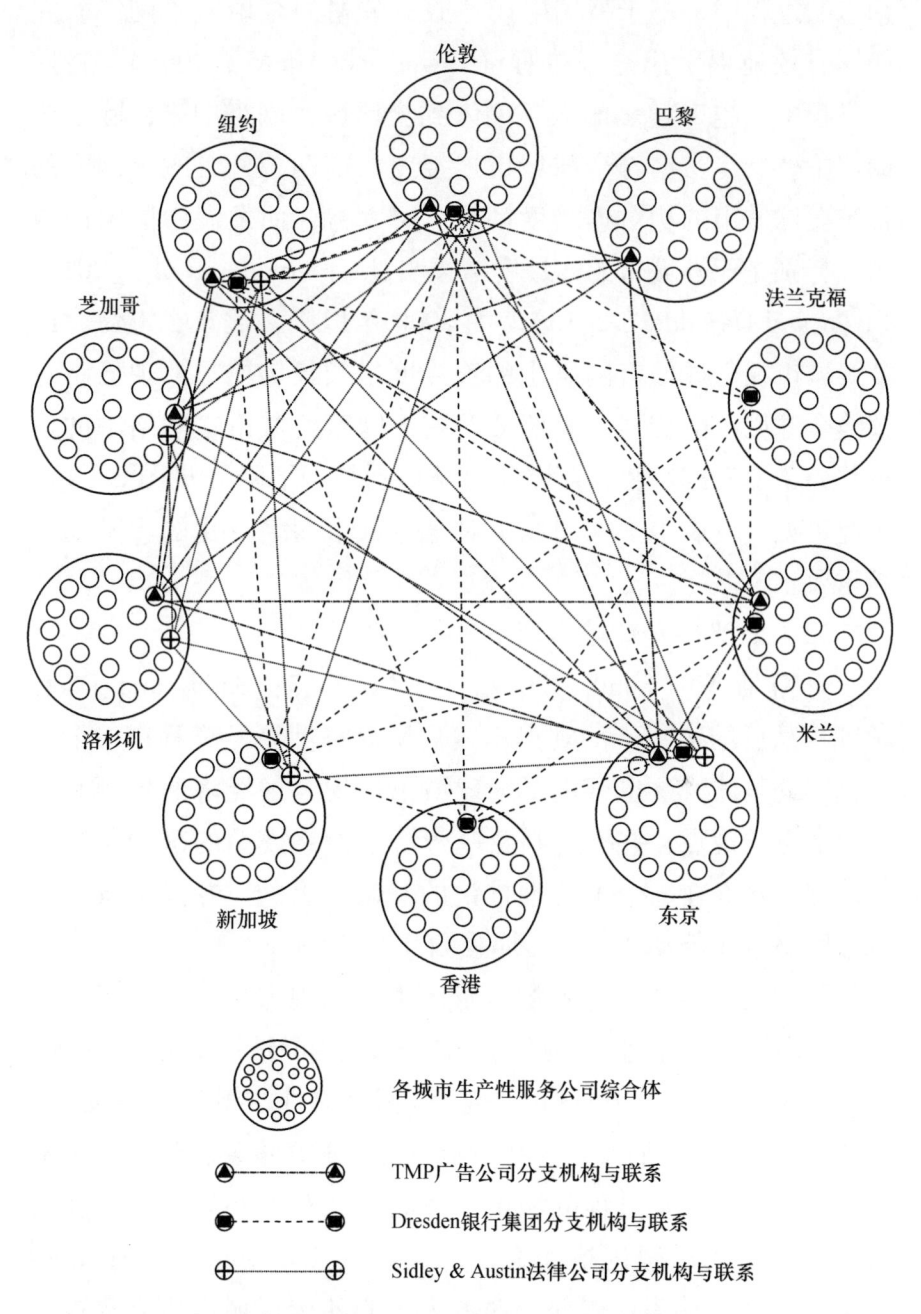

图 2-3 高端生产性服务公司分支机构网络

资料来源：根据 Taylor (2001) 绘制。

动态的过程中，基于高端生产性服务公司的全球城市网络研究能够有效地揭示出这一过程（Taylor and Aranya，2008）。在这一过程中，越来越多的城市融入到全球城市网络中来，除了纽约与伦敦始终占据着全球城市连接度的前两位外，欧美国家的传统全球城市的相对连接度都呈下降趋势，而发展中国家的城市，特别是亚洲城市的连接度增长明显（Derudder et al.，2010；Taylor and Derudder，2015）。如 2000 年以来，北京、上海、迪拜等城市在全球城市网络中的连接度增长最为明显，现已跻身顶级全球城市的行列，大部分发展中国家的城市在网络中的地位都处于上升的趋势，而欧美的城市则趋于下降（见图 2-4）。由此可见，发展中国家的城市对全球城市网络变化的贡献越来越重要。

（3）对当前全球城市网络研究批判

史密斯等（Smith，2014；Smith，2003；Smith and Doel，2011）从后结构主义的观点出发，反对将世界经济看作一个结构化了的整体，这也否定了全球城市作为全球经济的控制和协调的节点的观点，并据此判断基于链锁网络模型的全球城市网络研究是建立在一个不合理推论的基础之上的，并提出将全球城市网络看作行动者网络，应强调其多样性。

除此之外，一些学者从后殖民主义的观点出发，对当前全球城市研究的理论进行了批判。如麦肯（Mccann，2004）认为，当前的全球城市和全球城市研究只关注少数主要的"全球城市"或"全球城市"，而忽视了数量众多的不那么重要，却也通过不同方式融入全球化过程的城市，因此呼吁对不同规模和尺度的城市的全球化过程进行研究。罗宾逊（Robinson，2006；Robinson，2005）认为，当前以西方为中心的全球城市研究忽视了大多数发展中国家的城市，这主要体现在两个方面：（1）数量众多的发展中国家城市被排斥在了全球城市地图之外；（2）当

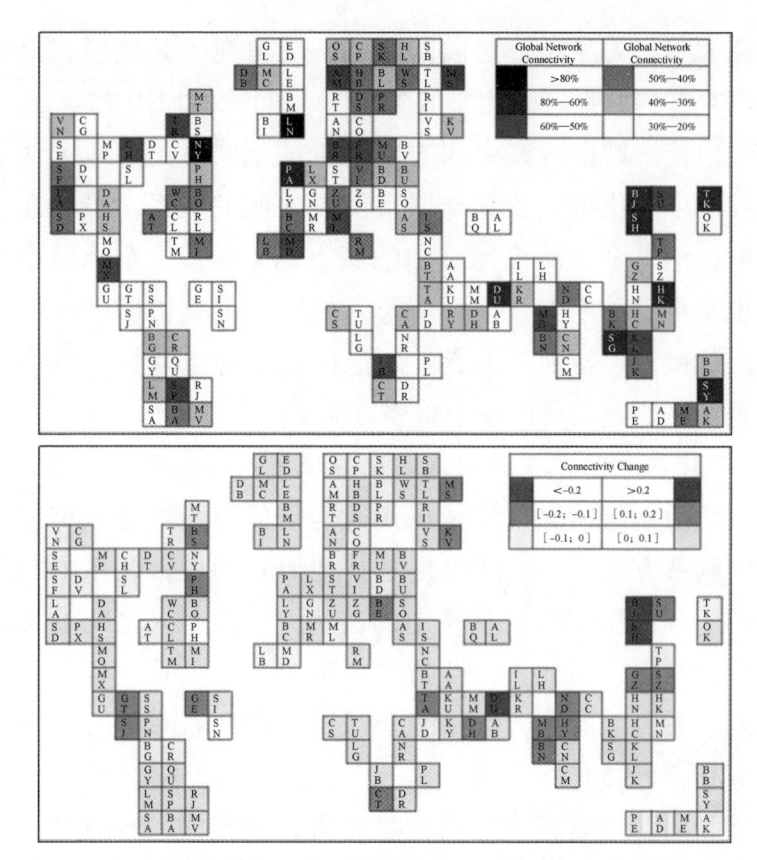

图2-4 全球城市网络中主要城市的地位及网络连接度变化

资料来源：(Taylor, et al., 2015)。

城市代码：LN 伦敦；NY 纽约；HK 香港；PA 巴黎；SG 新加坡；TK 东京；SH 上海；DU 迪拜；SY 悉尼；BJ 北京；CH 芝加哥；MB 孟买；ML 米兰；TR 多伦多；FR 法兰克福；SP 圣保罗；MS 莫斯科；LA 洛杉矶；MD 马德里；MX 墨西哥城；KL 吉隆坡；AM 阿姆斯特丹；SU 首尔；BR 布鲁塞尔；JB 约翰内斯堡；ZU 苏黎世；IS 伊斯坦布尔；WC 华盛顿；BA 布宜诺斯艾利斯；VI 维也纳；SF 旧金山；WS 华沙；JK 雅加达；MI 迈阿密；ME 墨尔本；ND 新德里；BC 巴塞罗那；BS 波士顿；BK 曼谷；SK 斯德哥尔摩；DB 都柏林；TP 台北；MU 慕尼黑；SA 圣地亚哥；AT 亚特兰大；RM 罗马；PR 布拉格；LB 里斯本；BN 班加罗尔；DS 杜塞尔多夫；HB 汉堡；MN 马尼拉；GZ 广州；MT 蒙特利尔；DA 达拉斯；CP 哥本哈根；TA 特拉维夫；CA 开罗；AS 雅典；PH 费城；BD 布达佩斯；LM 利马；CT 开普敦；BL 柏林；LX 卢森堡；HS 休斯敦；KV 基辅；BU 布加勒斯特；BT 贝鲁特；HC 胡志明市；BG 波哥大；AK 奥克兰；CR 加拉加斯；MV 蒙得维的亚；CN 金奈；RY 利雅得；VN 温哥华；MC 曼彻斯特；OS 奥斯陆；BB 布里斯班；HL 赫尔辛基；KR 卡拉奇；CS 卡萨布兰卡；DH 多哈；ST 斯图加特；GN 日内瓦；RJ 里约热内卢；GT 危地马拉城；LY 里昂；PN 巴拿马城；BV 巴拉迪斯拉发；SJ 圣何塞；MP 明尼阿波利斯；AB 阿布扎比；TU 突尼斯；CV 克利夫兰；NR 内罗毕；LG 拉各斯；HN 河内；SE 西雅图；CG 卡尔加里；SO 索菲亚；DT 底特律；RI 里加；PL 路易港；CC 加尔各答；AN 安特卫普；DV 丹佛；PE 珀斯；AA 安曼；MM 麦纳麦；SD 圣地亚哥；BM 伯明翰；NC 尼科西亚；QU 基多；BE 贝尔格莱德；AL 阿拉木图；RT 鹿特丹；MO 蒙特雷；ED 爱丁堡；KU 科威特城；HY 海德拉巴；SZ 深圳；LH 拉合尔；ZG 萨格勒布；SB 圣彼得堡；JD 吉达；BO 巴尔的摩；IL 伊斯兰堡；DR 德班；GY 瓜亚基尔；SL 圣路易斯；SI 圣多明戈；PX 菲尼克斯；SS 圣萨尔瓦多；CO 科隆；CL 夏洛特；AD 阿德莱德；BI 布里斯托；GE 乔治敦；TM 坦帕；GL 格拉斯哥；OK 大阪；SN 圣地安；MR 马赛；GU 瓜达拉哈拉；LE 利兹；RL 罗利；BQ 巴库；VS 维尔纽斯；TL 塔林；CM 科伦坡。

前研究大多只关注经济层面的联系,而忽视了其他形式众多却又真实存在的联系,这也是导致前一个问题的原因之一。因此,应该跳出传统城市研究中西方中心论的范式,更多地关注城市现代性的多样化特质及其与城市发展之间的关系。虽然在过去十年中,纳入全球城市网络中的城市越来越多,全球城市网络研究也不再仅关注少数顶级城市,但以上批判中所呼吁的关注更广泛的城市,特别是发展中国家的城市对全球城市网络的贡献,是未来研究发展的一个重要方向。

(二) 基于基础设施网络的全球城市网络

现代通信与信息网络。现代通信与信息网络是城市之间最主要的联系方式之一,同时也是其他形式的城市联系形成的重要基础。现代通信与信息技术的进步,使人与人之间的交流不一定要面对面,因此进一步方便了城市之间商业、信息等各种形式的联系,因而被当作测度全球城市之间联系的一个重要方式(Warf,1995)。

互联网是当前城市之间信息交流最主要的一种方式,并且高端生产性服务业快速发展的全球城市也越来越多地依赖以互联网为主的国际通信网络(Townsend,2001)。互联网骨干网络则是这一新型城市基础设施的代表,位于全球不同城市的互联网服务提供商之间的联系,也能一定程度上反映城市之间的联系,使其成为全球城市网络研究的一个可用指标(Abramson,2000)。全球化背景下的信息服务不只是集中于纽约、芝加哥、洛杉矶等大型都市区,而是通过在不同等级城市的分布,将数量众多的低等级城市也联系到同一个网络中来(Townsend,2001a)。

现代交通网络。尽管随着通信技术的发展,其逐渐成为全球交流的一个主要方式,但由于跨国商务活动面对面交流的必要性与时效性,国际航空运输并未因通信技术的发展而衰落。

国际航空网络由于其在全球城市联系中的重要作用及其数据的可获性优势，而成为全球城市体系研究的一个重要手段（Keeling, 1995）。史密斯和丁布莱克（1995）利用主要全球城市之间航空客流的数据，对 1977—1997 年全球城市等级与网络结构的变迁进行了分析。松本（Matsumoto, 2004）通过主要全球城市间的航空客货流数据，对全球城市网络的基本模式进行了分析。

不可否认，基础设施在世界经济运行以及全球城市联系中起到了不可或缺的重要作用，但基础设施网络仅仅为全球城市网络的形成提供一种支持和辅助，并不能用于解释全球城市网络的形成，因而不能很好地应用于全球城市网络研究（Taylor, 2001）。并且，利用航空流对全球城市体系的研究，由于缺乏起止点（origin-destination）数据、航空网络的国家中心性以及航空流中非商业人员对数据的干扰等缺陷，被认为不能很好地反映全球城市之间的真实联系（Derudder and Witlox, 2005）。

（三）基于全球商品与货运网络的全球城市网络

货运网络在全球城市网络研究中虽然应用较少，但近年来也有研究开始涉及。除前文提到的航空货运网络外，其他形式的货运网络还未真正应用到全球城市网络研究中来，但已有学者对全球商品网络下的全球城市网络研究（Coe et al., 2010; Brown et al., 2010），以及全球海运网络下的港口型全球城市网络（Jacobs et al., 2011; Jacobs et al., 2010）进行了相关探讨。全球商品网络能够很好地用来解释全球经济一体化下全球城市网络的形成，但由于当前背景下，反映城市之间商品与货运联系的数据几乎无法获取，因此对于定量化的全球城市网络研究的贡献有限。

（四）基于全球政治机构联系的全球城市网络

除了以高端生产性服务公司的数据得出全球城市网络之外，

2004年，泰勒等人还就社会结构变化中的其他要素进行了实证研究。他们以在全球市民社会中起重要作用的国际非政府组织数据，得出了城市中另外一种跨国活动的联系网络（Taylor，2004b）。非政府组织的活动同国家政府联系紧密，活动主要集中在首都城市。这一指标下的全球城市体系同高端生产性服务公司办公室形成的体系有很大区别，内罗毕是跨国活动联系网络的核心，原本在高端生产性服务联系度上排第一位的伦敦不在第一层级。

2005年，泰勒就政府间国际组织对政治性全球城市网络进行了探讨。他利用国家外交机构、国际组织和国家政府办公室为指标，测度出了三种空间形态的政治性全球城市网络（Political World-City Network），分别是超国家城市联系网络（Suprastate City Network）、跨国城市联系网络（Trans-state City Network）和国家间城市联系网络（Inter-state City Network）（Taylor，2005）。国家间联系的网络是发生在区域内部的，并且呈水平结构；超国家网络的结构是区域性的，结构是垂直的；而跨国联系网络则呈现出带状结构。这些网络同高端生产性服务业公司所形成的网络都存在着很大的差异。

第三节　全球城市网络中的中国城市

近年来，关于中国城市全球联系的研究开始不断涌现。马和丁布莱克（Ma and Timberlake，2008）利用中国主要城市的国际航空客流数据，对20世纪90年代以来上海、北京和广州等中国国内主要全球城市全球联系水平的变迁进行了研究，揭示了全球联系对中国城市在全国和全球城市网络中地位的影响。赖（Lai，2012）对上海、北京和香港三个中国主要的金融中心的城市功能进行了分析，发现三个城市具有互补性，即上海作为商业中心，北京作为政治中心，而香港作为国际性的门户城市。金钟范对中国和韩国之间跨国企业总部和分支机构之间的联系进行了研究，探究了中韩城市之间的联系，发现与韩国之间存在密切联系的城市多位于环渤海和长三角，北京、上海、青岛、天津等城市的连接度较强（金钟范，2016；金钟范，2010）。当前少数关于中国城市全球联系的研究虽然来自不同的领域，但共同表明，当前中国城市的全球联系越来越明显，其关注度也不断增长。

外资高端生产性服务公司对中国城市全球连接度的影响明显，这在中国城市在全球城市网络中连接度的快速增长中就得到了很好的体现。在 GaWC 基于高端生产性服务业的全球城市网络研究中，自 2000 年以来，中国城市在全球城市网络中的重要性不断增加，并且越来越多的中国城市开始融入到全球城市网络中来。这其中，北京与上海上升最为明显，到 2012 年已上升为仅次于纽约与伦敦的 A+ 级，广州的排名上升也较为明显，深圳则稍有起伏，其他新增的全球城市均为直辖市、计划单列市以及副省级等国内最重要的城市（见表 2-3）。

表 2-3　GaWC 全球城市排名中中国城市地位的变化（2000—2018 年）

城市	各年份排名/等级						
	2000	2004	2008	2010	2012	2016	2018
上海	31/A-	23/A-	9/A+	7/A+	6/A+	6/A+	4/A+
北京	36/B+	22/A-	10/A+	12/A	8/A+	9/A+	6/A+
广州	N/A	98/Γ-	73/B-	67/B	50/B+	40/A-	27/A
深圳	N/A	N/A	120/Γ	106/B-	120/B-	85/B	55/A-
成都	N/A	N/A	180/S	252/S	188/HS	100/B-	71/B+
天津	N/A	N/A	206/S	188/HS	162/Γ-	113/B-	86/B
南京	N/A	N/A	216/S	245/S	220/HS	139/Γ+	94/B
大连	N/A	N/A	219/S	275/S	237/S	140/Γ	118/B-

续表

城市	各年份排名/等级						
	2000	2004	2008	2010	2012	2016	2018
杭州	N/A	N/A	N/A	262/S	211/HS	160/Γ+	75/B+
青岛	N/A	N/A	N/A	267/S	193/HS	143/Γ+	127/B−
重庆	N/A	N/A	N/A	N/A	222/HS	163/Γ	105/B−
厦门	N/A	N/A	N/A	N/A	249/S	171/Γ	121/B−
武汉	N/A	N/A	N/A	N/A	293/S	190/Γ−	95/B
西安	N/A	N/A	N/A	N/A	273/S	209/Γ−	150/Γ+

注：1. 在 GaWC 的排名中，将所有城市根据连接度大小分为 Alpha（A）、Beta（B）、Gamma（Γ）、High sufficiency（HS）、Sufficiency（S）五个等级，其中前三个等级又分别细分成 Alpha++、Alpha+、Alpha、Alpha−、Beta+、Beta、Beta−、Gamma+、Gamma、Gamma−。

2. 港、澳、台的城市未包括在统计结果中。

3. N/A 表示该城市在对应年份无排名。

数据来源：根据 GaWC 网站公布的全球城市网络中城市连接度各年份排名整理，2020 年 5 月 22 日，http://www.lboro.ac.uk/gawc/gawcworlds.html。

德拉德等（Derudder et al., 2013）利用 GaWC 的数据，专门对中国城市的网络连接度进行了分析，得出了中国前 25 位城市的排名，其中上海、北京、广州等城市的全球性最高，昆明、武汉、沈阳等城市的地方性较高。泰勒等（Taylor et al., 2014）同样基于 GaWC 的高端生产性服务业数据，对中国城市的全球联系进行了城市对（city-dyad）分析，这一分析方法相对于城市总体连接度分析，增加了中国城市在全球城市网络中的重要性，并且不同城市所连接的城市类型也有区别，如与上海保持重要联系的主要是顶级的全球城市，而北京则与政治型全球城市以及亚太城市联系较为紧密。

第四节 小结

全球范围内经济发展的非均衡性以及经济联系的加强催生

了全球城市体系，对于全球城市体系的传统认识认为其是由少数顶级城市构成的等级性结构，并且由于城市间联系数据的缺乏，早期研究主要基于各城市属性数据的简单统计排名，并未反映城市之间的联系，因此不能真正反映"城市体系"的结构。随着城市间联系的加强，表示城市联系的数据日益丰富，全球城市网络逐渐成为全球城市体系研究关注的重点。全球城市网络的发展动力主要来自全球经济的运行，包括跨国公司、国际贸易等，同时也受社会、文化、政治、基础设施等领域要素的影响，在此基础上的网络化全球城市体系研究指标涉及经济、社会、政治、文化以及基础设施等多个方面。可见，构成城市全球联系的要素是多样化的，每个城市融入全球城市网络的方式与路径也存在差异。

改革开放以来，在外资进入的带动下，中国经济融入全球经济的程度不断加深，范围不断扩大，这也带动了中国城市融入全球城市网络体系的深化，并成为中国吸引全球经济力量和中国经济走向全球的前沿阵地，其中，北京、上海、广州等国内核心城市和沿海开放城市在其中发挥了重要作用，在全球城市网络联系中的能级也不断提升。

第三章 国内城市全球化研究的热点与趋势

20世纪80年代以来,学界关于城市全球化研究的热度不断上升(Liu et al.,2012;于涛方等,2011),研究经历了从概念辨析和理论探讨到定量化实证研究的深化过程。在国内,改革开放后,随着中国受全球化影响的日益深刻,国内城市对于提升城市全球化水平日益重视(Zhou,2002;罗小龙等,2011);另外,国内学者在对国外城市全球化理论引介的基础上,结合中国城市全球化的实践,以及对国内外城市全球化发展的对比,开展了大量的实证研究(杜德斌、冯春萍,2011)。城市全球化研究逐渐成长为国内城市研究的一个重要领域(薛德升、王立,2014)。

随着全球化对中国城市影响的不断加深,中国城市的全球化水平不断提升(薛德升等,2010),全球化力量正在渗透到中国城市发展的各个方面;同时,中国对外开放的进一步扩大,也推动了中国的全球化策略由改革开放早期的"引进来"为主转变为"引进来"和"走出去"并重,这也将对中国城市全球化产生新的影响,在此背景下,关于中国城市全球化新的研究热点不断涌现(姜炎鹏等,2019)。为进一步探寻中国城市全球化研究的发展脉络和研究热点,本章基于文献计量分析方法,对20世纪90年代以来中国城市全球化的研究热点演化进行分析，总结中国全球城市研究的前沿和研究热点的变化特征，为未来中国城市全球化研究和全球城市建设提供科学参考和经验借鉴。

第一节 数据来源和研究方法

一 数据来源

本章分析的文献数据来自中国知网数据库。由于城市全球化研究涉及的研究领域较广，为更加全面地覆盖国内城市全球化研究的相关文献，本章将文献搜索的范围定位为中国知网数据库中的所有中文研究论文，并将关键词搜索范围定位为文献的题名、关键词和摘要。关键词选取方面，选择与城市全球化研究相关的"全球城市""国际大都市""国际城市""城市全球化"和"城市国际化"等作为检索关键词，在中国知网数据库中对相关中文文献的题名、关键词和摘要分别进行检索，检索日期截至2019年12月31日，共获取文献2936篇，剔除其中的会讯、书评、公告、期刊简介及会议报道等非研究论文条目，得到文献2529篇，作为研究分析的基础数据。

二 研究方法

文献的计量分析方面，除对基础文献数据进行统计分析外，采用陈超美开发的CiteSpace软件，分析不同年份重要关键词、作者及研究单位的出现频次及其共现关系，以此把握中国城市全球化研究热点的动态演变过程。CiteSpace是基于JAVA语言开发的一款信息可视化软件，主要基于共引分析理论和寻径网络算法等，对特定领域的文献进行计量分析，找出学科领域研究的关键路径与知识拐点，在此基础上生成可视化知识图谱，以对知识演化进行更为直观、深入的展示（陈悦等，2015）。

第二节 文献特征分析

一 载文量在波动增长中总体保持上升

本章所检索的国内城市全球化研究的最早文献出现在1992年,1992—2019年,年发文量在周期性波动中总体保持上升趋势(见图3-1)。1992—2000年、2001—2005年以及2006—2019年这三个时期,年发文量均呈现从上升到下降再到上升的周期性变化特征,并且在1994年、2003年和2011年三个年份达到阶段性高峰。三次研究高潮的出现,与1992年邓小平南方视察和浦东新区开发、2001年中国加入世贸组织以及2008年北京奥运会和2010年上海世博会的举办等对中国全球化发展产生关键影响的重要事件的发生在时间上基本吻合(罗小龙等,2011),同时研究热度的周期性变化也符合奥斯威克等(Oswick et al.,2009)所做出的"'全球化'是一个流行性词汇,其发展呈现热度快速上升—趋于平稳—热度下降—热度再次上升的周期性变化

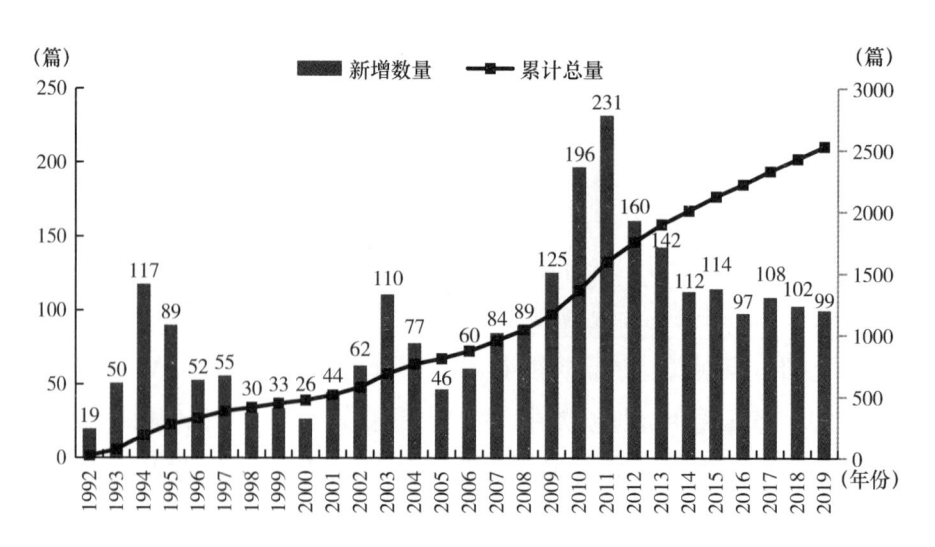

图3-1 1992—2019年国内城市全球化研究文献数量变化

特征"的判断。因此，根据国内城市全球化研究载文量变化的周期性特征，可将其发展分为1992—2000年的起步、2001—2005年的初步发展以及2006—2019年的快速发展三个阶段。

二 城市规划、城市研究和地理类期刊是相关研究的主要发表阵地

国内城市全球化研究涉及的期刊数量达到648种，从载文量排名前20的期刊来看，这20种期刊的载文量占总载文量的比重为32.66%（见表3-1），表明文献发表在期刊选择上较为集中。从期刊分类来看，城市规划类、城市研究类和地理类期刊的数量分别为4种、3种和3种，数量在前20位期刊中占50%；载文量分别为225篇、160篇和93篇，合计载文量占前20位期刊载文总量的57.87%。其中，城市规划类的《国际城市规划》和《城市规划学刊》载文量分别达到81篇和73篇，居前两位；城市研究类的《城市发展研究》和《城市问题》分列第三位和第四位。可以看出，城市规划、城市研究和地理类期刊是国内城市全球化研究成果发表的主要平台。

从载文量前20位城市各时期载文数量变化来看，除《港澳经济》《特区经济》和《上海成人教育》三种期刊的载文主要出现在2000年前外，剩余期刊的载文主要出现在2005年以后。其中《国际城市规划》《现代城市研究》和《世界地理研究》等六种期刊的载文均出现在2005年以后，表明城市全球化研究在国内属于较新的研究主题。

表3-1　　　国内发文量前20期刊不同时期载文数量变化　　　单位：篇

期刊	1992—1999	2000—2004	2005—2009	2010—2014	2015—2019	总发文量
国际城市规划	0	0	28	23	30	81

续表

期刊	1992—1999	2000—2004	2005—2009	2010—2014	2015—2019	总发文量
城市规划学刊	6	11	15	16	25	73
城市发展研究	0	9	10	28	23	70
城市问题	19	11	12	25	2	69
前线	0	0	3	56	7	66
上海经济研究	2	8	22	9	9	50
港澳经济	45	0	0	0	0	45
城市规划	7	8	8	8	13	44
经济地理	5	5	6	18	9	43
特区经济	19	6	5	5	0	35
北京社会科学	3	4	6	19	0	32
人文地理	1	9	5	7	10	32
商业时代	0	4	4	22	0	30
规划师	0	0	2	17	8	27
探索与争鸣	0	0	1	8	15	24
上海成人教育	22	1	0	0	0	23
南京社会科学	0	1	7	8	6	22
社会科学	2	3	7	3	6	21
现代城市研究	0	0	5	9	7	21
世界地理研究	0	0	1	12	5	18
合计	131	80	147	293	175	826

三 国内已基本形成较为稳定的研究单位和团队

从国内各研究单位的发文量来看，根据所统计的第一作者单位发文量，同济大学建筑与城市规划学院为47篇，中山大学地理科学与规划学院为30篇，南京大学建筑与城市规划学院29篇，华东师范大学城市与区域科学学院25篇，北京大学城市与环境学院23篇，上海社会科学院经济研究所22篇，中国科学院地理科学与资源研究所19篇，中国城市规划设计研究院15篇（见图3-2）。国内现已基本形成了以上述机构等为代表的城市全球化研究阵地。

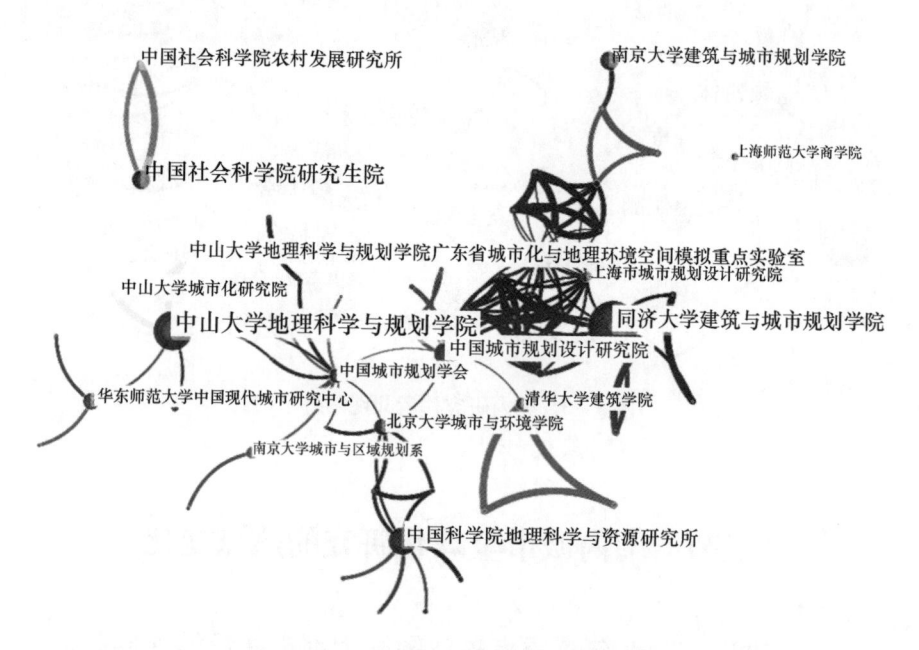

图3-2 国内研究单位共现网络

注：该图中，每个节点代表一个关键词（可以是文章主题，也可以是作者或作者单位），节点大小代表节点出现的频次，节点之间的连线代表关键词的共现关系，节点和连线的颜色越浅，表明出现的时间越早，节点的某一圈呈现为红色，表明该关键词在这一时段出现爆发性增长。下文同类型图亦然。

从研究作者的变化来看，宁越敏、顾朝林、周振华、姚士谋等于20世纪90年代就已开展相关研究。随着国内城市全球化研究范围的推广，开展相关研究的学者不断增多，并在国内高校和科研院所形成了以薛德升、宁越敏、顾朝林、周振华、倪鹏飞、刘士林、于涛方、马学广等为主要带头人的研究团队（见图3-3）。

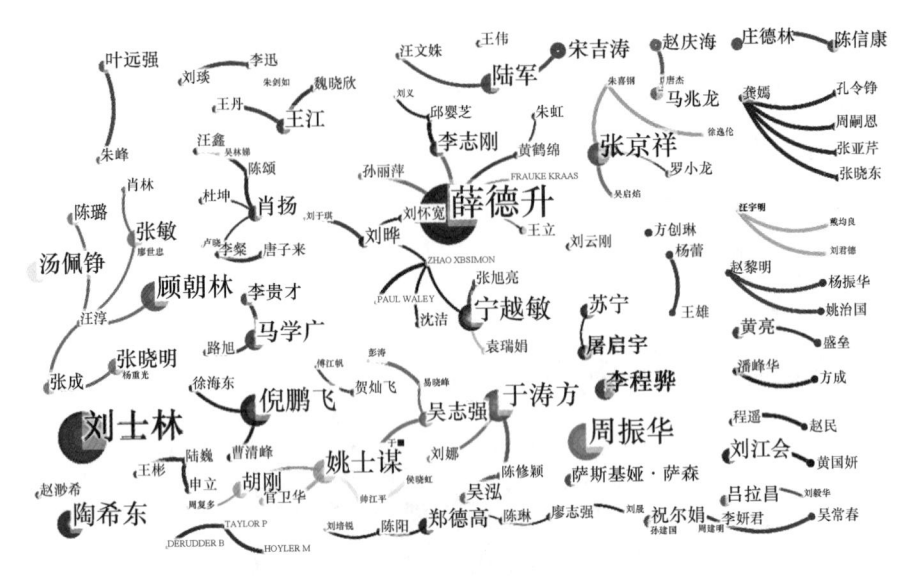

图 3-3　国内研究作者共现网络

第三节　国内城市全球化研究的热点变化

一　1992—2000 年：重点关注国际大都市建设的硬件条件，广州和上海是研究热点城市

国际大都市建设是早期研究关注的一个重点话题，这也与 20 世纪 90 年代国内各大城市兴起的国际大都市建设热潮有关（顾朝林、孙樱，1999），并且带来了中国城市全球化研究的第一个高峰。这一时期的研究主要关注国际大都市建设的经济层面，包括城市的产业结构、外商投资、金融产业的发展（张作乾，1994）等。也有学者对国际大都市建设的基础设施等条件进行了分析（吴郁文、彭德循，1995）。此外，对香港、东京等国际大都市发展经验的引介（陈光庭、陈砡，1993；李琳，1994），也是这一时期研究关注的一个重要方面（见图 3-4）。

研究关注的热点城市和区域方面，上海作为中国大陆全球化发展历史最长、全球化程度最高的城市，也是国内城市全球化早期研究关注最多的城市。而广州作为中国对外开放的前沿阵地，是国内最早提出建设国际大都市的城市之一，因此也成为国内早期城市全球化研究关注的热点城市。同时，这两个城市所在的长江三角洲和珠江三角洲地区，也是早期相关研究关注的热点区域。此外，虽然北京、武汉等内陆城市在早期的研究中也有涉及，但早期研究中对内陆城市的关注相对较少。

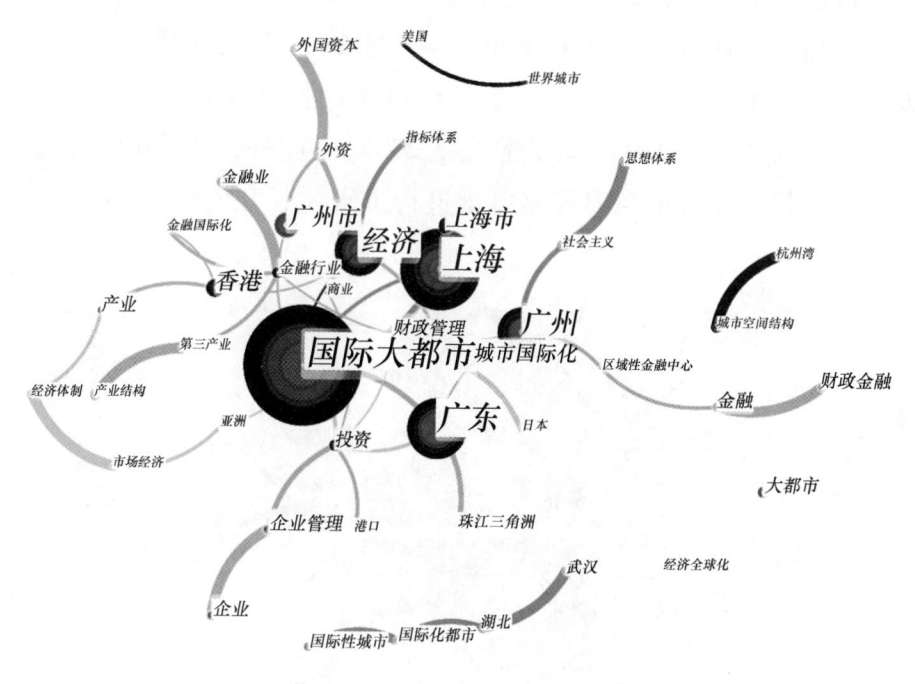

图 3-4 1992—2000 年研究热点变化

二 2001—2005 年：研究内容"高端化"和多元化，研究热点城市逐步"北移"

从这一时期研究热点关键词的变化可以看出，尽管国际大都市仍然是国内城市全球化研究最受关注的热点话题，但全球城市受到的关注越来越多（见图 3-5）。这一阶段的研究主要是对国外全球城市和全球城市理论和案例的引介（沈金箴，2003；谢守红、宁越敏，2004），以及对上海、北京等国内重要城市的全球城市建设探讨（谢守红、李健，2003）。全球城市的经济和产业研究仍然是关注的重点，但研究关注的热点主题中，关于生产性服务业与城市全球化之间关系的研究数量明显增加（柏兰芝、陈诗宁，2004），研究内容涉及生产性服务业的概念、空间布局及其与制造业的关联等（聂清，2006；高春亮，2005；赵群毅、周一星，2005）。关于全球化的影响，开始从单个城市的全球化扩展到全球化对城市区域的影响（李红卫等，2006），对其影响维度的研究，也逐渐从经济层面扩展到社会、文化等方面（蒯大申，2004；李志刚等，2007）。此外，汪明峰等对全球城市体系发展的信息网络基础进行了研究（汪明峰，2004）。

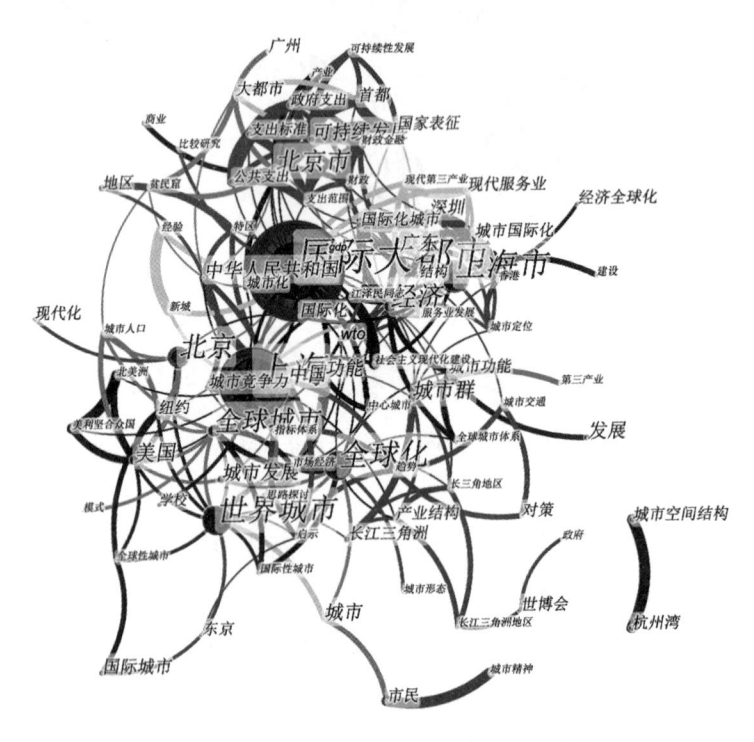

图3-5 2001—2005年研究热点及其变化

这一时期，上海和北京及其所在的长江三角洲地区和京津冀地区在相关研究中受到的关注度也快速增长。这也一定程度上与 21 世纪以来中国对外开放的战略重点和经济发展热点的"北移"相关（齐元静等，2013）。

三 2006—2019 年：国内多元实证研究的基础上不断"走出去"，上海和北京仍是研究热点城市

（一）城市全球化的动力

1. 经济动力

经济动力是城市全球化水平提升的最重要动力。城市全球化水平的提升通常伴随着城市产业的去工业化和制造业的高端化（蒋荷新、邓继光，2015）。一方面，服务业逐渐取代制造业，成为全球城市发展的主要产业构成，特别是为制造业提供支持、位于价值链上游的高端生产性服务业，其快速发展是国际大都市服务业发展的重要趋势（方远平、毕斗斗，2007），这在北京、上海等国内重要全球城市都表现得较为明显（蒋荷新、邓继光，2015）。另一方面，科技创新对全球城市经济发展的推动作用尤为突出（李健，2014），高端制造业成为全球城市产业构成的一个重要选择（夏沁芳、朱燕南，2010）。此外，文化创意产业在全球城市服务业中的比重以及对全球城市服务业竞争力的提升作用也在不断增强（顾乃华、陈丰哲，2011）（见图 3-6）。

2. 文化动力

文化对城市全球化的影响主要体现在强化城市全球文化中心职能和提升城市全球形象两个方面（顾乃华、陈丰哲，2011）。全球性大事件的举办能够从物质、经济、社会、政治和政策等多个方面对全球城市的发展产生深刻影响（陆枭麟等，2011），对于对提升城市国际竞争力有着重要的意义（叶南客等，2011）。随着北京奥运会和上海世博会等国内大型全球性大事件的举办，关于全球性大事件对城市全球化发展的研究也日渐受到关注（庄德林、陈信康，2010；赵渺希，2011）。薛德升等对广州东山地区的研究发现，城市的全球文化联系对其空间转变同样具有重要的推动作用（薛德升等，2014）。

3. 政治动力

除经济和文化要素外，以跨国机构为代表的全球政治力量也通过嵌入城市的行动，改变着城市的全球化进程（梅琳、薛德升，2012；梅琳等，2014）。姚宜认为，国际组织作为国际事务的管理者、组织协调者和国际资源的分配者，其所拥有的国际化资源和平台对于城市提升国际影响力能发挥重要作用（姚宜，2015）。梅琳等以武汉为例，就城市引入跨国机构，提升城市国际化水平的问题和对策进行了研究（梅琳等，2019）。苏念等对中日两国主要城市的政府间国际组织的全球联系特征进行了对比，发现中日两国以首都为主的主要城市都积极参与到国际政治事务体系中，但中国城市的全球政治联系要低于日本，未来在引进各类型国际组织方面还有待提升（苏念、薛德升，2014）。

(二) 全球化影响下的城市内部空间

1. 对经济空间的影响

全球化的发展推动了城市产业结构升级和产业空间布局重构，并以此改变城市的经济空间结构。张庆等研究发现，国际大都市的生产性服务业在空间上呈现高度的非均衡特征，并且其空间扩散和空间集聚一定程度上推动了国际大都市多中心空间结构的发展（张庆、彭震伟，2013）。王克婴等研究发现，文化创意产业在国际大都市中心城区的集聚导致城市功能和形态的变化，同时其空间扩张也推动了城市多中心结构的形成（王克婴、张翔，2012）。

2. 对政治空间的影响

跨国政府性和非政府机构作为当前政治全球化的重要载体，其在某些特定城市的集聚，以及通过地方化的行动，对城市的内部空间产生了重要影响（梅琳、薛德升，2012）。薛德升等对广州跨国机构空间分布演变特征的研究，发现跨国机构在城市内部的分布具有中心性和趋交通便利性特征，并且与城市全球化空间有相互邻近的趋势（薛德升等，2016）。梅琳等的研究也发现，跨国机构的进驻不仅能够直接或间接地提升城市的各项"软""硬"环境，跨国机构在城市内部的空间布局变化，对于城市空间结构与景观重构都产生了一定影响，其在空间上的集聚能够产生一定的正向外溢效应（梅琳等，2012）。

3. 对文化空间的影响

全球化下文化要素的跨国流动和传播，推动了城市原有文化空间的重构和全球文化空间的形成。谭佩珊等以德国克罗伊茨贝格地区为例，对全球城市中的跨国文化消费空间的演化过程与机制进行了研究（谭佩珊等，2019）。梁志超等以柏林施潘道郊区为例，分析了全球化和后工业化背景下，多级政府共同合作引导城市艺术空间构建，推动创意城市建设的案例（梁志超等，2017）。廖开怀等以广州的传统茶楼和外来的星巴克餐厅为例，研究了全球文化扩张所导致的地方文化消费空间的重构（廖开怀等，2012）。申立等认为，全球化背景下，从文化设施到文化空间的规划是一个重要趋势，而上海通过促进城市空间体系与文化空间体系相对接、促进文化空间适度集聚与均等化布局、促进文化空间规划与各类专项规划相衔接，对于上海国际文化大都市和全球城市建设都有积极的推动作用（申立等，2016）。

全球化下城市间经济、人员、文化等的紧密交流，也促进了宗教的全球化进程，宗教场所在城市内部的空间变迁以及宗教群体在城市特定区域的聚居，也对城市的空间结构和社会分化等方面产生了一定的影响（杨蓉等，2020）。王芸等和薛熙明等分别对福州和广州的基督教教堂空间分布及扩散进行了研究，均发现两个城市的基督教堂经历了从空间扩展到收缩的过程，并且空间布局均受交通区位和人口等因素的影响（张芸等，2011；薛熙明等，2009）。

4. 对城市社会空间的影响

全球化带来的城市社会空间极化是全球城市研究关注的重要内容之一（Friedmann and Wolff，1982）。全球化带来了中国城市社会空间的重构，但中国全球城市社会空间的重构特征有别于西方城市，除受市场影响外，同时受政府、制度等行政因素影响（肖扬等，2016），因而全球化力量对中国的社会空间分异作用有限（李志刚等，2007）。全球化下跨国移民为城市带来了大量的外来人口，这一方面提升了城市的全球化水平，另一方面，外来族裔人口在空间的集聚也造成了城市社会空间的隔离，给城市的社会治理带来挑战（肖扬等，2016；周雯婷等，2016）。

5. 城市全球化空间形成的机制

王立等对以广州的天河北为例，对城市内部全球化空间的形成过程进行了分析，总结出了广州天河北全球化空间形成所经历的去地方化—跨国化—全球化—再地方化过程（王立、薛德升，2018a）；同时通过对广州和柏林两个城市跨国空间的对比分析，发现城市跨国空间的形成是多要素作用下的历史性结果，但柏林波茨坦广场跨国空间的形成深受政府和国家的影响，而广州的天河北跨国空间形成是国家和社会共同作用的结果（王立、薛德升，2018b）。

（三）全球城市网络

2010年以来，在互联网发展和全球联系增强的背景下，城市间信息、交通等基础设施网络的发展也强化了城市间经济、社会等联系的紧密度,外部联系对于城市全球化水平的提升作用也逐渐受到重视(马学广、李贵才,2011)。国内学者在对国外全球城市网络理论进行引介的基础上(杨永春等,2011;邹小华、薛德升,2017),结合国内经济、基础设施等对外联系发展情况,从多个方面对中国城市的全球联系水平进行了研究(武前波、宁越敏,2010;张凡等,2016)。随着中国企业的不断"走出去",中国要素向全球的扩展对于中国城市全球联系度提升的作用也逐渐受到关注(薛德升、邹小华,2018;邹小华等,2019)。特别是"一带一路"倡议的提出,将进一步强化中国城市的"外向型"联系。(见图3-6)

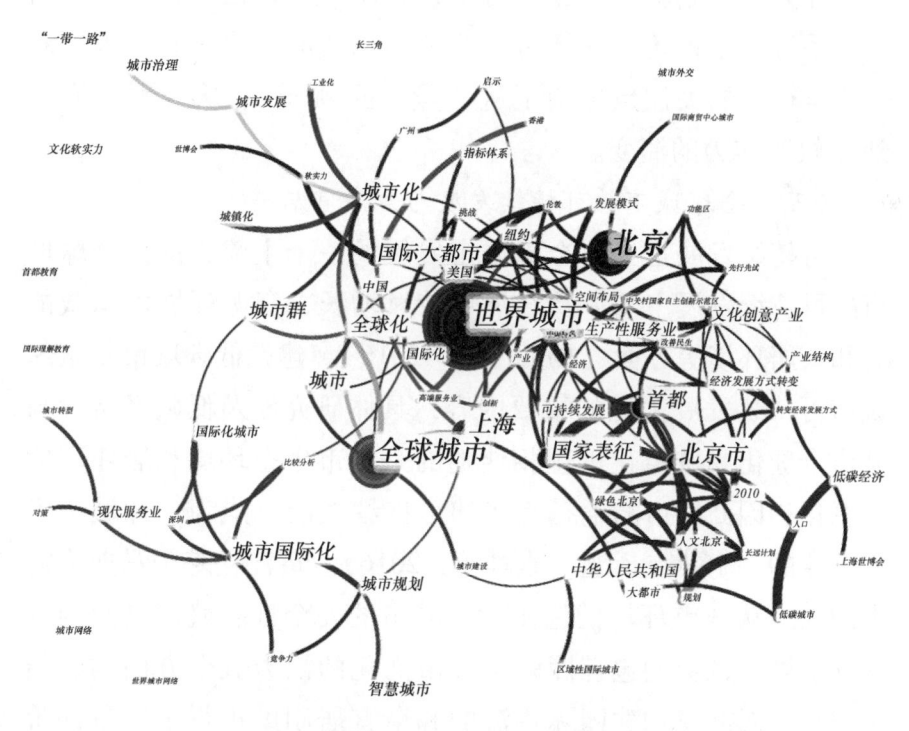

图 3-6 2006—2019 年研究热点及其变化

（四）城市全球化水平综合评价

城市全球化水平的定量评价是国内城市全球化研究关注的一个重要话题。在指标选取上，城市经济规模、产业结构、基础设施、经济全球联系、城市国际交流等要素，在相关研究中应用得最为频繁（陈怡安、齐子翔，2013；齐心等，2011；汪欢欢、兰蓓，2012；薛德升等，2010；易斌等，2013；于涛方、刘娜，2005）。此外，薛德升等还将政府国际化作为评价城市全球化水平的一个重要方面（薛德升等，2010），齐心、易斌等也将城市的全球政治联系纳入指标体系（齐心等，2011；易斌等，2013）。除综合评价外，陈林华等对国际体育城市（陈林华等，2014）、黄江松等对全球宜居城市（黄江松等，2018）、申静等对国际大都市创新能力（申静等，2018）等，也构建了专项指标体系进行了评价。从评价指标体系构成的变化来看，国内对城市全球化的关注点经历了从"量"到"质"、从"硬"实力到"软"实力的演变。

（五）全球城市的可持续发展与生态宜居

可持续发展是当前全球城市发展的一个主流方向。全球城市的可持续发展主要涉及经济可持续增长、资源环境可承载能力和人居环境等方面（杨振山等，2016）。建设低碳城市是全球城市可持续发展关注的重要内容，具体研究涉及低碳经济、与城市全球化和城镇化进程相伴随的是城市生态环境和居住环境的恶化，因此城市的生态宜居和可持续发展就成为全球城市研究关注的一个热点话题（袁坤等，2016）。黄江松基于马斯洛需求理论，从城市环境的健康性、城市的安全性、城市空间的开放性、城市社会的包容性以及城市文化的活力五个方面构建指标体系，对北京构建国际一流的和谐宜居制度进行了定量评价（黄江松等，2018）。韩骥等对上海建设全球城市的宜居性进行了评价，发现上海的宜居性变化经历了上升—下降—上升的过程，这也验证了纽约、东京等全球城市宜居性发展的 N 型曲线假说（韩骥等，2017）。

（六）全球城市治理

全球城市治理包括两个维度的含义，一是全球城市内部治理。晏晓娟提出了从社会融合的角度，解决中国城市全球化过程中国际移民的治理问题（晏晓娟，2019）。刘涛对北京建设国际大都市的空间治理能力提升提出了相关对策建议（刘涛等，2017）。李步云等认为，法治化是当前全球城市政府治理发展的重要方向，同时也是国内城市在建设全球城市过程中城市治理工作发展的重点（北京构建全球城市的政府治理研究课题组等，2012；李步云，2009）。二是全球城市作为行为主体参与全球治理。汪炜认为，全球城市主要从能力支持、制度建设和规范引导三个方面，为全球治理做出贡献（汪炜，2018）。汤伟从脱嵌和嵌入的视角，对全球城市和全球治理的逻辑关系进行了分析，认为全球城市主要通过嵌入多重城市网络来影响全球治理（汤伟，2013）。

（七）城市全球化发展战略

全球化背景下的城市间竞争日益激烈，认清城市在全球坐标系中的自身价值与地位，对于城市明确自身发展方向、参与国际竞争有着重要的意义，这就需要城市在编制规划中明确发展的战略目标（郑德高等，2017）。纽约、巴黎和香港等重要全球城市在最新的城市发展规划汇总，都提出了建设全球城市的战略规划（王兰等，2015；肖扬等，2015；杨辰等，2015）。赵民等认为，上海建设全球城市的战略选择需要综合考虑其在全球城市网络和长三角区域性城市网络中的功能，以实现全球城市和区域之间的良性协调发展（赵民等，2014）。唐子来和李璨提出，上海和北京在迈向全球城市的战略制定中，根据自身全球经济联系的特征，制定相应的全球经济联系提升战略，同时重视全球综合影响力的提升（唐子来、李粲，2015）。

第四节 小结

本章基于知识图谱可视化的文献计量方法，对1992—2019年国内城市全球化研究的发展特征、阶段划分和不同阶段的热点话题变化进行了分析，研究发现如下。

（1）1992年以来，中国城市全球化研究在周期性波动中总体呈上升发展趋势，并且在城市研究和地理等领域受到越来越多的关注，在国内重要的高校和科研院所已形成较为固定的研究阵地和研究团队。

（2）研究内容不断多元化和"高端化"，从早期的关注经济、基础设施等城市全球化的"硬"实力，逐渐扩展到城市的文化、社会、政治、生态、城市治理能力等"软"实力。对全球化下城市经济发展的研究也从早期的制造业转变为在价值链中处于更上游的高端生产性服务业。

（3）研究视野不断拓宽，研究的全球化水平不断提升。在早期对国外城市全球化理论进行引介以及结合外来全球力量影响下的中国实践进行检验的基础上，研究不断"走出去"，更多地关注国外城市的案例和国内外城市对比，以及对中国"走出去"对全球城市体系影响的研究不断增多，研究的"全球化"水平不断提升。

（4）研究关注的重点城市和区域不断变化。研究关注的热点城市与区域由改革开放早期的广州和上海及其所在的珠三角和长三角地区，随着改革开放的不断深化，研究关注的热点空间逐渐"北移"，上海、北京及其所在的长三角和京津冀地区逐渐取代前者，成为研究关注的新的热点城市和区域。同时，在早期中国城市全球化发展水平有限的情况下，上海、北京和广州等少数重要城市代表中国城市全球化发展的最高水平，参与到全球联系网络中来，因而这些少数的全球城市也成为当前中国城市全球化研究关注的焦点。随着中国城市全球化水平的全面提升，研究涉及的城市和区域也越来越广泛。

中国的城市全球化经过多年的发展，城市全球化水平在广度和深度上均有了较大的提升。各城市对于全球化发展的态度，也由早期"一拥而上"的阶段性狂热，变得更为成熟和理性。全球化下城市竞争是全方位的竞争，因此未来城市全球化研究不应只关注经济、基础设施等城市"硬"实力，同时还要注重城市"软"实力的提升，全面强化中国城市的全球综合功能。随着中国对外开放的进一步深化以及参与全球化程度的加深，将有更多的城市参与到全球化进程中来，参与的形式也将更加多样化，这就需要中国学者拓宽研究范围，针对北上广之外城市的全球化发展情况，开展更为广泛的研究。

在城市全球化研究的尺度方面，西方研究大多关注全球和区域尺度的研究，而国内学者主要关注区域和国家尺度，这在针对全球城市网络和区域城市网络研究方面体现得较为明显（李迎成，2018）。未来国内的城市全球化研究应该伴随不断深化的对外开放更多地"走出去"，拓宽国际视野，主动参与全球治理，为全球化发展贡献中国力量。

第四章　广州城市全球联系发展的背景与现状

广州作为中国重要的对外联系门户，其优越的地理区位、开放包容的地域文化以及不同历史时期来自各级政府的政策支持等，都对广州的全球联系产生了重要的影响，并且形成了广州对外联系重要的城市基因。特别是改革开放以来，广州以航空和海运为主的国际交通设施联系能力不断增强，这也进一步支撑起了其国际商贸联系、人文交往以及全球资源配置能力等的提升。与此同时，广州自身高等教育发展引领下的创新能力的不断提升，以及城市宜居宜业环境等软实力的不断优化，也为城市国际化水平的提升提供了重要支持。在此背景下，广州在国际上主流全球化指数排名中的地位持续提升，这也一定程度上反映了广州全球化联系和水平发展的持续性和稳定性。本章对广州城市国际化的发展历程演进进行系统梳理，并分析广州全球联系发展的基础与趋势，为广州全球联系的进一步提升和全球城市建设提供一定启示。

第一节　广州国际化与全球联系发展历程

一　1949年前作为中国对外贸易的重要窗口

广州作为千年商都，有着悠久的对外交往历史。作为中国最重要的对外贸易港口之一，广州是历史时期中国城市中受全球化影响时间最长、程度最深的城市，国际化的发展早，水平也相对较高。广州作为海上丝绸之路的起点，繁忙的海上航线为广州带来紧密的全球经济、贸易联系的同时，也使广州成为重要的国际人口和跨国文化的汇聚地。1700—1950年的广州一直是世界人口数量排名前40位的城市，这说明广州在历史上长期是重要的世界级大都市（见表4-1）。

表4-1　　　1700—1950年广州城市人口数量及全球排名变迁

年份	1700	1750	1800	1850	1900	1950
人口数量（万人）	20	40	80	87.5	58.5	149.5
全球排名	13	7	3	4	32	37

资料来源：Chandler，1987。

18世纪初，广州的人口总量就达到20万，排名世界第13位。这一时期，世界经济联系发展程度相对较弱，以区域化的城市体系为主。18世纪中叶至19世纪初，"一口通商"下的广州成为中国唯一的对外贸易口岸，城市人口快速增长，由1750年的40万，排名世界第7，发展到1800年的80万，排名世界第3。这一时期欧洲、南亚、东亚作为经济最为发达的三个区域，形成了以伦敦、巴黎为中心的欧洲城市群，在东亚地区，也形成了以北京、广州、江户等城市为中心的城市群。

1840年鸦片战争后，广州在全球城市体系中的地位逐步下降。西方殖民势力的入侵打开了中国闭关的大门，广州"一口通商"所获得的对外联系政策优势也逐渐失去，广州人口增速随之减缓，但长期积累的雄厚实力使之人口数量在19世纪中期仍高居全球第四位。这一时期全球城市格局也发生了重要变化，最明显的变化出现在北美洲和西欧，纽约、费城、波士顿等北美城市高速发展。英国的利物浦、曼彻斯特、伯明翰等工业城市也由于工业革命而迅速兴起。20世纪后，中国对外联系格局发生巨大转变，上海由于国际贸易的发展迅速崛起，广州的城市人口下降至58.5万，排名跌落至第32位。世界经济发展的重心明显向欧洲转移，以伦敦、巴黎、柏林、维也纳等城市为中心，集中了众多的世界级大城市。北美的城市发展也由早期的东西海岸和五大湖地区向中心部地区扩展。1950年，广州的城市人口达到149万，虽然人口数量快速增长，但排名却进一步下滑至第37位。世界主要大城市的分布也趋于分散，除了欧洲、美洲、亚洲仍是主要的大城市集中地外，南美的布宜诺斯艾利斯、非洲的约翰内斯堡、大洋洲的悉尼也跻身世界大城市的行列。

从1700—1950年世界排名前40位的大城市的分布可以看出，广州的排名虽然时有起落，但一直是世界主要的大城市。广州城市人口的变化与中国的对外贸易政策，城市融入全球化的进程紧密相关。"一口通商"时期，经济快速发展，人口迅速增加，世界地位明显上升。1850年后，由于中国开放格局的改变，广州的城市地位下降，但仍是世界重要城市。

二 新中国成立后至改革开放前的缓慢发展

新中国成立后，在西方国家实施的禁运和贸易限制下，中国的对外贸易与联系受到了很大限制，而广州凭借中国历史上重要贸易港口的地位，以及邻近港澳的地缘优势，在新中国对外开放联系方面扮演了重要的贸易口岸以及开辟和保持对外交往通道的特殊功能，并且为新中国保持和拓展对外联系做出了卓越贡献。1957年中国出口商品交易会（广交会）的开办，就是广州发挥其对外贸易和交往功能的重要见证。同时，广州作为重要的侨乡，来自广州并散布于全球各地的华人华侨为新中国成立后广州的发展提供了重要的支持，也成为广州对外联系重要的纽带和关键推动力量。

三 改革开放下的国际化水平提升

20世纪70年代末至80年代初开始的改革开放，开启了广州的经济、社会发展以及对外联系发展的新篇章。1984年5月，中共中央、国务院批准广州等14个沿海城市为首批对外开放城市，这也为广州的经济发展带来了新的契机。同年，广州获批国内首批国家级开发区，并着重优先发展和科研生产相结合的新技术工业，及协调发展其他服务设施。1992年，广州的城市综合实力就已居全国第三位，城市建设以及经济、社会、文化等的现代化水平得到了较大提升，这也为广州国际化的发展提供了重要的基础。

1986年，广州市政府制定《广州经济社会发展战略》，并提出以对外经贸为导向，以科技、教育为依靠，以工农业为基础，以轻纺工业和第三产业为重点，大力发展能源、交通运输业，为把广州建设成具有强大内外辐射能力的、多功能的和高度文明、高度民主的社会主义现代化中心城市打下基础的战略目标，对外贸易和经济联系在广州经济发展中的重要作用得到凸显，并带动了广州港口对外联系的提升。1988年，广州港货物吞吐量与集装箱吞吐量在全国沿海主要港口中分列第四位和第三位。1988—1991年，全港货物吞吐量由4375.5万吨增长到4668.4万吨，国际集装箱进出口量由12.3973万标准箱增长至16.1万标准箱。

在此基础上，广州关于城市全球化发展战略的提出和相关研究也开展较早。20世纪90年代，广州就提出建设国际大都市的战略目标，也是国内最早提出建设国际大都市的城市之一。1991年，时任广州市市长黎子流在谈到广州建设国际大都市时，所谈到的国际大都市,强调产业发展和科技创新的重要性,同时提出广州要打造国际旅游中心、购物中心和饮食服务中心的目标,广州应通过港澳加强与国际的联系能力。此后,社会各界纷纷对广州建设国际大都市进行了研究。

四 对外开放的扩大与全球联系的深化

1992年初,邓小平视察南方并发表了著名的南方谈话,根据当时的时代背景和中国经济发展的需要,提出"改革开放胆子要大一些,看准了的,就大胆地试、大胆地闯,对的就坚持,不对的就赶快改,新问题出来加紧解决",进一步坚定了改革开放的信心。在此背景下,广州市出台了一系列政策,采取了一系列行动,进一步扩大改革开放,包括把广州经济技术开发区、天河高新技术产业开发区、南沙经济区作为广州进一步对外开放的启动点;创办新塘加工区、莲花山加工区、黄埔大沙工业区三个新的外向型开发区;更加大胆利用外资、引进先进技术;提高利用外资水平,引导外商投资重点流向能源、交通、通信等基础设施建设,兴建一批增强经济发展后劲的大项目;扩大与港澳和国际经济、文化、科技、教育合作交流,不断提高交流合作的层次;办好境外企业,鼓励有条件的企业到海外投资设厂或与当地合办企业。

2001年中国正式加入世界贸易组织(WTO),为广州对外贸易发展带来新的机遇和挑战。广州的商品进出口总值逐年增长,从2001年的130.37亿美元增至2008年的819.52亿美元,尽管受国际金融危机冲击的影响,2012年的外贸额仍然达到1171.31亿美元,体现了对外贸易发展的稳定性。与此同时,出口贸易构成中,加工贸易占比长期保持50%以上,比全国的42.11%高出8.65个百分点。

20世纪80年代末,港澳资金以"三来一补""三资"企业的形式进入广州。1992年后，在包括取消外汇留成、出口退税等一系列的新政策的支持下，穗港澳合作进入了一个高速发展的阶段。随着1997年香港回归和1999年澳门回归，先后建立了"穗港合作联席会议"机制、穗澳高层会晤制度等，实现了以民间合作为主向民间与政府共同推动合作的转变，形成了优势互补、互利共赢的良好发展态势。

1992年后，在取消外汇留成、出口退税等一系列新政策的支持下，穗港澳合作进入了高速发展阶段。随着1997年香港回归和1999年澳门回归，先后建立了"穗港合作联席会议"机制、穗澳高层会晤制度。2003年6月和10月，中央政府与香港、澳门特别行政区政府分别签署《内地与香港关于建立更紧密经贸关系的安排》、《内地与澳门关于建立更紧密经贸关系的安排》（简称CEPA），穗港澳经贸合作关系更为紧密，合作领域不断扩大。"广州—香港CEPA入门网站"亦在同年9月启动；2008年3月，广州市政府在香港举办穗港经贸合作交流会暨《2008年广州外经贸白皮书》发布会。广州市成为与香港特区政府在境外举办联合商会、开通CEPA招商网站和到香港发布城市外经贸白皮书的首个内地城市。同时，广州在全国率先简化外商投资办事程序。2003年1月，广州市政府制定《广州外商投资企业委托审批管理规定》，2004年1月，对外商投资企业实行"六个放宽"和"六个取消"政策，大大提高了外商投资的办事效率。2011年8月，广州市政府又出台了《广州外商投资商业及并购项目审批指引》，进一步下放了外资审批权限，为外商投资优化营商环境。

1993年5月，国务院批准成立广州南沙经济技术开发区。2000年11月，广州对1984年成立的广州经济技术开发区、1991年成立的广州高新技术开发区、1992年成立的广州保税区以及2000年成立的广州出口加工区实行"四区合一"，把广州开发区建成东部制造业基地，使之成为全市利用外资、出口创汇和经济增长的一个亮点。同时，为加快南沙开发区的建设和发展，2001年8月广州成立了广州南沙开发区建设指挥部；南沙开发区的地区生产总值由创办之初1994年的42864万元增长到2011年的5710615万元，增长了约132倍。

五 深化对外开放与全球联系全面拓展

2012年11月党的十八大召开，提出要"全面提高开放型经济水平。适应经济全球化新形势，必须实行更加积极主动的开放战略，完善互利共赢、多元平衡、安全高效的开放型经济体系。要加快转变对外经济发展方式，推动开放朝着优化结构、拓展深度、提高效益方向转变"。同年12月，习近平以中共中央总书记身份首次离京赴外地考察，就到达广东，从深圳、珠海、佛山到广州，考察中表明了新一届中央领导集体坚持改革开放的坚强决心，他指出："这次调研，是我在党的十八大之后，第一次到地方调研。之所以到广东来，就是要到在中国改革开放中得风气之先的地方，现场回顾中国改革开放的历史进程，宣示将改革开放继续推向前进的坚定决心。"

2013年9月和10月，习近平主席在出访中亚和东南亚国家期间，先后提出共建"丝绸之路经济带"和"21世纪海上丝绸之路"的倡议。2015年3月，国家发改委、外交部、商务部联合发布了《推动共建丝绸之路经济带和21世纪海上丝绸之路的愿景与行动》（以下简称《愿景与行动》）。《愿景与行动》先后三次提到广州，要"充分发挥深圳前海、广州南沙、珠海横琴、福建平潭等开放合作区作用，深化与港澳台合作，打造粤港澳大湾区"。"加强上海、天津、宁波—舟山、广州、深圳、湛江、汕头、青岛、烟台、大连、福建、厦门、泉州、海口、三亚等沿海城市港口建设。""强化上海、广州等国际枢纽机场功能。"

《愿景与行动》强调，要以扩大开放倒逼深层次改革，创新开放型经济体制机制，加大科技创新力度，形成参与和引领国际合作竞争新优势，成为"一带一路"特别是 21 世纪海上丝绸之路建设的排头兵和主力军。随着 21 世纪海上丝绸之路倡议的实施，广州与沿线各国的经贸合作日益密切，贸易关系也不断升级，连续多年保持增长态势。

在大数据时代，跨境贸易电子商务已经成为外贸发展的一个重要新业态，成为中国外贸发展新的增长点。广州于 2013 年 9 月获批为跨境贸易电子商务服务试点城市，在各方面的大力支持和配合下，试点工作进展顺利，继 2014 年跨境电商进出口额在全国试点城市中排名第一后，2015—2017 年连续蝉联国内首位，2017 年广州跨境电商进出口总值超过 210 亿元，比上年增长 33.5%。

2014 年，中央宣布增设包括广东自贸试验区在内的第二批自贸试验区。广东自贸试验区包括广州南沙、珠海横琴和深圳前海蛇口三个片区。广东自贸试验区运作以来，体制机制改革成效明显。通过"智检口岸"平台，通关便利化水平大幅提高，实现大多数货柜查验手续可在一分钟内办结。2017 年南沙区进出口总值 1951.75 亿元，增长 15.2%，总量占广州全市的 1/5；实际利用外资 10.42 亿美元，增长 66.8%，总量占全市的 1/6。此外，南沙自贸试验片区的跨境电商产业也取得了快速的发展，在跨境电商方面的多项经验在全省得到推广，其中"跨境电子商务监管模式"被纳入商务部 2015 年的实践示范案例。

2017 年 10 月，党的十九大召开，提出"要推动形成全面开放新格局"。同年 12 月，广州成功举办《财富》全球论坛，习近平总书记致贺信，引起全球热烈反响，2 万多家媒体参与宣传报道，组织 13 场全球路演活动，与会企业 388 家，中外嘉宾

1100多人，论坛规模超过历届，《财富》国际科技头脑风暴大会永久落户广州。2018年，习近平总书记亲临全国人大广东代表团参加审议并发表重要讲话，对广东提出了"四个走在全国前列"的要求，其中就包括"要在推动形成全面开放新格局上走在全国前列"。同年10月，总书记视察广东时强调广州要实现老城市新活力，着力在综合城市功能、城市文化综合实力、现代服务业、现代化国际化营商环境方面出新出彩。总书记的重要讲话为广州不断扩大对外开放，加快形成全面开放新格局指明了前进方向，提供了根本遵循。2019年，广州全面扩大开放集聚更多高端资源，新增落户世界500强企业5家，新增42项改革创新成果在全国复制推广，从都国际论坛、"读懂中国"广州国际会议、海丝博览会等重大活动圆满成功，广州在各个领域的全球联系度进一步提升。

第二节 广州全球联系发展的基础

一 国际交通枢纽提供重要基础

广州是全国乃至全球为数不多拥有海、陆、空交通枢纽的国际性综合交通枢纽城市之一，机场和港口吞吐量位居世界前列，是全国四大铁路枢纽之一和国家城际轨道干线中心，拥有华南地区最大的铁路枢纽、四通八达的公路网络以及发达的信息基础设施，在地理区位上也可以有效联动陆海、沟通南北、辐射东西，具备建设国际综合交通枢纽的优越条件。城市的全球物理连通度是决定城市全球地位的关键因素之一。因此，广州建设国际综合交通枢纽既是对现有优势的持续巩固和提升，也是通过构建通达全球的交通网络提升城市的全球联通性、拓展城市影响范围和强度、建设国际大都市的现实要求。

二 国际商贸中心地位突出

商贸业在现代经济体系中往往起着原动力作用,以商流为起点,可先后驱动物流、资金流、信息流、技术流,继而带动航运物流、金融、信息、制造等产业发展。广州是千年商都,因商而生、因商而兴,商贸在一定程度上代表了广州的城市灵魂、性格。凭借广交会数十年形成的影响力,国际上高度认同广州的商都地位。未来,国际商贸中心可从传统的贸易中心逐步发展成为世界离岸贸易中心、全球贸易营运和控制中心。广州要建设国际大都市,必须着力推动商贸服务业提质增效,继续做大商贸产业优势,强化商贸功能在广州现代化经济体系中的核心引擎作用,强化国际商贸资源控制,体现出城市的核心特质。

三 科教文化与创新功能突出

在新科技革命背景下,世界主要国家都在寻求科技创新突破口,抢占未来发展的先机,国际大都市建设必须迎头赶上甚至引领世界科技发展新方向,掌握新一轮全球科技竞争的战略主动。广州拥有国家级新区、自贸试验区和国家自主创新示范区,集聚全省70%的高校和科研机构资源,在校大学生总量位居全国第一,科技创新能力正在快速提升,科技创新后发优势十足。与此同时,广州是国务院首批公布的全国24个历史文化名城之一,拥有相对完备的公共文化设施体系,岭南特色历史文化资源,文化产业发展迅速。展望未来,在城市建设步入相对成熟阶段之后,广州更需要以软实力来持续增强城市凝聚力、激发城市创造力、扩大城市影响力,驱动国际大都市建设与发展。因此,广州可以把科技创新、科技教育、城市文化优势结合起来,打造"科技+教育+文化"综合型枢纽,形成广州建设国际大都市新优势。

四 全球人文交往联系频繁

国际大都市一般都具有强大的国际交往协调能力。广州一直以来就是中国对外开放重镇和通商口岸，拥有丰富的国际交往经验。依托国际航运、航空和科技创新三大战略枢纽，广州正构建起通达全球的交通和产业网络，未来将与国内、东北亚、东南亚、南亚主要城市形成"4 小时航空圈"，与全球主要城市形成"12 小时航空圈"，为广州建设国际交往中心提供强大支撑。在国家内外开放合作战略中，广州始终被赋予重要定位，是"一带一路"枢纽城市和粤港澳大湾区、泛珠三角区域、珠江—西江经济带核心城市，已经成为国际交往交流的"会客厅"。近年来，广州主动"走出去"，在国际上开展全方位、多形式的路演、推介和宣传活动，主办《财富》全球论坛、广州国际城市创新奖、全球市长论坛一系列具有世界影响力的重大活动，发布了《广州宣言》，国际知名度和认同度迅速提升，为建设国际交往枢纽创造了良好环境。

五 城市生态宜居环境良好

带领人民创造美好生活，是我们党始终不渝的奋斗目标，是城市发展的终极追求。广州建设国际大都市，打造全球卓越的美好生活之城，是贯彻习近平新时代中国特色社会主义思想的具体行动，是广州坚持新发展理念的必然要求，是落实国家重要中心城市定位的有力支撑，是全市人民的共同愿望。广州必须始终坚持以人民为中心的发展思想，不断满足人民在物质文化、民主、法治、公平、正义、安全、环境等方面日益增长的美好生活需要，不断增强人民的获得感、幸福感、安全感，建设成为更干净更整洁更平安更有序、更公平包容、更绿色生态、更宜居宜业宜创新的国际大都市,打造成为全球企业投资首选地和最佳发展地。

六 全球资源配置功能突出

国际高端资源配置枢纽是全球社会经济活动的"动力中枢"和全球城市网络体系中的"核心节点",它在一定区域范围内能够对资源用途、布局和流向进行整合、创新、决策、控制、分配和激活,处在全球生产链、供应链、创新链和价值链的高端。综观纽约、伦敦、巴黎、香港、新加坡、旧金山等国际大都市,它们都在城市网络中充当对全球或者区域的科技、商业、物流、知识、信息、服务等资源进行配置的"枢纽",起到全球或者区域的领导作用。广州经济发展、金融服务、公共服务、国际交往、交通枢纽等综合性城市功能都已经达到较高能级,拥有相对广阔的经济腹地和日益成熟的现代化国际化营商环境,基本具备构建国际高端资源配置枢纽的城市综合实力,未来必须趁势而上不断强化国际高端资源配置枢纽功能。

第三节 全球联系评价中的广州

一 GaWC 的全球城市评价

全球化与世界城市研究网络(Globalization and World Cities Study Group and Network,GaWC),由英国拉夫堡大学地理系创建,是全球最权威的全球城市研究机构之一。GaWC 以"先进性生产服务业机构"在世界各大城市中的分布为指标对全球城市进行排名,主要包括银行、保险、法律、咨询管理、广告和会计,关注的是该城市在全球活动中具有的主导作用和带动能力。自 2000 年起,GaWC 通过对全球重要城市之间的相互经济联系的定量研究,发布"全球城市分级",将 300 多个城市分为

Alpha、Beta、Gamma 和 Sufficiency 四个大类，分别对应全球一线、二线、三线、四线城市，以测量一个城市融入全球城市网络的程度，较好地反映出城市对全球资本、技术、人力、信息等生产要素的控制和配置能力。2018 年 11 月，GaWC 发布了最新一期的世界级城市名册，广州继 2016 年首次入围 Alpha 级后，2018 年排名再度提升 13 位，排在 707 个城市中的第 27 名，并首次跻身世界一线城市中的 Alpha 级。在国内城市中，广州的排名次于香港（第 3 位）、北京（第 4 位）、上海（第 6 位）和台北（第 26 位），高于深圳（第 55 位）、成都（第 56 位）、杭州（第 57 位）等城市。（见图 4-1）

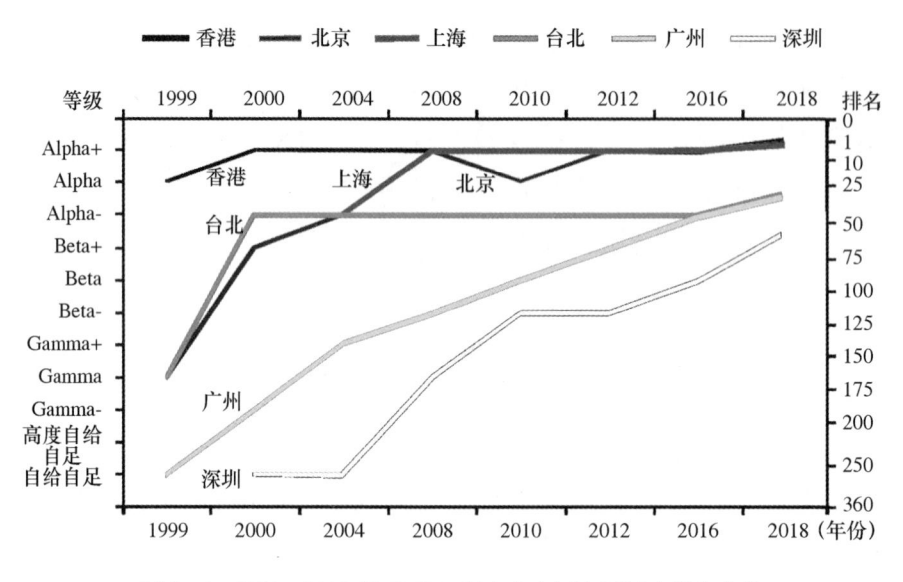

图 4-1　1999—2008 年 GaWC 研究中中国主要城市排名变化

二　科尔尼"全球城市指数"

科尔尼《全球城市指数》报告（Global Cities Index，GCI）首次发布于 2008 年，由科尔尼咨询公司（A. T. Kearney）联合国际顶级学者与智库机构联合发起。报告基于对超过 130 个城市的事实和公开数据深入分析,旨在对全球各城市的国际竞争力与发展潜力进行系统评估。科尔尼全球城市指数报告自首次发布起,始终强调城市发展的重要性,为城市决策者确立积极的发展计划和转型战略提供了依据,同时也可以帮助企业识别投资机遇以及布局未来有投资潜力的城市。科尔尼《全球城市指数》报告主要包括"全球城市综合排名"和"全球城市潜力排名"两个榜单。

科尔尼咨询公司发布的《2019年全球城市指数报告》显示(见图4-2),近五年来,广州在"全球城市综合排名"中一直稳居第71位,发展与排名水平相当于中等发达国家的首都城市或发达国家的重要城市,在国内城市中,广州的排名次于香港(第5位)、北京(第9位)、上海(第19位)和台北(第44位),高于深圳(第79位)、南京(第86位)、天津(第88位)等城市。在"全球城市潜力排名"中,由2015年的第76

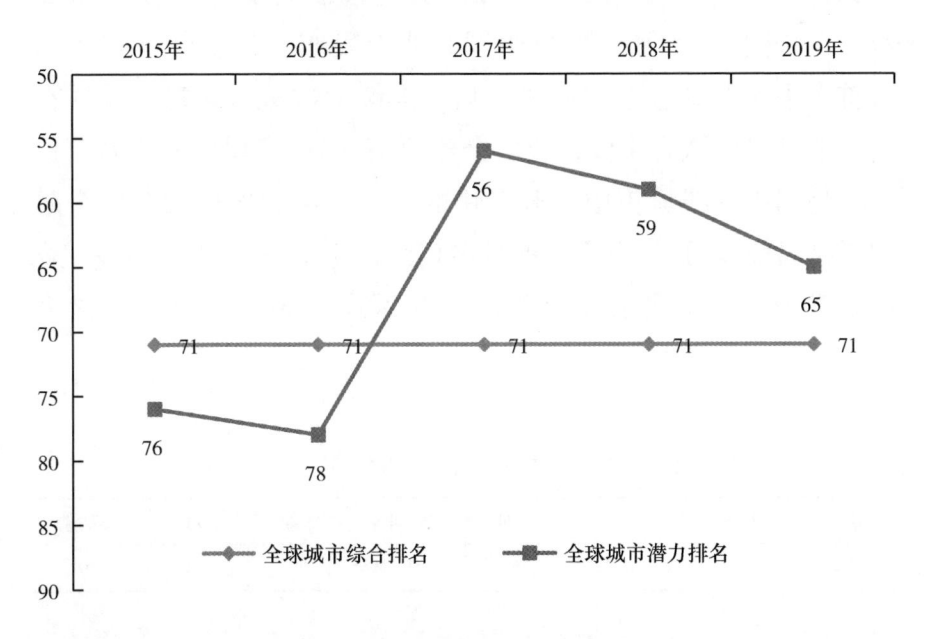

图4-2 广州在科尔尼"全球城市指数"排名中变化情况(2015—2019)

位上升至2019年的第65位，上升了11个名次，但是较2017年和2018年有小幅下降，在国内城市中，广州的排名次于台北（第25位）、北京（第39位）、深圳（第49位）和上海（第51位）、香港（第52位）、苏州（第54位）等城市。

三 Z/Yen集团"全球金融中心指数"

"全球金融中心指数"由英国智库Z/Yen集团于2007年3月首次发布，当前已连续发布27期。该指数持续对全球主要金融中心进行竞争力评估和排名，是全球最具权威的关于国际金融中心地位及竞争力的评价指数。"全球金融中心指数"侧重关注各金融中心的市场灵活度、适应性以及发展潜力等方面，评价体系涵盖了营商环境、金融体系、基础设施、人力资本、声誉及综合因素五大指标，共计102项特征指标。

2020年3月，由中国（深圳）综合开发研究院与英国智库Z/Yen集团共同编制的"第27期全球金融中心指数（GFCI 27）"在中国深圳和韩国首尔同时线上发布。广州自2017年3月首次进入全球金融中心指数后，连续七次进入该榜单，并在新一期排名中跃升4位，位居全球第19名，实现得分排名双提升，是国内一线城市中上升最快的城市，第二次进入全球金融中心排名前20强，但广州的排名仍然低于上海（第14位）、香港（第16位）、北京（第7位）和深圳（第11位）。（见表4-2）

表4-2 广州在Z/Yen集团"全球金融中心指数"排名中变化情况

期数	21期	22期	23期	24期	25期	26期	27期
排名	37	32	28	19	24	23	19

四 2Thinknow"全球创新城市指数"

"全球创新城市指数"由总部位于澳大利亚墨尔本的商业数据公司2thinknow发布,每年公布一次。其评价指标体系涉及人文、文化、政治、科技等诸多方面,由3个一级指标、31个二级指标和162个三级指标组成。其中,3个一级指标分别是文化资产(cultural assets)、人文基础设施(human infrastructure)和促进创新的市场网络(networked markets),充分衡量了创新的广义内涵,既包括科技创新,又包括文化创新、管理创新、制度创新等全面创新,全面系统地评价城市创新发展情况。

2019年11月,2Thinknow发布了最新一期的"全球创新城市指数"排名,对2019年度全球500个城市的创新能力进行了评价和排名,广州在最新一期排名中,列全球第74位,较2018年上升39个名次,上升幅度较大。在国内城市中,广州的排名次于北京(第26位)、上海(第33位)、台北(第44位)、深圳(第53位)、香港(第56位)。(见图4-3)

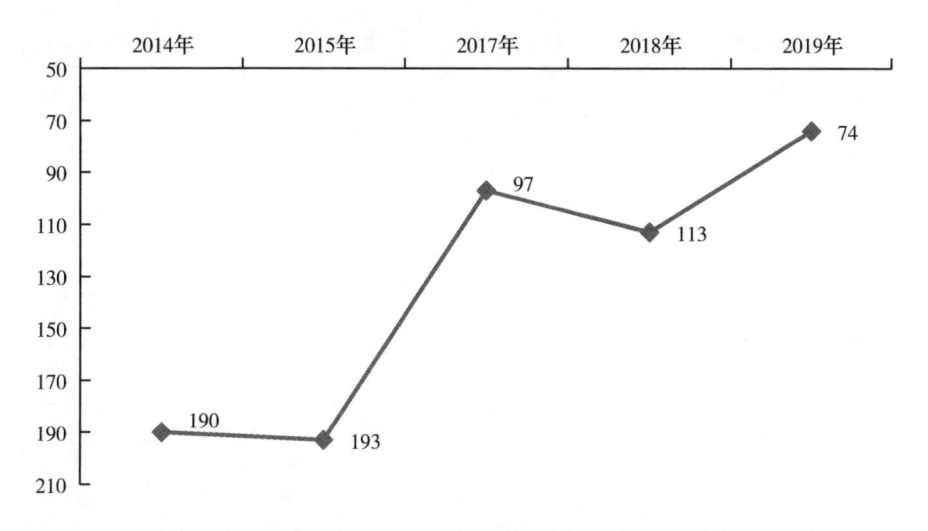

图4-3 广州在2Thinknow"全球创新城市指数"排名中变化情况

五 "新华·波罗的海国际航运中心发展指数"

新华·波罗的海国际航运中心发展指数由新华社中国经济信息社联合波罗的海交易所发布,主要从港口条件、航运服务、综合环境三个维度表征国际航运中心城市发展的内在规律,全面衡量并真实反映一定时期内国际航运中心港口城市综合实力。自2014年起,新华·波罗的海国际航运中心发展指数已连续发布6年,指数的影响力与日俱增,成为评价各大航运中心发展状况的重要指标。

2019年7月,最新一期的新华·波罗的海国际航运中心发展指数在上海、伦敦、新加坡三地同时发布。广州2019年的综合评分为64.0043,综合实力排全球第16位,较上年上升2个名次。在国内城市中,广州的排名次于香港(第2位)、上海(第4位)、宁波舟山(第13位),高于青岛(第17位)、大连(第20位)、深圳(第22位)、天津(第24位)、高雄(第25位)、厦门(第30位)等城市。(见图4-4)

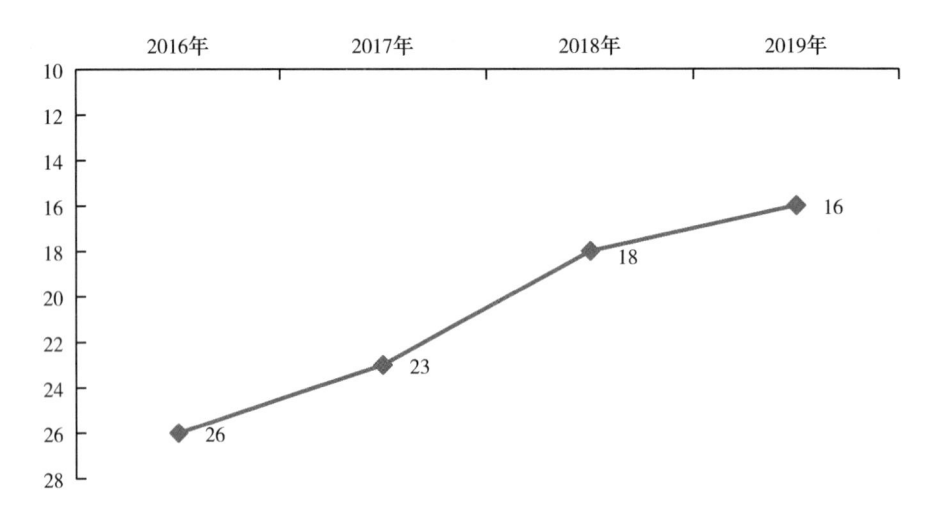

图4-4 广州在"新华·波罗的海航运中心发展指数"排名中变化情况

第四节 小结

广州的全球联系发展起源早，持续时间长，特别是新中国成立前，广州作为中国重要的贸易港口，历史上也曾是中国全球联系的核心门户，并且在改革开放后的一段时期内，广州作为中国对外开放的前沿阵地和排头兵，在吸引和利用外资，拓展全球联系方面也拥有一定的优势，并在国内保持领先水平（薛德升等，2010b）。除深厚的对外贸易基础外，广州通达的国际航空和海运网络，以及雄厚的科教文化和创新实力，都为广州全球联系的拓展和强化提供了坚实的基础。

近年来，广州全球空—港交通枢纽的联系度不断提升，国际商贸联系、科技创新联系以及人文社会联系不断增强，与此同时，广州生态宜居性的不断提升和全球资源配置能力的不断增强，助力其全球联系的进一步提升和深化。但近年来，随着深圳、成都、南京、苏州、杭州等国内城市全球联系度的增强，广州在全球城市体系中的地位开始为国内其他城市所迫近，全球联系在国内城市中的相对优势也逐渐弱化，未来广州如何进一步提升自身在全球城市体系中的能级的同时，保持在国内城市全球联系中的相对优势，也成为广州未来全球联系度提升考虑的一个重要问题。

第五章　广州全球联系的综合评价与比较

通过前文中对城市全球化和全球城市网络发展动力的分析可知，城市全球联系的发展动力是多样的。在发展过程中，既有像纽约、伦敦这样采取多样化动力全面提升全球实力和影响力的综合型全球城市，也有像日内瓦、布鲁塞尔、内罗毕这样依靠提升全球政治影响力的政治型全球城市，也有像苏黎世、卢森堡这样的金融型全球城市。这意味着，不同类型的城市根据城市性质、发展基础和发展战略的不同，其全球化发展的路径也存在差异。基于以上认识，本章以先进全球城市的发展经验为例，对当前城市全球联系的发展趋势和国际经验进行总结，在此基础上选取对比分析的研究方法，选取典型的全球城市，从多方面对广州的全球联系度进行对比分析，得出广州全球联系度发展上的优势与不足。

第一节　城市全球联系发展趋势与国际经验

一　从经济联系为主到综合联系全面发展

经济联系构成城市全球联系的基础，城市在国际化城市网络体系中的位置与其经济规模和功能、辐射范围及在世界经济系统中的地位密切相关。但是，越来越多城市全球联系的发展正由高度聚焦经济领域转向综合联系全面发展。如纽约作为全球最顶尖的国际大都市之一，如何保持其在国际大都市网络中的领先地位，是其面临的一个重要挑战。此外，经济繁荣背后的人口持续增长，及其所带来的失业问题和居住成本的提高问题、收入不均问题等的凸显，都对纽约作为顶级国际大都市的可持续发展带来了巨大的挑战。基于此，纽约市政府于2015年拟定了《一个纽约：迈向强大而公正的城市》的规划。规划提出在纽约建城400周年之际，即到2025年，将纽约建设成更加强大、更持续、更有弹性以及更加公正的国际大都市。

二 从网络汇聚中心到网络控制中心

国际大都市的功能定位一般经历"初级国际航运与贸易中心—国际制造业中心—国际金融中心—国际文化与信息传播中心—国际决策与控制中心"的演变轨迹。当今纽约、伦敦、东京、巴黎等全球首屈一指的国际大都市，其突出优势就是制定国际规则、设置国际议程及生产金融、信息和文化产品，以此实现和支撑国际决策与控制中心功能。如纽约通过支持高端制造业、设计、广告、传媒、艺术、电子商务、生物医药以及科技信息等高增长和高价值产业的发展，持续保持纽约全球创新之都的地位。巴黎在城市规划过程中，重点强调跨国企业中心、创新和工业中心等功能区的规划，以保持巴黎的国际经济地位和吸引力。

三 从"硬"联系为主到"软""硬"并重

国际大都市建设步入相对成熟阶段之后，对城市实力的评价不再只停留在经济总量规模和设施建设水平等硬实力方面，城市的社会凝聚力、文化影响力、科教支持力以及参与全球协调力等软实力对持续增强城市凝聚力、激发城市创造力、扩大城市影响力等方面的推动作用更加突出。

如伦敦在强化国际经济竞争力和科技创新实力的同时，也不遗余力地挖掘城市遗产与文化资源，营造愉悦的城市环境，提升城市的文化软实力，实现城市的全面发展。纽约通过综合开发和利用多样化金融手段，确保所有社区都拥有高质量、高效利用的文化设施，减少邻里隔阂，增加邻里的活力，改善邻里的宜居性。北京通过以历史文化名城保护为根基，建设国际一流的高品质文化设施，塑造传统文化与现代文明交相辉映的城市特色风貌，强化作为中国的文化中心和全球著名的历史文化名城的地位。

四 从要素联系到创新联系

科技创新与制度创新、管理创新、商业模式创新、业态创新和文化创新相结合，正推动城市发展方式向依靠持续的知识积累、技术进步和劳动力素质提升转变。在人类社会正处在一个大发展大变革大调整时代，能否把握新科技革命发展趋势，强化创新驱动能力，将直接决定国际大都市发展动力的强弱。如深圳作为新兴的全球创新中心，将建设可持续发展的全球创新城市作为其新一轮城市规划的战略目标。上海也强调科技创新在城市产业发展中的引领作用，提出要加快建立以科技创新与战略性新兴产业引领、现代服务业为主体、先进制造业为支撑的新型经济体系。

五 从垂直体系到扁平化网络

国际大都市互动模式向扁平化、网络化转变，城市间的垂直—水平—网络的多向互动，催生了新的节点城市，国际大都市体系呈现出由原来的金字塔结构向扁平化的网络结构演进的趋势。越来越多后起发展城市通过城市流动以及与全球建立广泛联系来提升其城市竞争力，充分发挥其后发优势的新型国际大都市发展道路，已经获得了普遍认可。如纽约、香港、上海等城市均高度重视机场和互联网等基础设施的建设，以提升城市的外部联通能力。吸引金融等高端生产性服务企业和世界五百强企业总部和全球重要分支机构的入驻，以提升城市在全球经济网络中的控制和协调能力，也是先进国际大都市增强全球网络联系的重要途径。

六 从全球联系到区域联系

20世纪90年代以来，全球化、区域化和信息化加速推进，一方面，城市的体量不断增大，城市发展在空间上不断向周边原有的农村区域扩展，城市之间的边界变得模糊；另一方面，区域内城市间在产业、资本、人口等方面的联系不断增强，城市区域，特别是跨境地区的全球城市—区域成为当前全球城市发展新的空间形态（任远等，2007；邵晖，2012）。区域内城市间通过专业化分工形成功能互补，促进制造、金融、科技、服务和社会等功能链网分工合作，支撑城市的发展。特别是在中国，中国城市发展的早期并不能像西方发达国家城市那样，能够单独地依靠自身进行发展，而是更多地借助区域广泛的对外经济联系流，不断提升在城市网络中的功能作用和地位（周振华，2006b）。

如在粤港澳大湾区内部，香港主动对接珠三角地区发展，通过经济拓展与内地的交通联系，加强与内地城市在现代金融、商务服务、创新创业、贸易投资等领域的合作联系，持续巩固其全球城市地位。近年来，快速发展的深圳也非常注重区域的内外联动和双向开放。通过深化与港澳在科技、金融、经贸、教育等领域的合作，发展具有全球竞争力和影响力的湾区经济，打造粤港澳大湾区核心城市地位。积极拓展与"一带一路"沿线国家地区的港口、机场航线网络，强化经贸合作，建设"一带一路"重要枢纽。

七　从政策吸引到城市软环境提升

当前，跨国公司的崛起和国际贸易的扩展将使全球资本扩张和流动达到前所未有的程度。但国际大都市依靠国家等给予独特的优惠政策而形成的制度红利却逐渐衰弱。在此背景下，国际大都市更加趋向于通过营造世界一流的营商环境，实行更加开放的政治、经济政策，积极嵌入全球分工合作体系促进产业链延伸、价值链提升和供应链优化。如东京提出建设充满活力的国际营商环境，形成全球的资本、人才与信息集聚枢纽，打造全球最佳营商城市，通过大力吸引外资发展本土经济，不断从国内经济的重要引擎向全球经济的重要引擎转变。

第二节　研究方法与指标选取

一　研究方法

当前，许多机构都在开展对全球城市的比较分析，比较有代表性的有科尔尼的全球城市指数（GCI）、日本森纪念财团发布的全球城市实力指数（GPCI）、万事达卡全球商业中心指数（WCoC指数）、华普永道的《机遇之城》排名、Z/Yen集团的全球金融中心指数以及2Thinknow智库发布的全球创新城市指数等。

综合国际主要机构对全球城市的评价指标，结合国际大都市内涵特征与发展趋势，立足广州自身特色，兼顾数据的可获得性，选取经济实力、科技创新、高端生产性服务业、全球联系、国际影响、文化软实力、城市治理、可持续发展、人的现代化以及区域城市网络10个维度，构建广州与国际大都市的比较框架，旨在准确反映广州建设国际大都市的短板与差距，更好促进广州国际大都市建设。

二　指标选取

（一）经济实力

雄厚的经济实力是一个城市迈向国际大都市的前提与要求。从国际实践经验看，国际上公认的国际大都市，无论是位处金字塔尖的纽约、伦敦和东京，还是第二梯队的巴黎、新加坡、香港等，一般都具有雄厚的经济实力，这既表现在巨大的经济总量规模上和较高的人均经济水平上，也表现在城市融入全球产业链高端和价值链核心的程度以及城市营商环境等方面。因此，本章从经济总量、人均经济水平、外向型经济三个方面来衡量国际大都市的经济实力，选取的三级指标具体包括GDP、人均GDP、进出口总额、服务贸易发展指数等。

（二）高端生产性服务业

国际大都市进入后工业化社会，产业结构服务化、高端化、智能化，国际大都市高端生产性服务业高度集中，拥有众多大型跨国公司总部和金融机构，具有资本、技术、人才、信息等全球性战略资源，通过国际大都市体系将生产资源配置到世界各大区域。本章从总部、金融、咨询、传媒四个方面衡量国际大都市高端生产性服务业发展情况，选取的三级指标主要包括跨国公司总部数量、世界500强数量、金融中心指数、证交所年交易额、管理、会计和法律跨国公司数量、广告、媒体跨国公司数量等。

（三）科技创新

国际大都市发展的主要驱动力就是创新，国际大都市竞争力与科技创新能力高度正相关，创新正成为城市功能的重要方面，曾经以高度发达的贸易、航运、金融为特征的国际化大都市纽约、伦敦等，均在快速转型为全球创新中心。本章从创新综合实力、创新主体、创新投入、创新产出、创新环境五个方面构建科技创新能力评价对比指标，选取的三级指标主要包括国际大都市创新指数、科技公司指数、高科技企业实力、R&D经费支出占 GDP 比重、科技专家指数、2011—2015 年国际 PCT 专利数量、科技联系度、知识产权保护度等。

（四）全球联系

国际大都市往往依托空港、海港等建立起高度发达的对外联系网络，是其所在国家与世界市场沟通和联系的主要纽带，发挥着全球中枢职能的作用。本章从全球联系度、对外开放、空港、海港四个方面构建全球联系评价对比指标，选取的三级指标主要包括全球联系度、对外开放程度、国际航线数量、旅客吞吐量、集装箱吞吐量、货物吞吐量等。

（五）国际影响

国际大都市具有诱人的全球声誉和深远的国际知名度，人口流动更加频繁，国际交往更加密切，同时还拥有众多国际性组织，可以承载众多的国际政治活动，从而有效地发挥对相关国际事务的协调作用。本章从国际知名度、国际交往、国际组织、国际会议四个方面构建国际影响力评价对比指标，选取的三级指标主要包括 Google 搜索量、华盛顿邮报官方网页报道量、2014 年全球百城声誉排名、外国游客数量、国际组织指数、外国使领馆数量、举办 ICCA 国际会议数、国际会展指数等。

（六）文化软实力

国际大都市集中了具有世界影响力的文化机构和高度智能化的文化基础设施，不仅仅是本民族、本国家的历史文化中心和国际旅游胜地，而且是国际文化交流中心和世界性旅游胜地；不同的民族、不同的国家的文化在这里交融，形成了多元文化共存的形态；同时它通过经济和政治的全球影响力传递本国的价值和文化理念。本章从文化产业、文化主体、文化基础设施、历史文化、文化交流传播五个方面构建文化软实力评价对比指标，选取的三级指标主要包括电影院票房收入、剧院年度总票房收入、文化产业实力指数、文化和艺术机构数量、博物馆数量、剧院数量、世界文化和自然遗产数量、新媒体发展指数、大学数量、社会包容度等。

（七）城市治理

城市治理水平体现城市价值，现代化的城市治理体系和治理能力是国际大都市制度先进、法制健全和政策开放的重要保证。城市治理体系和能力现代化主要体现在治理手段创新化，公共权力运行的制度化和规范化，政府决策科学化、民主化和法制化等方面。本章从政府职能、营商环境、社会组织、基层治理与公共参与四个方面构建广州建设国际大都市的城市治理评价指标，选取的三级指标主要包括政治稳定度、制度环境、监管质量、战略导向、国际市场便利度、经济自由度、非政府组织网络连接度、公共治理、犯罪率、社会安全等。

（八）可持续发展

城市发展是一个不断调整人口、经济、社会与环境之间关系的过程，如何在开发利用自然的同时保护自然，寻求人口、经济、社会、环境和资源的相互协调发展，成为国际大都市建设的必然途径。国际大都市建设必须坚持可持续发展，把生态文明建设融入国际大都市建设的各方面和全过程，加快建设资源节约型、环境友好型社会，建设绿色宜居城市，形成人与自然和谐新格局。本章从生态环境、绿色生产、绿色生活三个方面对广州建设国际大都市的可持续发展能力进行评价，选取的三级指标主要包括绿化环境程度、空气污染程度、PM2.5、环境风险指数、能源水平、温室气体排放量、废弃物管理水平等。

（九）人的现代化

国际大都市更加注重人的现代化建设，更加关注人的全面发展，能够不断改善人民生活，缩小居民收入分配差距，持续提升居民获得感与幸福感。本章从人类发展、人口素质、人口结构、生活质量四个方面构建广州建设国际大都市的人的现代化评价指标，选取的三级指标主要包括人类发展指数、人均预期寿命、恩格尔系数、人均受教育年限、人口文明素质水平、外国出生市民比例、生活质量排名、幸福指数、生活成本、交通通勤时间指数、地铁可达时间指数、工作和生活的平衡、房价收入比、就业工作机会等。

（十）区域城市网络

超级城市区域是城市发展的重要支撑力，几乎每个国际大都市背后都有一个强大影响力的超级城市区域作为支撑。在区域城市网络中，通过专业化分工形成功能互补，促进制造、金融、科技、服务和社会等功能链网分工合作，由此产生的网络正外部性已经成为国际大都市发展的重要动力。本章从城市群能级和城市首位度两方面构建区域城市网络评价指标，具体包括城市群人口数、城市群面积、城市群GDP、城市首位度等指标。

三 对比城市选取

城市全球联系的开展是多维度的，考虑到只有综合实力较强的城市才有实力和可能性全方位地拓展全球联系，本章关于广州全球联系度的对比分析中，关于对比案例城市的选取主要选择国内外综合实力较强的城市；另外，考虑到广州全球联系的综合对比主要是为找出广州全球联系度与全球先进城市之间的差距，进而为广州全球联系度的提升提供经验借鉴，因此在选取对比城市的时候，主要考虑在某几个或某个方面全球联系度高于广州的城市。鉴于此,本章选取国外包括纽约、伦敦、东京、巴黎、新加坡、洛杉矶、法兰克福7个城市,以及国内包括香港、上海、北京和深圳4个城市。

第三节 广州全球联系度的比较分析

一 经济实力比较

根据世界银行公布的2017年国际大都市GDP排名,广州经济总量迈入国际大都市TOP20行列,初步具备成为国际大都市的经济基础。然而,作为国际大都市,经济实力不仅表现在巨大的经济总量方面,更需体现在较高的人均经济水平上。由表5-1可看出,广州人均GDP仅为榜首城市纽约的19.4%,不到香港、新加坡等城市50%的水平;与国内城市相比,广州人均GDP虽然高于北京、上海等国家中心城市,但是与深圳相比仅为其83.3%。总体上看,作为一个城市经济体,广州具备了相当于世界中等发达国家的经济规模,但人均GDP发展水平与国外标杆城市相比仍有一定差距。在外向型经济方面,广州进出口总额与先进国际大都市相比较为落后,服务贸易指数在国内城市稍有优势。

表5-1　　　　　　　　经济实力比较

城市	经济实力	人均经济水平	外向型经济	
	GDP (亿美元)	人均GDP (万美元)	进出口总额 (亿美元)	服务贸易 发展指数
纽约	9007	10.80	1876.00	8.21
伦敦	5188	5.30	1766.87	8.14
巴黎	7351	6.93	1540.00	7.07
东京	9473	7.01	3572.93	7.07
新加坡	4102	5.29	8840.53	7.00

续表

城市	经济实力	人均经济水平	外向型经济	
	GDP (亿美元)	人均 GDP (万美元)	进出口总额 (亿美元)	服务贸易 发展指数
洛杉矶	7531	5.74	3868.00	6.79
法兰克福	2704	6.03	—	—
香港	3156	4.36	5247.80	7.00
上海	4066	1.68	4492.41	6.29
北京	3691	1.70	3194.16	5.93
广州	2903	2.10	1338.70	6.40
深圳	2886	2.52	4424.60	5.90

注：数据来源于世界银行公布数据库、《The Global Enabling Trade Report 2016》、《广州迈向全球资源配置中心的国际比较、定位与实施路径》课题等。

二 高端生产性服务业比较

广州生产性服务业占 GDP 比重较高，但是在高端生产性服务业方面与国内外标杆城市相比仍然存在一定的差距。2017《财富》世界 500 强榜单显示，广州拥有的世界 500 强企业仅为 2 家，无论与国际城市还是国内一线城市相比均差距明显。根据高纬环球《2016—2017 全球城市投资报告》公布的数据，纽约、伦敦、东京、北京等均已成为高端生产性服务业机构总部云集之地，而广州管理、会计和法律跨国公司区域总部仅为 40 家，广告、媒体跨国公司区域总部也仅有 34 家，与纽约、伦敦、东京、北京存在较大差距。（见表 5-2）

表 5-2　　　　　　　高端生产性服务业对比

城市	世界 500 强 (个)	总部企业 联系度	金融中心 指数	证券市场 2016 年 总市值 (万亿美元)	管理、会计和 法律跨国公司 区域总部数量 (个)	广告、媒体 跨国公司区 域总部数量 (个)
纽约	16	0.976	756	25.94	251	175

续表

城市	世界500强(个)	总部企业联系度	金融中心指数	证券市场2016年总市值(万亿美元)	管理、会计和法律跨国公司区域总部数量(个)	广告、媒体跨国公司区域总部数量(个)
伦敦	14	1.000	780	3.27	268	119
巴黎	17	0.839	680	3.38	186	100
东京	38	0.54	725	4.91	142	98
新加坡	3	0.416	742	0.64	148	82
洛杉矶	5	0.631	683	—	89	61
芝加哥	5	0.686	638	—	—	—
法兰克福	2	0.64	701	1.74	—	—
香港	6	0.42	744	3.17	165	89
上海	8	0.461	711	4.46	134	82
北京	56	0.478	703		145	88
广州	2	0.280	668	—	40	34
深圳	7	0.274	689	3.42	47	7

注：数据来源于2017《财富》世界500强榜单、Z/Yen公布的《第22期全球金融中心指数》高纬环球（Cushman & Wakefield）发布的《2016—2017全球城市投资报告》、中国社科院发布的《全球城市竞争力报告》等。

三 科技创新比较

广州拥有丰富的创新资源，但创新综合实力仍然有待提高。在创新主体方面，广州的科技公司指数为0.2793，与纽约（1.0000）、伦敦（0.8529）、巴黎（0.7928）、深圳（0.6613）、上海（0.6246）、北京（0.5075）等城市还存在较大差距。在创新投入方面，广州R&D经费支出占GDP比重仍然落后于纽约、东京、北京、上海、深圳等城市。在创新产出方面，广州2011—2015年国际PCT专利数量为824项，远远低于东京的94079项和深圳的40206项。事实上，根据澳洲智库2thinknow发布的《2018年全球城市创新性排名》，广州排在第113位，创

新能力仍然较弱。(见表5-3)

表5-3 创新能力比较

城市	创新主体		创新投入		创新产出	创新环境	
	科技公司指数	高科技企业实力	R&D经费支出占GDP(%)	科技专家指数	2011—2015年国际PCT专利数量(项)	科技联系度	知识产权保护
纽约	1.0000	0.707	3.99	0.22	6845	1175	5.4
伦敦	0.8529	0.613	1.19	0.31	3416	1282	5.9
巴黎	0.7928	0.613	2.91	0.45	13461	834	5.6
东京	0.8468	0.643	3.40	0.51	94079	1112	6.0
新加坡	0.8739	0.434	2.32	0.47	1847	1054	6.2
洛杉矶	0.5742	0.434	—	0.24	—	402	5.4
芝加哥	0.1772	0.368	—	0.25	—	—	5.4
法兰克福	0.1802	0.368	—	0.57	—	426	—
香港	0.7988	0.368	0.70	0.08	1012	—	5.8
上海	0.6246	0.368	3.80	0.10	—	1065	4.0
北京	0.5075	0.434	5.94	0.17	15185	1051	4.0
广州	0.2793	0.368	2.34	0.10	824	—	4.0
深圳	0.6613	0.368	4.10	0.10	40206	190	4.0

注:数据来源于2thinknow发布的2016—2017年国际城市创新指数、中国社科院发布的历年《全球城市竞争力报告》、《广州建设国际科技创新枢纽的思路与对策研究》课题等。

四 全球联系比较

改革开放以来,广州港口航运、机场航空、高速铁路、城际轨道、高快速路等海陆空交通快速发展,基本形成骨架清晰、网络发达、配套完善和服务周全的交通系统,空港、海港、铁路港、高快速路网及信息港"五港合一"优势明显,国际综合交通枢纽地位初步显现。然而,广州国际航空网络和国际航运网络还不够发达完善,全球联系能力并不突出。根据中国社科院公布的《全球城市竞争力报告》,2017年广州全球联系度为

0.250，远低于纽约的 1.000，与纽约、伦敦、新加坡、巴黎等国际大都市仍然存在较大差距。（见表 5-4）

表 5-4　　　　　　主要国际大都市全球联系度比较

城市	全球联系度	对外开放程度	空港		海港	
			国际航线数量	旅客吞吐量（万人）	集装箱吞吐量（万TEU）	货物吞吐量（万吨）
纽约	1.000	0.738	0.9574	9931	637	11493
伦敦	0.535	1.000	1.0000	11879	119	4543
巴黎	0.365	0.615	0.6105	6593	0	0
东京	0.349	0.392	0.5124	11891	415	8533
新加坡	0.368	0.790	0.4569	5870	3092	57585
洛杉矶	0.305	0.440	0.3152	8092	816	5460
法兰克福	0.299	—	0.4460	6079	—	—
香港	0.427	0.956	0.3756	7050	2007	25649
上海	0.366	0.389	0.5510	10646	3652	64651
北京	0.387	0.400	0.1962	9439	0	0
广州	0.250	0.261	0.0823	5973	1710	47548
深圳	0.171	0.242	0.0823	4198	2414	19104

注：数据来源于中国社科院发布的《WORLD PORT RANKINGS-2015》、《全球城市竞争力报告》、国际机场协会发布数据等。

五　国际影响比较

近年来，广州的国际影响力不断增强，尤其是《财富》论坛的召开，使广州在国际上的影响力和美誉度更上一层楼。但作为国际大都市，广州在国际影响方面，尚未达到纽约、巴黎、伦敦等城市的标准。根据《华盛顿邮报》官方网页的查询数据，广州在《华盛顿邮报》上被报道的次数，远低于纽约、伦敦、巴黎、北京等城市。在国际交往人口方面，广州的外国游客数比重较低，外国游客数得分仅为榜首城市的 15.49%。在国际组织方面，广州的国际组织指数与纽约、伦敦、巴黎相差较大。

在举办国际会议方面,据国际会议协会(ICCA)发布的《国际会议市场年度报告》,2016年广州举办国际会议共16次,仅列亚太地区各大城市第58位,虽然高于洛杉矶和深圳的数量,但仍然处于较低水平。(见表5-5)

表5-5　　　　　　　　国际影响比较

城市	国际知名度		国际交往人口	国际组织		国际会议	
	国际媒体报道数	城市声誉	外国游客数量	国际组织指数	外国使领馆数量	举办ICCA国际会议数	国际会展指数
纽约	216122	71.2	1275	0.6904	109	32	0.55
伦敦	45312	74.6	1988	1.0000	159	115	1.00
巴黎	27961	72.2	1803	0.9084	168	174	0.30
东京	8152	69.8	1170	0.3997	105	95	0.19
新加坡	5116	63.7	1520	0.3968	180	151	0.22
洛杉矶	61337	66.3	1100	0.3779	—	8	0.02
法兰克福	2753	71.4	—	0.4413	—	19	0.10
香港	7126	60.6	1347	0.3706	122	99	0.02
上海	4194	53.1	615	0.4506	75	79	0.34
北京	14552	52.4	358	0.4797	157	113	0.20
广州	422	52.3	308	0.3706	59	16	0.01
深圳	734	—	165	0.3706	0	12	0.04

注:数据来源于《华盛顿邮报》官方网站、2014年全球百城声誉排行榜、GaWC2016年全球城市分级数据、《2016年ICCA国际会议市场分析报告》等。

六　文化软实力比较

作为国家历史文化名城,广州历史文化底蕴深厚,文化企事业单位、高等院校、文化基础设施和文化人才队伍等文化资源集聚优势明显。但是与国际大都市相比,广州在文化资源的利用和传播方面仍存在着一定的短板。根据《全球城市文化报告2016年》,与纽约、伦敦、巴黎等全球文化中心城市相比,广州的博物馆数量、文化和艺术机构数量、剧院数量等文化资源传播载体相对过少,博物馆数量仅约为北京的1/5,上海的1/4,与巴黎、伦敦等世界文化名城之间还存在很大的差距。此外,广州在电影院票房收入、剧院票房等文化产业的各项指标与这些国际大都市相去甚远。总体上看,广州拥有丰富的文化资源,但对文化资源的利用效率不够高,文化资源的开发和利用还不到位。(见表5-6、表5-7)

表5-6　　　　　　　　城市文化现代化比较

城市	文化主体	文化基础设施	
	文化和艺术机构数量	博物馆数量	剧院数
纽约	640	142	640
伦敦	241	215	241
巴黎	490	313	490
东京	230	163	230
新加坡	14	57	14
洛杉矶	330	231	330
法兰克福	—	—	—
香港	44	40	44
上海	214	120	214
北京	251	171	251
广州	53	33	53
深圳	40	57	40

注:数据来源于《全球城市文化报告》、全球城市文化论坛官方网站、历年《The Global Urban Competitiveness Report》。

表5-7　　　　　　　　文化现代化比较

城市	历史文化	文化传播与传播		
	世界文化和自然遗产数量	新媒体发展指数	大学数量	社会包容度
纽约	1	9	110	0.711
伦敦	4	9	40	0.663

续表

城市	历史文化	文化传播与传播		
	世界文化和自然遗产数量	新媒体发展指数	大学数量	社会包容度
巴黎	4	7	17	0.687
东京	2	9	136	0.898
新加坡	1	7	17	0.776
洛杉矶	0	8	40	0.607
法兰克福	—	—	6	0.862
香港	0	7	17	0.667
上海	0	8	66	0.621
北京	10	8	89	0.604
广州	6	7	77	0.590
深圳	0	5	8	0.553

注：数据来源于《全球城市文化报告》、全球城市文化论坛官方网站、历年《全球城市竞争力报告》等。

七 城市治理比较

根据中国政法大学法治政府研究院联合社科院社会科学文献出版社发布的《中国法治政府评估报告》，广州法治政府建设连续多年被评为全国第一名。同时，在城市治理举措方面，广州连续四年发布《广州城市治理榜》，对38个政府职能部门进行测评，有效促进了广州城市治理体系完善化、现代化。但是我们依然可以清晰地看到，目前广州在城市治理上仍然不能与伦敦、东京、巴黎等世界一流城市相提并论。中国社科院公布的《全球城市竞争力》和NUMBEO数据库[①]显示，无论是在政治稳定度、制度环境和监管质量方面，还是在社会组织、基层治理与公共参与方面，广州与国外标杆城市相比依然存在一定

---

① NUMBEO是一家专注于生活成本及质量的著名国家研究机构之一，也是全球最大的城市生活资源数据分析网站。

差距。(见表 5-8、表 5-9)

表 5-8 城市治理比较 (1)

城市	政府职能				营商环境	
	政治稳定度	制度环境	监管质量	战略导向	国际市场便利度	经济自由度
纽约	69.52	5	88.46	1	2.57	75.5
伦敦	62.38	5.5	98.56	1	3.9	74.9
巴黎	56.67	5	83.65	0.9	4.3	63.5
东京	82.38	5.5	85.1	0.8	2.02	72.4
新加坡	93.33	5.9	100	1	4.02	89.4
洛杉矶	69.52	5	88.46	1	2.57	75.5
法兰克福	—	5.1	—	0.9	4.18	73.4
香港	83.33	5.5	99.52	0.7	2.15	90.1
上海	27.14	4	44.23	1	2.38	52.5
北京	27.14	4	44.23	0.8	2.38	52.5
广州	27.14	4	44.23	0.5	2.38	52.5
深圳	27.14	4	44.23	0.7	2.38	52.5

注：数据来源于 NUMBEO 数据库、历年《全球城市竞争力报告》、《The Global Information Technology Report 2015》、2016GaWC 城市分级数据等。

表 5-9 城市治理比较 (2)

城市	社会组织	基层治理与公共参与		
	非政府组织网络连接度	公共治理	犯罪率	社会安全指数
纽约	0.453	0.8478	45.2	54.8
伦敦	1	0.6522	46.48	53.52
巴黎	0.511	0.8696	53.24	46.76
东京	0.648	0.7391	19.38	80.62
新加坡	0.378	1	16.9	83.1
洛杉矶	0.154	0.8478	48.49	51.51
法兰克福	0.246	0.8478	45.07	54.93
香港	0.478	0.8261	20.07	79.93

续表

城市	社会组织	基层治理与公共参与		
	非政府组织网络连接度	公共治理	犯罪率	社会安全指数
上海	—	0.4348	32.87	67.13
北京	0.502	0.6304	38.21	61.79
广州	—	0.4348	41.25	58.75
深圳	—	0.4348	53.36	46.64

注：数据来源于 NUMBEO 数据库、历年《全球城市竞争力报告》、《The Global Information Technology Report 2015》、2016GaWC 城市分级数据等。

八　可持续发展比较

一个城市的可持续发展水平，体现出其是否有持久的竞争力、生命力。根据《Sustainable Cities Index 2016》和 NUMBEO 数据库公布的数据：从生态环境来看，广州绿化环境得分为 67.2，远高于纽约（38.2）、巴黎（17.8）、东京（11.4）、北京（17.7）、上海（9.7）等城市。在绿色生产方面，广州能源水平得分为 41.6，与国内的北京、上海、深圳持平，但仅达到榜首法兰克福的 61%；广州在温室气体排放得分为 51.3，与国内城市相比，要高于上海，低于北京和深圳，与国外标杆城市相比，与伦敦、巴黎、东京等城市有较大差距。在废物管理水平方面，广州得分为 41.8，仅高于深圳的 20.8，低于国内外其他标杆城市。（见表5-10）

表 5-10　　　　　城市可持续发展比较

城市	生态环境				绿色生产		绿色生活
	绿化环境程度	空气污染程度	PM2.5	环境风险指数	能源水平	温室气体排放量	废物管理水平
纽约	38.2	84.4	9	53.5	45.8	54.7	85.8
伦敦	64.8	81.7	15	84.5	67.1	70.1	68.0

续表

城市	生态环境				绿色生产		绿色生活
	绿化环境程度	空气污染程度	PM2.5	环境风险指数	能源水平	温室气体排放量	废物管理水平
巴黎	17.8	79.4	18	69.0	62.0	74.6	66.5
东京	11.4	90.6	15	22.5	61.0	75.9	60.4
新加坡	92.1	79.4	18	100.0	15.1	61.4	82.8
洛杉矶	14.6	74.6	11	0	45.8	58.0	99.5
法兰克福	100.0	78.5	18	84.5	68.0	67.2	91.5
香港	100.0	73.5	32	7.1	50.9	72.6	80.4
上海	9.7	48.2	52	53.5	41.6	48.5	44.0
北京	17.7	17.0	85	22.5	41.6	56.9	44.9
广州	67.2	55.7	48	7.1	41.6	51.3	41.8
深圳	88.9	64.6	34	7.1	41.6	75.6	20.8

注：数据来源于NUMBEO数据库、《Sustainable Cities Index2016》等。

九　人的现代化比较

从人类发展、人口素质、人口结构以及生活质量四个方面，将广州人的现代化水平与国内外标杆城市进行对比分析。根据联合国开发计划署公布的《2016年全球城市可持续发展报告》，广州的人类发展指数达到0.869，在全国35个大中城市中位居首位，各项指标均保持在全国领先地位，综合实力十分突出。但是，无论是和纽约、伦敦、巴黎等欧美城市对比，还是与东京、新加坡、香港等亚洲城市相比，广州在人类发展、预期寿命等反映人类发展的指标上，尚存在一定距离。

广州的恩格尔系数约为32.8%，已接近富裕国家水平，但与纽约、伦敦、巴黎等世界先进城市的差距依旧明显。在人口素质方面，广州人均受教育年限为10.55年，略高于香港和新加坡，与纽约、伦敦、巴黎和东京等城市相差1—2年。在人口结构方面，广州外国出生市民比例为1.8%，远低于纽约和伦敦等国际化大都市。在生活质量方面，根据美世咨询公司公布的《2017年全球城市生活质量排名》，广州的居民生活质量在全球231个城市中排119名，仍然较为落后。（见表5-11、表5-12）

表5-11 人的现代化比较（1）

城市	人类发展			人口素质	人口结构
	人类发展指数	人均预期寿命（岁）	恩格尔系数（%）	人均受教育年限（年）	外国出生市民比例（%）
纽约	0.944	86.9	14.1	12.9	35.9
伦敦	0.94	90	15.2	13	27.1
巴黎	0.893	81.59	16.1	13.1	17.6
东京	0.903	86.39	19.2	11.5	2.4
新加坡	0.925	83.1	24.1	10.5	18.3
洛杉矶	—	—	—	—	40.9
法兰克福	0.851	80.7	—	12.9	
香港	0.917	83.74	27.1	10	5.1
上海	0.848	82.29	35.5	10.58	2.1
北京	0.86	81.81	27.7	11.5	2
广州	0.869	81.34	32.8	10.55	1.8
深圳	0.96	79.7	30.5	10.7	1.6

注：数据来源于联合国开发计划署公布的《2016年全球城市可持续发展报告》、《2017年全球城市生活质量排名》、《Sustainable Cities Index2016》、NUMBEO数据库等。

表5-12 人的现代化比较（2）

城市	生活质量排名	幸福指数	生活成本	交通通勤时间指数	地铁可达时间指数	工作和生活的平衡	房价收入比	就业工作机会
纽约	44	20.7	0.4	48.22	100	61.5	12.95	7.5
伦敦	72	31.9	23.9	47.34	60	72.5	27.80	12.6
巴黎	71	30.4	45.1	41.62	20	86.5	16.82	9.6
东京	44	28.3	35.8	44.19	20	40.1	19.88	9.9
新加坡	26	20.1	42.9	43.39	20	0.0	21.63	14.5

续表

城市	生活质量排名	幸福指数	生活成本	交通通勤时间指数	地铁可达时间指数	工作和生活的平衡	房价收入比	就业工作机会
洛杉矶	58	20.7	36.3	45.00	20	53.2	5.70	6.7
法兰克福	7	29.8	56.5	27.58	20	70.8	8.87	
香港	70	16.8	28.3	42.22	20	0.0	36.15	9.6
上海	101	25.7	59.3	45.92	20	40.5	32.62	13.0
北京	118	25.7	56.6	51.45	20	49.6	33.75	15.0
广州	119	25.7	80.4	33.71	20	0.0	25.10	11.0
深圳	137	25.7	73.4	30.50	20	0.0	39.76	11.6

注：数据来源于联合国开发计划署公布的《2016年全球城市可持续发展报告》、《2017年全球城市生活质量排名》、《Sustainable Cities Index2016》、NUMBEO 数据库等。

十 区域城市网络比较

国际大都市建设离不开区域城市网络的强大支撑。通过对比分析粤港澳大湾区、美国大西洋沿岸城市群、英国以伦敦为核心的城市群、欧洲西北部城市群、日本太平洋沿岸城市群、洛杉矶大都市圈、长三角城市群以及京津冀城市群，发现：在人口数量方面，粤港澳大湾区人口总数为6520万人，多于美国大西洋沿岸城市群、英国以伦敦为核心的城市群、欧洲西北部城市群以及洛杉矶大都市圈的人口数量，但是要少于日本太平洋沿岸城市群以及国内的长三角城市群和京津冀城市群的人口数量。在城市群面积方面，粤港澳大湾区在八大样本城市群中排第6位。在城市群 GDP 方面，粤港澳大湾区在八大样本城市群中相对靠后。在城市首位度方面，广州城市首位度为21%，高于北京、上海、巴黎、纽约等城市，但是要低于伦敦、东京、洛杉矶等城市。总的来说，广州在区域城市网络方面与纽约、巴黎、北京、上海还存在一定的差距。（见表5-13）

表 5-13　　　　　　　　区域城市网络比较

城市	城市群能级			城市首位度
	城市群人口数（万）	城市群面积（万平方公里）	城市群 GDP（万亿美元）	城市首位度
纽约	6500	13.80	4.460	20%
伦敦	3650	4.50	1.832	28%
巴黎	4600	14.50	5.590	13%
东京	7000	3.50	3.626	26%
新加坡	—	—	—	—
洛杉矶	3925	42.39	2.590	29%
法兰克福	—	—	—	—
香港	6520	4.33	1.360	23%
上海	7240	10.00	12.670	3%
北京	11000	21.80	6.640	6%
广州	6520	4.33	1.360	21%
深圳	6520	4.33	1.360	21%

注：数据来源于各城市官方网站公布数据、世界银行公布数据库等。

第四节　小结

与国际先进大都市相比，可以发现广州在整体上仍然还存在较大差距。但是，在十大维度中也可以发现具有一定基础和相对优势的领域。

一是综合交通体系具有一定的比较优势。广州空港和海港吞吐量已经位于全球城市前 15 名，虽然国际航线网络有所欠缺，但是作为中国国际性综合交通枢纽和"一带一路"枢纽城市，国际交通连接度正在不断提升，综合型门户枢纽地位不断巩固。

二是"科技+教育+文化"综合实力具有一定的比较优势。

从单项指标来看，广州科技创新能力短板明显，教育和文化在某些指标上具有一定优势但总体也相对落后。但是，如果把"科技+教育+文化"作为整体进行协同打造，广州则具有较好的基础条件。

三是城市可持续发展能力具有一定的比较优势。在国际大都市中广州的生态环境和绿色生产具有较好基础，意味着广州具有良好的生产、生活、生态环境，为未来建设宜居宜业城市打下了良好基础。

四是城市发展的区域支撑能力具有一定的比较优势。广州在粤港澳大湾区中的城市首位度较高，作为区域核心城市的地位比较明显。虽然粤港澳大湾区城市群在目前与世界级先进城市群相比仍有一定的差距，但是从发展态势来看，粤港澳大湾区发展迅猛、潜力巨大，未来的综合竞争力将会不断提升，对广州建设国际大都市的支撑能力将持续增强。

第六章　广州全球高端生产性服务网络中的地位演变

广州作为重要的区域性中心城市和中国经济对外联系的重要门户城市，长期以来在全球经济联系网络中占据重要位置。尤其是改革开放后，广州凭借其在全球制造和贸易网络中发挥的重要功能，全球经济联系不断增强。21世纪以来，广州金融和高端生产性服务业的快速发展，对广州全球经济联系度的提升做出了重要贡献。提升广州在全球高端生产性服务网络中的地位，有助于提升广州在全球城市体系中的地位，助力广州国际大都市建设，同时也能为广州着力建设先进制造业强市和现代服务业强市提供有力支撑。本文通过对当前全球城市网络研究权威组织 GaWC 基于高端生产性服务经济网络的全球城市联系排名变化进行分析，对广州的全球联系变化进行系统分析和比较，并就广州未来全球高端生产性服务经济联系的进一步提升提出相关对策建议。

第一节　GaWC 的全球城市网络研究

一　研究背景

20世纪70年代以来，世界范围内城市间的联系日益紧密，并且对全球一体化融合做出了重要贡献。在此背景下，英国的彼得·泰勒等一批城市研究学者于1999年发起成立了全球化与世界城市研究网络（GaWC），旨在号召和联合全球范围内的学者，深入研究城市之间的联系对城市、全球化和世界经济发展的影响。

高端生产性服务企业为城市经济的行为主体提供了金融、专业性和创新性的中间服务，以方便其全球商业活动。此类服务从集聚资本，到跨越多种司法体系，再到制定一般性的营销战略，内容和形式多样。而这些服务的提供，主要是通过服务公司广布于其重要客户所在的全球城市的办公机构的人员之间面对面的会议商讨来完成的。以摩天大楼为标志的全球城市实际上也是"知识工厂"，正是城市间形式多样的交流，使得全球化得以实现。

高端生产性服务企业只是城市经济中的一个构成要素，其他要素包括机场等"硬件设施"以及以友好城市为代表、作为城市一项重要的"软件设施"的城市层面倡议，这些要素协助城市经济中的其他作用者，如企业和机构等联系到全球经济中来。这些集聚于城市的服务公司使得世界范围内主要城市间的其他商业活动能够进行联系，因此从总体上能够反映城市经济的健康程度，也能具体反映城市与其他城市之间的联系程度。因此，可以通过系统分析高端生产性服务企业布局于全球重要城市的办公机构网络，来替代性地研究全球城市网络的结构。GaWC组织于2000年第一次发布了基于全球联系度的全球城市排名，截至2018年已发布了7期，研究涉及708个全球最重要的城市，成为当前全球主要城市衡量自身融入全球经济网络程度的重要参考标准。

高端生产性服务业主要是指为企业的生产、运营、管理等提供融资、保险、会计审计、法律咨询、广告设计及管理咨询等金融和专业知识服务的行业。20世纪70年代以来，高端生产性服务业逐渐由企业内部的服务部门独立为专业性服务企业，其为企业生产提供的专业服务外包，推动了企业生产成本的降低和专业化程度。高端生产性服务企业在纽约、伦敦、东京等少数全球城市的集中，也进一步强化了这些城市在全球经济网络中的核心枢纽地位。

二 研究对象与分析维度

（一）研究对象

通过对175家全球顶级高端生产性服务企业位于708个城市的办公机构区位数据的收集和处理，我们构建了由高端生产性服务企业和（企业分支机构所在）城市组成的包括123900个数据单元的矩阵。在此矩阵基础上，我们利用一种最新的网络投影模型，对城市间的知识流（如建议、指令、计划和战略等）进行测度。

该项研究的结果是GaWC研究的科学基础，也可能是当前基于城市间金融、专业和创新性知识服务流的全球城市网络研究中最详尽的分析。而关于城市如何嵌入全球城市间的各种"流"的研究结论，为城市政府以及重要商业机构和政策制定者的空间战略制定提供了重要的参考价值。

这一解决全球城市网络研究数据问题的特殊方法需要进行大量、定制化的数据收集工作，而GaWC的研究者在2000—2018年进行了数次此类数据收集工作。这为城市全球高端生产性服务网络联系度分析、城市间对比分析、城市网络空间格局分析以及2000—2018年长时间段和2010—2018年短时间段内城市网络联系度的变化分析等提供了基本框架。

（二）分析维度

本章基于这一方法，对广州在全球城市网络中的位置进行了对比分析。具体分析主要包括如下几个方面：城市的全球联系度；城市在全球、区域和国家等不同空间尺度的联系特征；2000—2018年以及2010—2018年城市联系度的变化。除分析城市在全球城市网络中的联系度外，我们还对不同行业的特性进行了分析，如不同背景下广州经济的外部联系特征，以及过去几十年间这些联系的变化趋势。我们将通过各种图表的方式，来呈现城市间联系强度、空间特征以及联系变化等的分析结果。我们对城市联系度的分析涉及三个互补的方面。

1. 城市全球联系度

城市的全球联系度测度了其在全球城市网络中的总体融入程度。这一指标以具体城市的联系度相对于联系度最高城市的百分比的方式呈现，以更好地理解其全球联系的发展水平。考虑到统计学上的抗变换型，我们只列出了全球联系度超过10%的城市，而联系度在10%以下的城市，则被认为是处于全球城市网络联系边缘，而尚未连接到全球城市网络中来。

2. 城市全球高端生产性服务网络联系度

城市的全球高端生产性服务网络联系度可以从不同的方面进行分析。最基本的方法就是区分城市与其所在区域内其他城市的联系（如广州和亚太地区城市的联系，我们称之为地方性），以及城市和引领性全球城市纽约和伦敦（纽—伦）之间的联系（我们称之为全球性）。城市的全球性与地方性之间的差异决定了其全球导向。另外一个分析城市全球联系的地理指向的方法，是对其与不同世界区域城市的联系度进行对比。我们共区分了9个世界区域，除亚太地区（包括从日本到泰国的亚洲太平洋沿岸城市）外，还包括欧亚（包括除波罗的海诸国之外的原苏联国家和蒙古）、欧洲、拉丁美洲、中东/北非、澳大拉西亚、北美（美国和加拿大的城市）、南亚（从缅甸到巴基斯坦沿线的城市）和撒哈拉以南的非洲。

我们对联系度进行标准化处理，过度联系显示为正值，平均联系值为零，过低联系则为负值。负值并不表示不存在联系，而是城市联系值低于其应有的水平。

3. 城市联系度变化

这一指标记录了全球城市网络中城市全球联系度的变化轨迹。我们对自数据收集以来至今（2000—2018年）的全时期和近期（2010—2018年）的城市全球联系度变化进行了分析，并以联系度绝对变化测度城市全球联系度的变化水平，即城市全球联系度为正，则表示其全球联系度在增长，为负则表示在下降。联系度相对变化是相对于总体变化而言的，它可以看作一个标准化得分，其中城市得分大于2的，表示其联系度经历了显著增长，城市得分接近0，则表示其联系度变化接近全球城市网络中联系度变化的平均水平。

本章的结构包括如下几个部分：第一节将简要介绍如何解读全球城市网络的分析结果；第二节介绍广州在全球城市网络中位置的总体特征；第三节对广州在全球城市网络中的地位进行对比分析。由于我们的研究基于所有城市都拥有其独有的特征这一观点，因此需要对多个城市，而不仅是一两个类似或者顶级城市进行对比分析。故我们将从三个互补的方面对广州进行多重对比分析：（1）与全球邻近城市（包括香港、北京、上海、台北、新加坡和首尔）对比；（2）与中国其他主要城市（包括北京、上海、深圳、程度、杭州、天津、南京、武汉和重庆）对比；（3）与珠三角地区的城市（包括香港、深圳、澳门和珠海）对比。

在其后的案例研究中，我们还会分析长三角地区这一除珠三角地区之外的中国主要全球城市集聚区，以分析两大区域的异同。报告的结论部分介绍了研究的主要发现和政策启示，以及对在珠三角高度城市化和全球化的背景下，如何对广州在全球经济体系中的地位进行进一步详细研究进行了展望。

三　研究方法和数据来源

（一）分析方法

研究的数据由 m 家高端生产性服务公司在 n 个全球城市中设置的分支机构构成。基本的测量是服务值 v_{ij}，反映了公司 j 在城市 i 的分支机构的重要性。所有服务值可以组成一个 $m \times n$ 的服务值矩阵 V。出于示意的需要，我们构建了一个数值范围由 0 到 5 之间的整数构成的小型数据集，所对应的数值越大，表示企业 j 在城市 i 的分支机构的重要程度越高。表 6-1 展示了一个真实的 10 个城市 ×3 个企业的服务值矩阵 V。

首先，一个简单衡量城市位次的方法可以用城市总服务值来体现，我们将其称为城市服务值 C_i：

$$C_i = \Sigma_j v_{ij} \tag{1}$$

表 6-1 中给出了汇总结果。伦敦和马普托分别拥有最高和最低的城市服务值，分别为 14 和 2。城市的服务值 C_i 是一个简单衡量全球城市地位的方法，但一定程度上来说它又是不充分的。事实上，C_i 仅简单地反映了城市所拥有的专业服务集合在某些商业服务业中所具备的优势。但这种统计无法让人了解城市如何利用它的过去及现在的专长与资产，以及如何将它们进行整合。全球城市之所以重要，不仅仅在于其规模和它们可支配资源的多少，它们的重要性更来自在企业网络和城市中创造联系的金融和商务专业人员的实践。所以我们需要转换矩阵 V，以使我们透过企业来深刻理解城市间的相互作用，而不是简单地统计城市中企业的机构服务值。

表 6-1　　　　　　　　　　服务值矩阵样例

城市	普华永道	汇丰银行	麦肯锡咨询	服务值 C_i
伦敦	5	5	4	14
巴黎	4	4	3	11
芝加哥	3	4	5	12
香港	4	4	2	10
纽约	4	4	2	10
上海	3	4	2	9
新加坡	4	3	2	9
波士顿	3	0	0	3
斯图加特	2	2	0	4
马普托	2	0	0	2

链锁网络模型投影函数的关键是定义"城市对"连通性 CDC_{a-b}，其表达的是基于矩阵 V 中每一对城市和企业的情况计算得到的城市 a 和城市 b 之间的连通性：

$$CDC_{a-b} = \Sigma_j v_{aj} \cdot v_{bj} \qquad a \neq b \qquad (2)$$

CDC_{a-b} 作为城市间企业信息与知识交互的真实流动的替代测量，在其计算中隐含的推测如下：在一个企业网络中，一个办事处/分支机构越重要，它与其他办事处/分支机构之间的连接就越多，即分支机构规模越大，就越有能力产生更多的潜在联系。

表 6-2 展示了矩阵 R 是如何构建的，其计算基于表 6-1 提供的样例矩阵。表格展现了分别通过三个企业来计算每对城市 $CDC_{a-b,j}$ 的关系，并汇总了由三个企业形成的城市相互联系程度 CDC_{a-b}。方程（2）可以衡量一对城市之间的联系程度，并成为我们新构造的关系矩阵的个体单元。

表6-2　　　　　　　　　城市间联系矩阵构建的样例

	伦敦	巴黎	芝加哥	香港	纽约	上海	新加坡	波士顿	斯图加特	马普托
普华永道										
伦敦	0	20	15	20	20	15	20	15	10	10
巴黎	20	0	12	16	16	12	16	12	8	8
芝加哥	15	12	0	12	12	9	12	9	6	6
香港	20	16	12	0	16	12	16	12	8	8
纽约	20	16	12	16	0	12	16	12	8	8
上海	15	12	9	12	12	0	12	9	6	6
新加坡	20	16	12	16	16	12	0	12	8	8
波士顿	15	12	9	12	12	9	12	0	6	6
斯图加特	10	8	6	8	8	6	8	6	0	4
马普托	10	8	6	8	8	6	8	6	4	0
汇丰银行										
伦敦	0	20	20	20	20	20	15	0	10	0
巴黎	20	0	16	16	16	16	12	0	8	0
芝加哥	20	16	0	16	16	16	12	0	8	0
香港	20	16	16	0	16	16	12	0	8	0
纽约	20	16	16	16	0	16	12	0	8	0
上海	20	16	16	16	16	0	12	0	8	0
新加坡	15	12	12	12	12	12	0	0	6	0
波士顿	0	0	0	0	0	0	0	0	0	0
斯图加特	10	8	8	8	8	8	6	0	0	0
马普托	0	0	0	0	0	0	0	0	0	0
麦肯锡										
伦敦	0	12	20	8	8	8	8	0	0	0
巴黎	12	0	15	10	10	10	10	0	0	0
芝加哥	20	15	0	10	10	10	10	0	0	0
香港	8	6	10	0	4	4	4	0	0	0
纽约	8	6	10	4	0	4	4	0	0	0
上海	8	6	10	4	4	0	4	0	0	0
新加坡	8	6	10	4	4	4	0	0	0	0

续表

	伦敦	巴黎	芝加哥	香港	纽约	上海	新加坡	波士顿	斯图加特	马普托
波士顿	0	0	0	0	0	0	0	0	0	0
斯图加特	0	0	0	0	0	0	0	0	0	0
马普托	0	0	0	0	0	0	0	0	0	0
三家企业										
伦敦	0	52	55	48	48	43	43	15	20	10
巴黎	52	0	43	38	38	34	34	12	16	8
芝加哥	55	43	0	38	38	35	34	9	14	6
香港	48	38	38	0	36	32	32	12	16	8
纽约	48	38	38	36	0	32	32	12	16	8
上海	43	34	35	32	32	0	28	9	14	6
新加坡	43	34	34	32	32	28	0	12	14	8
波士顿	15	12	9	12	12	9	12	0	6	4
斯图加特	20	16	14	16	16	14	14	6	0	4
马普托	10	8	6	8	8	6	8	4	4	0

注：此表为基于表6-1数据的分析结果。

每个城市会有 $n-1$ 个此类连接，所以一个城市总的连通性——我们称之为"全球高端生产性服务网络连通性"（GNC_a）可以简单地加总所有可能的联系来计算：

$$GNC_a = \Sigma_b CDC_{a-b} = \Sigma b_j v_{aj} \cdot v_{bj} \quad a \neq b \quad (3)$$

表6-3给出了我们列举例子中的全球高端生产性服务网络连通性。表中也同样给出了城市的位置服务现状值，可以看出，城市的服务值C和城市的网络连通性GNC虽然相关，却并不相同。例如，虽然芝加哥的城市服务值C要比巴黎大，但其连通性GNC却要小；同样地，纽约和新加坡分别比香港和上海的连通性要大，尽管它们的位置服务现状C相同。在芝加哥和巴黎的例子中，这种差异主要是普华永道和贝克&麦肯锡网络中不均衡的连接导致的。普华永道的网络中比贝克&麦肯锡拥有更

多的办事处,这使得城市之间通过普华永道的公司网络形成连接有着更多的选择。巴黎在普华永道办公网络承担的角色比贝克&麦肯锡办公网络更加重要,反之对芝加哥也是如此。从汇总结果来看,巴黎的连通性要高于芝加哥,虽然后者自身拥有更多累积的专业知识和服务水平。通过应用链锁网络模型,我们从把城市仅仅概念化为功能和资源的集群,转变为把城市视作网络中功能和资源的节点。

表6-3　城市全球高端生产性服务网络联系度样例

城市	城市服务状态	全球高端生产性服务网络联系度
伦敦	14	334
巴黎	11	275
芝加哥	12	272
香港	10	248
纽约	10	260
上海	9	233
新加坡	9	237
波士顿	3	93
斯图加特	4	120
马普托	2	64

注:此表为基于表6-1的数据和表6-2的计算结果。

(二)数据来源

表6-1的服务矩阵V清晰地说明了描述全球城市网络需要什么数据。我们需要:(1)确定一组全球高端生产性服务企业;(2)选择一批有可能组成全球城市网络的城市;(3)寻找和获取服务值,这些服务价值刻画了每个城市在每个企业办公网络中的重要性。下文关于方法介绍的内容主要分为两个部分。首先,描述了收集所需信息的过程;其次,描述了如何将多样的信息转换成各企业之间可比较的数据。数据是通过设计一个统

一的服务值标度来产生的，这个服务值标度的确定就需要用到每个企业收集到的特定信息。最终的结果就是一个各城市全球服务企业的服务值矩阵，一次来描述和分析全球城市网络。这里描述的是 2018 年的数据收集和分析过程。

高端生产性服务企业通过为其他企业提供基于知识（专家/专业知识/创意）的服务来促进其商业发展。在这种情况下，"遍布全球"就成为企业的市场营销必不可少的一部分。例如，世界范围内新的潜在客户表示希望了解这些企业可以提供服务的地理范围。因此，在高端生产性服务企业中，选址策略必然是相当透明的。企业用来展示其提供服务地理范围的一个必然的方式是在其网站上提供一个"地点"选项，里面会包含办事处的地址信息。网站中一般会配一张它们企业办事处全球分布的世界地图，用于强调它们的全球化。这种地理信息的透明有利于信息的收集。

我们收集了 175 家企业（企业名单见附录 2）的分支机构信息，这些企业包括：75 家金融服务企业、25 家管理咨询企业、25 家广告企业、25 家法律咨询企业以及 25 家会计咨询企业。这些企业分支机构的区位信息收集是在 2018 年 7 月至 9 月之间完成的。企业名单的选取基于 2017 年相关行业的排名，这些排名依据的则是 2016 年的数据。我们从品牌顾问公司 Brand Finance 评出的金融服务和保险业 500 强里选取金融服务企业，这一排名基于对金融服务企业的实力、风险和未来潜力的标杆分析；会计企业是根据 World Accounting Intelligence 的排名来选择的，此排名是基于对汇总的企业收入分析而做出的；广告企业的选择是基于知名调查机构 Brandirectory 对广告行业价值品牌的分析而做出的；法律咨询企业是根据钱伯斯（Chambers）的领先律师事务所排名来选择的；管理咨询企业的选择是根据 Vault 管理和战略咨询的调查，这一调查通过对大量专业人家进行调研而得到企业"声誉",并基于此对管理咨询公司进行排名。每个行业排名靠前的企业都被选取,同样,我们也确定了一些备选企业(例如排名刚好低于 75 或 25 的),以防在实际的数据收集过程中某些企业消失(如被收购)的情况发生。

城市的选取过程中,我们采用了一系列相互交叉的标准。除了早期发表的相关研究成果中涉及的城市,我们还将纳入以下城市:2010 年人口超过 150 万的城市、人口超过 100 万的国家首都以及所有拥有所选取企业总部的城市。最终得到 708 个研究城市。

对公司所在城市机构服务值的赋值,是基于对每一家企业收集到的相关信息进行深度分析之上进行的。企业的相关信息获取主要来自其官方网站,并通过其他渠道的材料,如企业年报和内部手册等进行补充。对于每一家企业,我们主要收集两种类型的信息:第一,获取企业在某一城市中分支机构的规模信息;理想的情况是,能够获取给定城市中企业办公机构的专业从业人员数量列表。这些信息在法律咨询企业中很容易获取,但在其他行业相对来说比较少见。这里还需要利用一些其他信息,如一个企业在某个城市中办事机构的数量。第二,一个企业的办事机构在某个城市的特殊区位职能。明显的例子是总部职能,但其他特征比如子公司总部和区域办公室也被记录下来。在这种扫荡式的信息搜集方法中,任何能够体现城市中一个企业这两种特征的信息都需要收集起来。最终的结果是根据这些有用的信息,建立 175 家企业在 708 个城市里的服务值。

在将信息转换成数据的过程中总是存在一种权衡,一方面希望尽可能地保留大量的原始信息,另一方面又希望建立一个在各种情况下能适应不同程度信息的可靠的排序。在本例中,有些企业的信息很详尽,但大多数企业的信息很少。为了解决这种矛盾,这里通过设计一种相对简单的方法来处理收集到的各式各样的信息。用六分的标度来表示服务价值。其中有两级可以直接得出：很显然，当一家企业在某个城市中不存在机构时，其服务值为0；城市拥有某家企业的总部，其服务值为5。因此赋分的决策主要聚焦于中间四个分数（1，2，3和4）的分配，以此来描述一家企业在某个城市的服务值。这意味着对每家企业来说，需要指定三条界限：1和2之间、2和3之间以及3和4之间。

赋分的基本策略是：先假设所有不存在企业总部的城市赋分为2分。这个分数表示给定企业在某个城市具有"一般"的服务水平。要确定是否如此，则需要检查该企业在所在城市的信息分布情况。要改变这个分数需要有具体的理由。例如，如果联系某个城市中的企业办事处，需要先联系其他地方（如该企业在其他城市的另一个办事处），那么该企业在这个城市的服务值分数则减1。在其他提供充分的从业人员数量信息的企业中，一个城市的办公室如果仅有很少的（或许没有）专业从业人员，分数也会被减1。重点是1和2之间的界限在不同企业之间会有所不同，这主要取决于能够获取的信息。其他界限也是这样。一般来说，2和3的界限是基于规模因素，3和4的界限是基于特殊区位因素。例如，从业人员数量众多的大型办事处，其所在城市可得3分，如果由于区位而作为区域总部，其所在城市可得4分。实际上，规模和特殊区位信息通常尽可能混合在一起来确定每个企业的界限。最终的结果是服务值价值矩阵V，一个具体的v_{ij}数值在0到5之间的708×175的数据矩阵。将这些数据代入方程（1）—（3），所得出的结果就是本章分析的基础。

第二节 广州全球高端生产性服务网络联系度变化

一 总体联系度较好，全球联系度稳步增长

（一）全球排名持续快速上升，稳步进入一线全球城市行列

虽然早期广州的全球联系度排名较低，2000年时仅列全球第109位，但2000—2018年，广州的全球联系度排名一直保持连续、快速的增长态势。2018年广州的全球高端生产性服务网络联系度排第27位，较2000年上升了82个位次，正式进入一线全球城市行列（见图6-1）。尽管广州的排名不如伦敦、纽约，以及国内的香港、上海和北京突出，联系度也相差较大，2018年广州的全球联系度仅为伦敦和纽约的49.41%和53.84%，落后香港、北京和上海30个百分点左右，但与其他一线全球城市相比，2018年广州的全球联系度与11—15位的城市的差距已缩小到15%以内，与16—26位的城市的差距已缩小到10%以内（见图6-2）。

2000—2018年，广州的全球联系度增长了22.02，在全球范围内排第4位，仅次于迪拜、多哈和北京，是全球范围内增速最高的城市之一，比全球城市网络城市联系度的平均增速高出3.5倍（见图6-3）。2010—2018年，广州的全球联系度增速有所减缓，联系度增长值下降到11.91，仅为2000—2018年的一半左右，增长值全球排名第20位，但排在广州之前的19个城市均为亚洲新兴经济体的城市，且14个来自中国，其全球联系度与广州尚存在较大的差距。可见，在一线全球城市中，广州的全球联系度增速仍然保持一定的优势。

综上可以认为，广州全球联系度的增长大致经历了两个阶段：一是21世纪头十年的快速上升时期，广州从全球城市网络

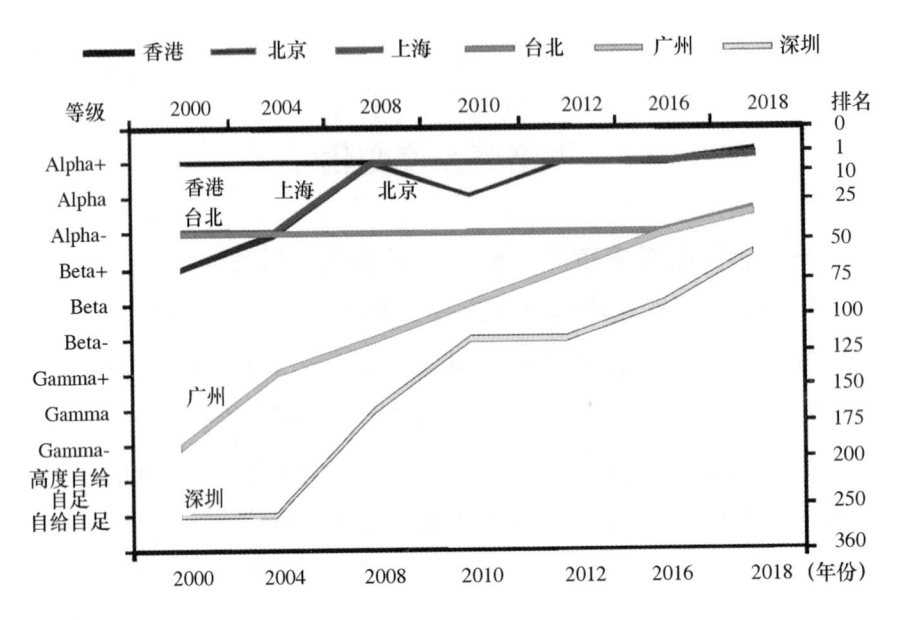

图 6-1　2000—2018 年中国主要城市全球联系度排名变化

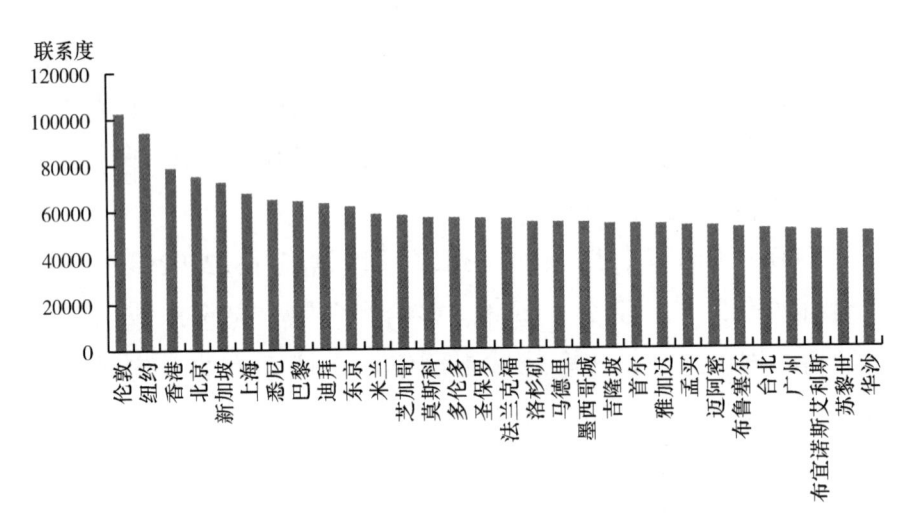

图 6-2　2018 年全球联系度排名前 30 位城市

的边缘快速向中心靠近；二是 2010 年以来广州开始成长为高联系度的全球城市。考虑到广州当前在全球城市联系网络中的地位以及强劲的增长势头，广州的全球城市排名将来很有希望更进一步。

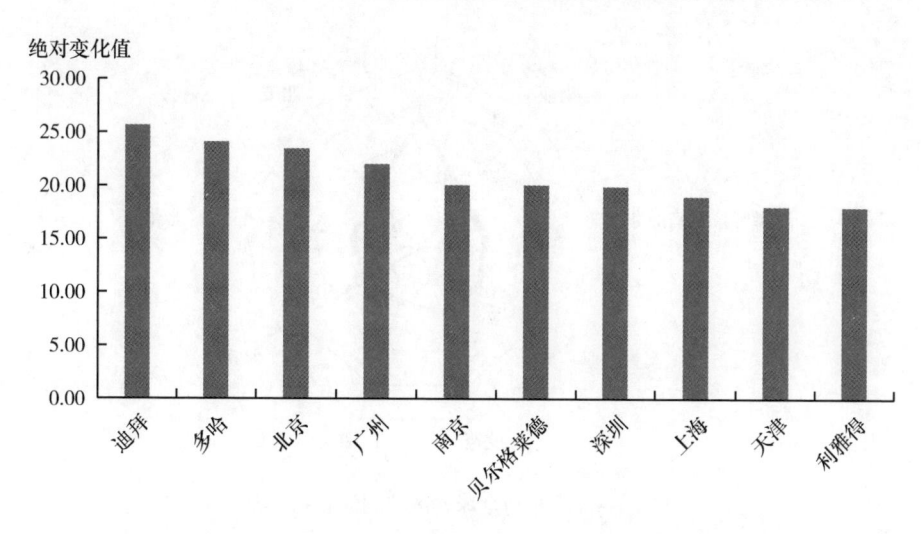

图 6-3　2000—2018 年全球联系度绝对变化值前十位城市

（二）全球联系的区域性显著，在亚太地区内部具有一定优势

广州全球联系的构成中，国内联系指数为 9.07，所有城市中排第 49 位；亚太地区的区域联系指数为 9.76，排第 48 位。并且，这两项指数排前 37 位的城市均来自中国，可见，广州的全球联系主要来自国内城市及亚太地区的其他城市，而与全球其他区域的联系均为负，其中与欧洲和北美地区之间的联系仅为 -2.73 和 -2.64，在所有区域中为最低（见图 6-4）。相比之下，北京和上海不仅全球联系度高于广州，其联系的全球指向性也更强，即与亚太地区的联系相对较低，与纽约和伦敦之间的联系相对更强。可见，当前广州全球联系的地方较强，其全球联系具较强的空间指向性和区域封闭性。

亚太地区的主要全球城市中，首尔的全球联系度在 2000—2018 年的绝对增长达到 9.67，增速较快；但 2010 年以来，由于国际金融危机等因素的影响，其联系度增长出现停滞，绝对增长仅有 1.92（见表 6-4）。新加坡在前十年中的增速较快，但 2010 年后全球联系度绝对增长只有 2.33，这也与其近年来位居

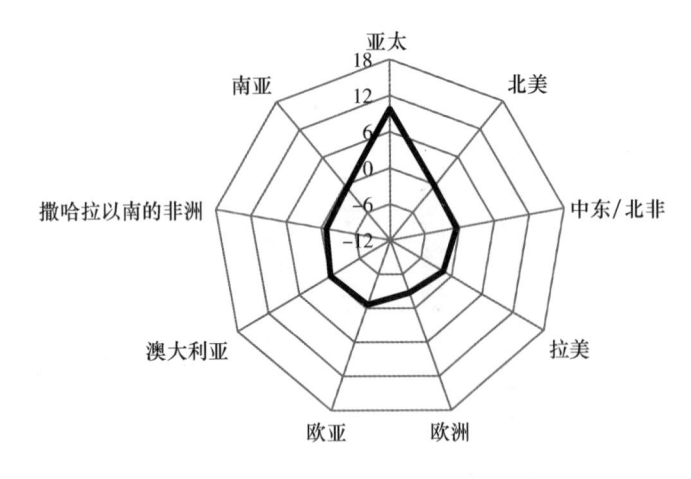

图 6-4　广州与全球各区域间的联系分布

全球排名前列、发展趋于饱和有关。台北 2000—2018 年全球联系度的绝对增长只有 0.35，全球联系值和排名变化不是很明显，只是 2010 年后的增长有所加快，达到 7.21。香港的全球联系值和排名一直处于高位，增速也一直较缓。总体上看，广州在亚太地区内的位置较为突出，全球联系度的上升优势也比较明显。虽然整个亚太地区的联系度都在增长，但从长期来看，广州在保持联系度增长方面要优于区域内的其他城市。

表 6-4　　　　　　　　全球邻近城市的联系度变化结果

城市	2000—2018 年		2010—2018 年	
	绝对变化	相对变化	绝对变化	相对变化
广州	22.02	2.88	11.91	2.05
香港	1.66	-0.04	0.93	0.23
台北	0.35	-0.48	7.21	1.16
新加坡	5.77	0.59	2.33	0.46
首尔	9.67	1.01	1.92	0.14

（三）中国大陆第三城地位稳固

2000 年以来，广州的全球联系度一直稳居中国大陆第三的位置，排在上海和北京之后。上海和北京长期以来都高居全球联系度前十位，这是广州在短期内无法超越的；但相比于其后的深圳等其他国内城市，广州的领先优势较为明显。2018年深圳的全球联系值是广州的80%，成都和杭州只有广州的72%，尽管这些城市近年来全球联系度排名增速高于广州，但短期内难以撼动广州的地位。从全球联系的构成来看，广州联系的全球性系数为0.03，综合全球指向性系数为-9.73，均居中国大陆第三的位置，位居上海和北京之后，与中国大陆其他城市相比还存在一定的优势（见表6-5）。

表6-5　　　　　中国大陆主要城市的联系度及其构成

城市	排名	全球联系度 %	全球性 与纽伦联系	地方性 与区域内联系	全球指向性 纽伦—区域
广州	27	49.41	0.03	9.76	-9.73
北京	4	73.34	0.30	9.27	-8.98
上海	6	66.10	0.48	7.51	-7.03
深圳	55	39.75	-0.05	15.41	-15.46
成都	71	35.84	-0.18	15.58	-15.76
杭州	75	35.28	-0.22	16.86	-17.08
天津	86	32.60	-0.09	18.53	-18.63
南京	94	30.47	-0.22	17.89	-18.10
武汉	95	30.40	-0.24	19.03	-19.27
重庆	105	29.00	-0.22	21.12	-21.34

中国大陆城市的联系度在2000—2018年均呈上升趋势，但一些城市的联系度与广州的差距在2000—2010年就已被拉开（见表6-6）。因此，尽管2010年后成都、杭州、武汉、重庆、南京和天津的全球联系度增速都高于广州，但当前这些城市的联系度与广州仍存在较大差距。

表6-6　　　　　　　　中国大陆主要城市联系度变化

城市	2000—2018年		2010—2018年	
	绝对变化	相对变化	绝对变化	相对变化
广州	22.02	2.88	11.91	2.05
北京	23.46	3.32	10.26	2.02
上海	18.98	2.58	0.73	0.06
深圳	20.05	2.46	10.60	1.66
成都			18.85	3.25
杭州			18.96	3.26
天津	18.04	2.08	11.96	1.83
南京	20.06	2.37	13.40	2.09
武汉			18.47	3.10
重庆			15.97	2.58

（四）广州区域中心地位突出，区域内城市全球联系各有特色

在粤港澳大湾区范围内，同时拥有香港、广州、深圳、珠海、澳门等多个重要的全球城市。其中，香港作为亚太地区的重要门户城市，主要发挥全球性功能，2018年的排名也高居全球第3位，不论是全球联系值还是全球联系排名，都远高于广州。深圳作为中国特色社会主义先行示范区和特色金融中心，近年来凭借其快速发展的金融、会计等特色行业，全球联系度增长迅速，2018年居全球第55位，落后广州28个位次，全球联系度增长速度也比广州要低。珠海和澳门排名则较为靠后，分别为第307位和第330位，与广州之间的差距较大。总体来看，广州在粤港澳大湾区中的中心地位较为突出。

虽然粤港澳大湾区范围内同时存在香港、广州、深圳、珠海和澳门等多个重要的全球城市，但事实上各个城市在全球城市网络中的地位及其职能分工存在较大的差异。香港作为重要的国际金融中心和亚太地区的门户性全球城市，金融业和各项

专业生产性服务业发展都较为完备,并且很大程度上发挥了中国与全球经济交流的平台和窗口的功能。广州作为中国华南地区的区域性金融中心和形成中的全球城市,现代金融服务体系和专业生产性服务体系都有待进一步完善。深圳则依托深圳证券交易所,其资本市场和投资性金融业务较为发达。

二 金融联系最为突出,各行业全球联系差异明显

(一)金融联系居全球前列

2018年,广州的全球金融联系度居全球第11位,比其综合联系度排名高16位,与巴黎、悉尼和多伦多等主要的国际金融中心城市排名相近。广州的金融联系度占其全球总联系度的比重超过四分之一,金融服务企业对于广州的高全球联系度起到了主要的推动作用。2018年全球排名前75位的大型跨国金融公司中,有35家在广州设有分支机构,这其中除13家中资银行外,剩余22家金融机构均来自美国、英国、日本、新加坡、加拿大等发达国家。且35个分支机构中,既无全球性总部,也无区域性总部,大型分支机构和一般分支机构分别为12个和22个(见表6-7)。

北京的金融机构总部数为8家,上海和深圳分别为2家,并且北京和上海也均有区域性总部的分布。香港虽然没有全球性金融机构总部,但2018年有10家金融机构将区域性总部设立于此,香港的区域性金融中心数量在2014年甚至高达25个,其大型分支机构和一般分支机构数量也均高于广州,可见其主要通过吸引全球金融机构来此设立分支机构,吸引和配置全球金融资源来强化其在全球金融网络中的地位,并以此巩固其在全球城市网络中的地位。可见,虽然广州已经成长为全球金融联系网络中的重要节点城市,但其在全球金融网络中的总部控制能力仍有待提高。

表6-7 全球高端生产性服务网络综合联系和分行业联系排名与广州相近的城市

所有企业			金融服务			广告服务			会计服务			法律服务			管理咨询服务		
排名	城市	联系度	排名	城市	联系度	排名	城市	联系度	排名	城市	联系度	排名	城市	联系度	排名	城市	联系度
...	...	...	...	...	...	...	...	...	...	...	...	...	...	...	...	...	...
22	雅加达	51.9	6	新加坡	77.09	32	加拉加斯	40.62	48	罗马	50.81	120	大连	7.93	111	菲尼克斯	15.3
23	孟买	51.22	7	东京	65.84	33	迈阿密	40.61	49	法兰克福	50.77	121	福州	7.93	112	圣安东尼奥	15.3
24	迈阿密	51.15	8	法兰克福	63.84	34	约翰内斯堡	40.59	50	奥斯陆	50.64	122	乔治敦（开曼群岛）	7.93	113	哥伦布	15.23
25	布鲁塞尔	50.29	9	悉尼	61.13	35	布达佩斯	40.54	51	基辅	50.52	123	乔治敦（圭亚那）	7.93	114	哈特福德	15.23
26	台北	49.75	10	巴黎	59.83	36	里斯本	40.42	52	卢森堡	50.49	124	格拉斯哥	7.93	115	密尔沃基	15.23
27	广州	49.41	11	广州	59.07	37	广州	40.29	53	广州	50.46	125	广州	7.93	116	广州	14.81
28	布宜诺斯艾利斯	48.82	12	多伦多	55.1	38	新德里	40.27	54	蒙得维的亚	50.33	126	危地马拉城	7.93	117	河内	13.66
29	苏黎世	48.72	13	孟买	54.76	39	利马	40	55	马尼拉	50.27	127	海口	7.93	118	巴库	12.93
30	华沙	48.32	14	首尔	54.36	40	都柏林	39.74	56	布拉格	50	128	杭州	7.93	119	圣迭戈	12.76
31	伊斯坦布尔	47.72	15	迪拜	53.94	41	圣保罗	39.45	57	布加勒斯特	49.35	129	哈尔滨	7.93	120	麦纳麦	12.52
32	曼谷	47.44	16	天津	53.78	42	布鲁塞尔	39.15	58	约翰内斯堡	49.28	130	合肥	7.93	121	仰光	12.52
...	...	...	...	...	...	...	...	...	...	...	...	...	...	...	...	...	...

(二) 广告和会计行业已有所发展,但机构等级存在差距

相比于金融行业,广州的广告服务和会计服务全球联系度分列第37位和第53位,与金融服务全球联系排名尚有一定差距,也低于其综合联系度排名。2018年广告业的重要跨国企业中,有16家在广州设立一般分支机构,这16家跨国广告公司中,只有一家来自中国,且总部位于北京;另外有13家都来自美国和英国,足见英、美两国在全球广告业中的核心控制地位。

会计业方面,有20家跨国会计师事务所在广州设有分支机构,只比2014年增加了1个,其中大型分支机构5个,一般分支机构15个。跨国会计师事务所分支机构总数方面,广州比香港少5个,比上海和北京少1个,比深圳多2个;但在分支机构构成上,北京有2个全球性总部和4个区域性总部,香港也有4个区域性总部,上海有1个区域性总部和10个大型分支机构。虽然广州的会计师事务所分支机构数量上与国内领先城市相差不大,但机构等级上还存在一定差距。

尽管如此,考虑到中国、珠三角以及广州本地等巨大的(广告服务)消费市场,以及会计服务作为城市经济发展的直接结果和寻求全球联系的潜在动力,广州的广告和会计两个行业全球联系仍有希望进一步得到提升。

(三) 法律和管理咨询联系短板突出

全球法律联系和管理咨询联系方面,广州在全球分列第125位和第116位,明显与其经济发展水平和潜力很不相称。2018年仅有1家重要跨国律师事务所和2家重要跨国管理咨询工资在广州设有一般分支机构。相比之下,香港、北京和上海的跨国律师事务所分支机构数量分别为24个、23个和21个,跨国管理咨询公司分支机构数量为11个、11个和14个,都远高于广州现有的水平。深圳这两个行业跨国公司入驻的情况与广州相同。

管理咨询服务业一直以来都被美国和德国的公司垄断,可以看作高科技产业和创新行业的重要智力来源。因此,通过引入欧美大型全球化的管理咨询公司,将有助于广州拓展全球智力资源的获取网络,为广州经济发展带来宝贵的财富。广州在全球法律公司联系网络中的低联系度,一方面,源自法律服务业的"地域化"特征,这导致其较之其他高端生产性服务行业的全球化扩展难度较大;另一方面,法律服务业的政治性特征决定了其全球范围内城市的选址更偏好首都城市或政治性中心城市。尽管当前广州的全球法律服务联系度排名较低,但未来仍有提升的可能。

第三节 小结

在本章中,我们基于全球重要的高端生产性服务企业网络,对广州与全球范围内城市间的高端生产性服务联系强度、联系的空间特征、联系的变化进行了详细分析,并将广州与不同类别的城市进行了对比,可以基本判断,广州是一个形成中的全球城市。广州日益提升的全球外部联系,为其参与当代全球化提供了商业资本。尽管广州当前与其全球邻近城市,如新加坡、香港、上海和北京无法相提并论,但在中国的城市中,广州的全球联系仍然超越了国家范畴的局限,并且其全球联系度的增长轨迹相对较为平稳。比如,虽然20年前广州的联系度与首尔和台北的差距较大,但广州当前已成为与其处于同一水平的城市。研究发现:

(1)广州的全球经济联系度经历了持续的增长,尽管其联系度增长速度近年来有所放缓,但全球经济联系度的上升趋势明显,未来也有望进一步突破。

(2)广州全球高端生产性服务联系度的行业分布很不均匀,

其中金融服务发挥了最重要的贡献，广告和会计行业的贡献属于中等水平，而管理咨询和法律服务的贡献较低，这可以解释为：①核心全球城市一般是"全能发展型城市"，即其各个行业发展水平都较高；②这些行业的企业所产生的知识网络和全球联系能够显著提高广州的全球联系度。广州未来要想进一步提升其国际金融中心地位，应该主动吸引这些行业的核心企业入驻，这并不只是因为这些企业是经济全球化的"制造者"，更重要的是这些企业生产的知识网络。

（3）与中国其他城市相比，广州的全球联系度要领先武汉、重庆、成都和天津等其他城市，也高于邻近城市深圳。

（4）广州未来要强化全球城市的地位，其全球联系的空间特征还有待进一步优化，这需要政策上采取相应措施，增强与北美和欧洲地区，以及与纽约和伦敦等这些地区核心城市之间的联系。

（5）虽然珠三角地区和长三角地区的全球联系特征存在一定相似之处，但二者也存在一定差异。在两大多中心巨型城市区域，其各自的引领性城市（香港和上海）的全球联系度在国际金融危机后并未得到明显增长，而两大区域内其他城市的联系度则都经历了相似的提升过程。同时，广州与香港之间的差距比长三角地区任何城市与上海之间的差距都要小，但珠三角地区能够竞争全球城市地位的城市数量比长三角地区要少。

通过对比分析，我们发现，全球城市的形成路径并不是同一化的，成功的城市发展路径可能存在巨大差异，这也使得其相互之间能够形成互补，以促进共同发展。这表明，不论是全球邻近城市，或是其他引领性全球城市，还是珠三角地区的其他城市，都不应该被当作广州全球城市建设的仿效对象或竞争对手，而应成为其全球化实践中可能的伙伴。

第七章　广州在全球及区域创新网络中的地位

创新是经济发展与人类社会进步的基础动力之一。当前，创新活动对于经济长期可持续发展的作用体现得更为明显。尽管创新难以定义，在科学研究中，它通常是指市场所提供商品与服务的质量提升和种类增加。这恰与经济增长概念所关注的商品和服务生产量的增长形成鲜明对比。经济增长不能完全反映生产的改善过程。比如，众所周知的国内生产总值（GDP）并不考虑产品与服务生产的改进所带来的经济质的提升。此外，经济增长也未充分考虑新产品对旧产品替换率的变化。相反，创新直接关注这些提升，也因此是经济长期持续增长的核心动力和基础。本章将从城市和区域层面探究创新的空间特征，并重点关注广州和粤港澳大湾区在全球创新网络中的地位。

创新不仅是21世纪全球经济增长的核心动力，同时创新活动也主要集中于巨型城市区域，因此，创新地理研究中对广州及其所在的粤港澳大湾区的关注就显得尤为必要。创新与大都市化在概念上和实践上都相互交织。例如，创新经济主体通常会寻求主要的大都市区作为空间载体，因为这些空间集聚了最优秀的创新人才。由于创新活动高度依赖思想的交流与碰撞，这些主要的大都市区也成为创新的热点所在。另外，大都市区所能提供的高薪工作与精彩的都市生活，吸引更多的人才来此集聚。当然，城市化与创新之间的联系要更为复杂，二者构成了一个复杂的良性循环，并且二者之间相互促进。

本章关于广州和大湾区在全球创新集群空间中的地位的分析，主要通过三项指标的单独和综合分析来进行，包括：专利申请的空间分布、科研成果发布的空间特征以及支持创新向经济发展转化的知识密集型生产性服务企业的全球分支网络。本章将对这些指标进行单独和综合分析。本章包含五个部分：第一部分梳理了创新最新的研究成果，包括创新在理论和实践中的重要性，及其与全球城市和区域变化之间的联系。基于文献梳理的结果，第二部分对研究的数据来源和研究方法进行了介绍。基于全球创新指数、世界知识产权报告以及全球化与世界城市研究网络等研究收集的数据，本章构建了一个新的针对大都市区的全球创新指数。第三部分对分析的总体结果和基于专利、科研论文和知识密集型服务企业三个指标的分项结果分别进行了分析，分析过程重点关注了广州和大湾区的相关结果。第四部分基于现有文献，对当今全球创新地图的形成过程与形成机制进行了分析。第五部分基于以上分析，提出了相关对策建议。

第一节 创新活动的空间集聚

一 创新活动在空间上的连续性与变化性

创新的本质是指新的知识所带来的商品与服务质量和种类的突破变化，新知识可以通过应用于要素生产力的提升，以此促进经济质量和种类的提升。创新可以看作维持经济与人均收入增长最重要的长期性动力，因此创新也成为科学研究的重要对象以及政策制定的一个常见目标。

第一次工业革命后的 200 多年间，创新的重要性不论是在重要的连续性创新潮,还是在一系列相关的经济探索中,都得到了反复验证。理论上讲,创新的积极作用主要在于其对经济发展的外部正向影响,即其自身具有非排他性、共享性、重组性、累积性等特性,并能带来研究、发展、生产率、产量以及更为广泛的经济、社会未能预见或不可预见的分支领域的总体增长(Romer,1986)。

科学创新、技术创新和商务创新是创新的三个主要方面,但这三个方面的空间分布通常是不均衡的,创新的空间不均衡性和空间集聚也是本章关注的主题。例如,第一次工业革命影响下的世界经济等级分化特征一直延续到今天。Pomeranz 提出,自 18 世纪末起,欧洲一些国家和当时其他一些经济发达国家,如中国和印度等之间的人均收入差距开始拉大(Pomeranz,2000)。自此开始,后续几次主要的创新特征和空间特征各异的工业革命相继发生。从空间上看,后续的工业革命与之前的工业革命之间有着密切的联系,即不断重复甚至强化某些空间特征(如西方国家与其他国家之间的差距仍较为明显),但同时这一地理差异一定程度上也在不断被重构(如过去数十年间中国的复兴等)。

比如,以电力和机械为主推动下的第二次工业革命,推动了北美国家步入同欧洲国家并列的高收入国家行列,同时也扩大了欧洲地区工业化的影响范围。近年来,正在发生的第三次和第四次工业革命(Baldwin,2016),广泛涉及数字技术、生命科学、生物技术、金融工程以及运输和物流等领域的重大突破,这些创新与当前的经济全球化密切相关,并推动了全球贸易与投资的快速增长。

20 世纪 70—80 年代以来,创新与经济发展的空间特征发生了显著变化。首先,是全球范围的扩展,包括韩国、中国台湾以及新加坡等已进入高收入群体的经济体在这一时期快速发展;其次,一批新兴经济体进入全球核心中等收入群体的行列,中国是其中最大的经济体,这一过程也体现了创新在空间上的扩散。同时,如果没有中国,过去数十年间全球各国人均收入差距也不会逐渐缩小,因为大多数高收入国家能够通过创新活动和生产率的提升来保持其在全球收入层级中的领先地位(Bourguignon,2017)。尽管如此,包括日本、韩国和中国在内的东北亚地区,已成为当今世界一个重要的创新地,这也使得其崛起为西欧和北美之外的世界经济第三大增长极。

尽管全球创新正呈现多极化的发展趋势,但由于作为创新核心驱动力的知识的生产、流动、传播、应用、投资以及购买等在全球范围内是不均衡的,因此创新活动的空间分布也呈现非均衡性。例如,知识生产涉及正式的研发、教育和知识产权、投资等机构,以及支持实验和风险的机构等,这些要素都非均衡地广泛分布于全球。也就是说,前文中反复强调的包括作为投入的关键性知识要素以及作为产出的创新的空间特征,就是它们在空间上表现出集聚性,即集聚于高人口密度的大都市区域。

二 创新活动的空间集聚性

当今经济发展和创新一个相似的突出空间特征就是它们的空间集聚特征愈加明显,这也不断带来国家内部或国家之间区域分异格局的更新和重塑,高技能和高收入群体越来越多地流向特定的大都市区域。在去工业化背景下,一些工业化时期领先的大都市区域(如美国的东北部地区和欧洲的老工业基地)再没能恢复昔日的繁荣,而另一些地区则通过再投资实现了新的发展(如去工业化后的美国波士顿—剑桥地区和德国的海德堡—曼海姆地区),当然也涌现出一批新兴的创新热点地区(如在信息和通信技术领域创新突出的"硅谷"和在汽车制造领域创新见长的慕尼黑周边地区)。同时,一些新兴的创新型国家,尽管其总体创新能力明显提升,但主要集中于其内部的少数大都市区域（如以信息基础创新闻名的班加罗尔和以在金融和其他领域应用的区块链见长的杭州等）。

总体来看，当今全球经济发展的一个重要特征就是少数创新集聚地区在创新能力方面正在不断拉开与其他地区的差距。这些空间集聚区才是当今创新发展的繁衍地，也就是说，浮现中的世界创新地图与世界发展地图相似，二者均呈现扩散中集聚的特征（Ernst and Kim，2002），即越来越多的国家加入到全球创新活动中来，但创新活动高度集聚于少数空间集聚区。在本章的实证部分，我们主要从空间集群而非国家的视角，来关注创新的空间特征。在城市与区域研究中，空间集群创新能力的不均衡性研究在"集聚外部性"文献中已有所涉及，该理论认为，"特定经济主体在不寻求回报的情况下，通过创新或增值为其他经济主体业绩带来提升"，则称之为集聚外部性或溢出效应（Burger et al.，2009）。

多年来，众多学者对不同的集聚外部性进行了分类，并且得出了不同的分类系统（Gordon and Mccann，2000），其中两个经典的分类最早由艾萨德（Isard，1956）以及马绍尔（Marshall，1920）分别提出，并且二者在空间上存在一定的相关性。艾萨德在对俄林/胡佛分类的阐释中认为，集聚经济包括三个组成部分：（1）规模经济，指单个地点单个企业的规模优势；（2）地方化经济，指单个地点的效益向单个产业的集聚；（3）城市化经济，涉及单个地点所有产业的所有企业。由于我们主要关注企业外部经济（如经济外部性），因此在此不探讨规模经济。在此需注意艾萨德的分类法中，两种分类并不是相互排斥的，即地方化经济是城市化经济的进一步细分。

尽管伯格等（Burger et al.，2009）继承了麦肯（Mccann，1995）的观点并认为地方化经济在空间尺度上比城市化经济要小，但艾萨德的定义并不只是从空间属性来阐释的。比如，一处针对某个特殊行业，如港口的基础设施，其服务范围比一处面向特定城市的基础设施的空间辐射范围要大得多（Parr，2002）。再者，仅关注工业部门可能会导致对其他新兴或交叉领域的忽视。不过，在针对集聚外部性开展实证研究时，从某一特定行业对其进行定义就显示出一定优势。例如，Duranton 和 Overman（Duranton and Overman，2005）发现，与地方化经济相关的集聚通常在半径 50 千米的小尺度范围内发生，尽管不同行业间在集聚程度和影响强度上存在差异（Mccann，1995）。

俄林—胡佛—艾萨德分类法与马绍尔提出的另一经典分类法有所交叉，后者主要从劳动力市场汇集、投入共享以及技术溢出（Rosenthal and Strange，2003）来定义集聚外部性。尽管马绍尔是在一本特定行业的专著中提到这些外部性，故其有时被认为是对地方性经济的阐述（Burger et al.，2009；Rosenthal and Strange，2003），但马绍尔的三大机制理论与任何一个特定行业之间都不存在内在的联系，即一个共同的或者密集的劳动力市场可以贯穿于不同的行业，共同的投入（如基础设施）和信息溢出亦然。

由于马绍尔的三大机制可以用于识别空间门槛，其分类法被广泛应用于空间集聚外部性研究中（Rosenthal and Strange，2003）。例如，劳动力市场积累通常在空间上与基于通勤模式的功能性城市区相联系，而基于紧密联系的技术溢出则通常体现在一个很小的邻里范围内（Larsson，2014）。相反，公司间的联系涉及更大的空间范围，可能存在于拥有特定空间范畴的城市行政界线内（Phelps et al.，2001）。因此，不论以何种分类法来定义，集聚外部性都由不同尺度的多种机制构成，这使得集聚成为一个可变的空间几何体，其中一些作用施展于数个城市之上，而一些则作用于更小范围的地方环境（Lang and Knox，2009）。

一直以来，学界都在经典分类法的基础上进行补充或提出替代方法。为了避免遗漏，我们总结了其他几个在促进创新的集聚与网络外部性的理论。第一个,是在 MAR 与 Jacobs 之间关于相关或者不相关的产业是否会增强知识竞争力的争论(Henderson, 1997; Glaeser et al. , 1992)。MAR 外部性(根据理论贡献者 Marshall, Arrow 和 Romer 命名)主要阐释了地方外部性,其认为知识与创新外部性来源于产业内部的相互作用(Glaeser et al. , 1992)。而 Jacobs(Jacobs, 1984)外部性认为创新是不同产业之间相互作用的结果。此外,其他学者提出另一种城市化外部性机制,以降低位于那一区域公司的不确定性。Parr(Parr, 2002)称这些为"复杂性经济",而 McCann(Mccann, 1995)将其描述成"层级协调效应"群,Moulaert 和 Djellal(Moulaert and Djellal, 1995)则称作"规模经济"。

在城市与区域研究中,以上观点已被日益丰富的"区域创新系统"研究替代,即经济、社会、政治和制度性组织之间的相互作用在地方的集聚,促使一些相互联系的技术性或功能性区域之间形成了集体学习过程(Asheim et al. , 2011),这些相互作用激励了集群内知识、技能和最佳实践的快速扩散,因而极大地促进了创新。下文中我们会利用这些文献里出现的观点来阐释本章实证研究的分析框架,通过以上讨论,我们主要提出一个较为复杂的问题,即"集群"由哪些要素构成?这个问题既有概念层面又有经验层面的含义。

以上讨论表明,不管本质如何,集聚外部性研究由在不同尺度上运行的各种机制组成,这必然使得"集群"成为一个包含可变空间要素的单元(Lang and Knox, 2009)。这就引出了本章余下部分所考虑的两个重要问题。

(1)虽然我们将广州作为一个整体空间单元进行系统研究,但由于有些聚集外部性区域出现在小尺度范围(例如,商业园、技术特区、经济特区、通勤区),有些则出现在更大空间尺度(例如,多中心都市区、特大城市群,以及共享机场、港口等基础设施的区域等），因此行政边界上的城市不应被作为创新集聚研究的唯一空间单元。

（2）为了定义最佳可能分析空间单元，我们利用本地化创新数据，并基于密度分析方法，以此发现空间集群。算法上的改进要求具有最低限度的专业知识来确定输入参数，进而发现任意形状的创新集聚区。在某些研究中，这意味着部分城市在空间上是融合的（例如，香港—深圳，大阪—京都—神户），因为从"创新集聚"角度看，很难给它们之间划定严格的边界。

总而言之，创新及其空间集聚的可操作性定义以及因此得出的有关这些空间集聚的政策建议，不能从行政上或直觉出发，在城市的层面过于简单地进行具体化，创新在空间上既是多尺度的也是多中心的。

第二节 研究数据与方法

一 创新的测度

虽然创新是城市与区域研究的核心主题，也是政策讨论的焦点，但当前并不存在测度创新表现的标准方法（Doloreux and Porto Gomez，2017；Asheim et al.，2011；Cooke et al.，1997），而标准化创新测度方法的缺失，与当前针对创新指数进行的广泛科学讨论热潮不相匹配（Archibugi，1988，Becheikh et al.，2006，Janger et al.，2017）。当前有关创新空间研究的文献主要集中于三个领域：技术创新标志、科学创新标志和有助于创新的全球营商环境标志。已有研究显示，这三者在空间上虽然并不完全相同，但仍高度关联，因此既可进行独立研究，也可进行关联研究。

第一个维度，严格来说，技术创新就是有所发明，是增加市场提供商品和服务数量及种类的空间聚集（不管如何定义）

的整体能力的有效支撑。关于技术创新最常用，也是最直接的测度指标就是专利数量。专利用来保护发明，这些发明是全新的，既包括创新步骤，又具备工业应用性。想获得发明专利权的创新人员必须向官方部门正式申请保护，于是，这些部门的专利记录为创新活动的本质提供了丰富的信息源。然而，有必要指出，专利数据仅提供了整个创新活动中不完全和不完善的观点。关于专利数据众所周知的一个局限就是，大多数专利只记录了技术创新而忽视了非技术创新（如组织或货流改进），而恰好非技术创新是经济活动中提高生产力的重要因素。有些产业比其他产业更为关注专利体系，这取决于相关技术或同行商业策略的本质，有些专利比其他的更有价值和更具技术重要性。这些局限并不是说专利数据无法有效展示创新研究，而是说它们必须要慎重对待，并且要加入其他维度思考。

第二个维度是大部分科学创新通常通过顶级科学研究期刊论文发表数量测量，这一定程度上与拥有的高水平大学和科研机构数量有关。这些大学和科研机构本身就是重要的专利发明者，但在这里考虑它们是因为它们的存在和地位产生了更广泛的投入：高技能劳动力、科学创造、高端咨询公司，等等。换言之，大多数科研机构的存在——按照高质量科研产出测量——为空间集聚提供了另一个维度和关键创新驱动的角度。

第三个维度是存在一个有益于创新的全球关联性营商环境。这类全球关联的知识密集型公司越来越受关注，是因为独立的商业和科学创新时代可能是过去创新的重要特征，但在"大技术""大科学"时代，大多数前沿技术和科学进步都产生于拥有多名贡献者的大型的、资金丰裕的合作团队（Simonton，2013）。公司和科研的创新一样，比过去更需要对各种知识库进行整合，而这些通常不均匀地分散于各种空间（Strambach and Klement，2013）。公司中的研发团队和知识机构的科研团队（或者是两者的混合体),如果能和更广范围的合作者开展共同研发,就能在创新上保持长期竞争力(Kratke and Brandt,2009)。同这类合伙人建立和维持关系是一个由"代理"以各种形式才能实现的复杂任务:文献回顾中强调的地理代理人(Hoekman et al.,2010; Howells,2002; Katz,1994; Maskell and Malmberg,1999),但也同空间集群外的大多数知识聚集相联系。这为(再)联合提供了独特机会,因此产生新知识。为了测量一个空间集群同其他主要创新中心的联系,我们将在知识密集型商业服务公司中测量其全球关联性。

二 空间集聚的测定

正如文献回顾中所讨论的,在实际操作中对集聚进行定义是非常困难的,因为集聚外部性区域包括不同规模上运行的各类机制。任何一种对"集聚"或"空间集群"进行可操作性定义必然需要通过寻找代理对象来进行,因为创新的地理分布是多尺度、多中心的。研究采取规范的空间集聚分析方法,而非采用直觉的或行政的空间单元。

空间集聚算法由于在确定输入参数方面对领域知识的要求最小,对当前任务具有很大的吸引力,而且它们还能考虑到发现任意形状的空间聚集。此处运用的集聚算法叫作 DBSCAN 算法,它首次出现在 Ester 等人(Ernst and Kim,2002)研究中。这种算法基于空间集聚的密度概念,旨在发现任意形状的集聚单元。在应用该算法时,使用相同地址的多个列表(例如,在多个专利/文章中列出的同一发明人/作者)作为单独的数据点。此外,通过将数据点分别表示为总发明人地址和作者地址的份额,给予发明人和作者相同的权重。鉴于科学论文的数量远远超过专利的数量,基于原始数据点的集聚识别将导致大量由科学作者分布主导的集聚形状。当然,这种等权重方法有些主观。

然而，正如后文分析所提出的，专利申请行为和科学出版活动呈正相关关系，大多数集群反映了整体经济集群的模式，因此，如果我们选择不同的权重，大多数集群的身份可能会保持不变。

与此同时，香港和深圳似乎形成了一个持续的活动集群。因此，在以下分析中，我们将广州与香港—深圳分开处理，因为这是根据 DBSCAN 算法应用于专利和科学出版物本地化数据对大湾区当前技术和科学创新最客观的空间反映。对于第三个指标，即知识密集型商业服务企业的全球连通性，最初采用的是单独的空间分配算法，我们修改了初始数据，使其与这里采用的方法相匹配。研究使用 15 公里半径和 4500 数据点作为基准输入参数来定义空间集群；剩余的数据点被认为是"噪声"，例如，创新要么在地理上太分散要么在输出上太小，以至于无法称得上一个创新空间集聚。于是，DBSCAN 算法从 43 个国家经济体重中识别出了 192 个集聚。我们在下文中聚焦这其中最显著的 100 个集聚。

三 创新的测度

为了操作创新的三个主要维度，我们重新组合了《全球创新指数（2019）》《世界知识产权报告（2019）》和《全球化与全球城市（2018）》（GaWC 研究网络）提供的部分数据，时间上采用 2018 年公布的数据。

Bergquist 等人（2019）使用由世界知识产权组织（WIPO）运营的《专利合作条约》（PCT）系统下公布的 2013 年至 2018 年的专利数据。《专利合作条约》是一个国际合作协议，供专利申请人在寻求国际专利保护时使用。该体系于 1978 年开始实施，到 2010 年已有 142 个成员，占全球国家和地区专利申请量的 98% 以上。在《专利合作条约》下提出专利申请，申请人可以推迟决定是否以及在哪个国家申请专利，从而节省支出和法律成本。此外，专利会接受第一次评估，这同样有助于申请人随后的专利申请决定。Bergquist 等人（2019）对《专利合作条约》备案数据的依赖有两个动机。首先，《专利合作条约》系统对来自世界各地的申请者适用一套程序规则，并根据统一的申请标准收集信息。这减少了如果从不同的国家来源使用不同的规则和标准收集类似的信息可能产生的偏差。其次，《专利合作条约》的应用可能会捕获最有商业价值的发明。获取专利是一个昂贵的过程，申请专利的司法管辖区越多，获取专利的成本就越大。只有当潜在的发明承诺产生足够高的回报，即高于仅在国内申请的专利时，申请人才会寻求国际专利保护。在研究期间内，在《专利合作条约》制度下公布的申请超过 100 万份。每一项申请均列出对申请中所述发明负责的发明人的姓名和地址。

第二个维度也采用了类似的方法，即科学生产（SP）。这里的数据是从"科学网"（WebofScience）的《科学引文索引扩展数据库》中收集的，该数据库由 Clarivate 出版。这里也是 2013—2018 年的数据。这个数据库最好被描述为一个统一的研究工具，它使用户能够获取、分析和传播有关顶级科学研究的信息。数据库中的索引每年确定，基于包括以下标准的评估和选择过程：效果、影响力、及时性、同行评议和地域代表性。对数据库的大规模分析可以评估生产的地理位置，因为它可以根据机构地址评估科学产出的位置。

关于第三个维度，即有利于创新的全球互联商业环境，我们借鉴了知识密集型商业服务公司网络中城市全球高端生产性服务网络连接（GNC）的衡量指标。正如 2016 年 GaWC 报告中所概述的，我们在此重点考虑了知识密集型生产性服务公司在创建全球互联空间集群中的核心重要性。这些公司提供金融、专业和创造性手段，以促进聚集的代理人在全球追求利润。这些活动范围从筹集资金，到驾驭多个司法管辖区，再到制定营销策略。这些主要是通过面对面的会议来完成的，需要在它们的客户有重要利益的所有城市的办公室里完成相关工作。因此，集群被视为"知识工厂"，通过利用其他主要集群的知识资源，使全球经济中的创新成为可能。这包括通过对领先的集群中知识密集型商业服务公司的办公网络的调查，得出集群网络连通性的多种衡量标准。基于2018年708个城市中175家公司选址战略的详细和量身定制的信息，我们使用最先进的网络模型估算了每个城市之间的知识流动。在目前的分析中，我们使用的是最直接的测量方法，即集聚的整体连通性，而使用GaWC数据收集（例如大阪之于大阪—神户—京都集群）中主要节点的结果能保证与空间集聚算法相符合。请注意，Bergquist等人（2019）研究中识别的空间集群中有8个在GaWC排名中没有价值（例如瑞典的隆德）；这些集群在这个维度上赋值为0。在此基础上，研究共得出三个排名：第一个排名关注的是五年时间内的专利数量（PCT），第二个排名关注的是五年时间内的科学出版物数量（SP），第三个排名关注的是2018年知识密集型商业流的全球互联性（GNC）。

第三节　全球创新集聚的空间特征

在PCT、SP和GNC三个指标计算结果的基础上，计算各创新集群的综合得分TS（total score）。由于PCT、SP和GNC三个指标得出的结果在数值上差异较大，本部分采用同等权重的方法对各项指标数值进行处理后简单加总，得到综合得分，即 $TS = 1000 / (PCT + SP + GNC)$，然后再对聚类进行排序。

通过对PCT、SP和GNC三项结果的相关性进行分析，结果显示，PCT-SP的皮尔逊相关系数为0.51，PCT-GNC的皮尔逊相关系数为0.28，SP-GNC的皮尔逊相关系数为0.52。这证实了创新的不同维度明显相关，但不完全相同，这反过来证明了使用复合总分（TS）对全球创新集群进行分析是合理的。

通过对基于三个分项指标得分和综合得分的全球创新集群分布的观察，可以发现，全球经济中确实有三个核心地区，即几乎所有的空间集群都位于北美、欧洲或亚太地区。就创新集群的数量而言，这三个地理区域之间存在初步平衡，只有数量有限的城市群存在于这三个创新集群之外：德黑兰、特拉维夫、圣保罗和澳大利亚的三个城市群（悉尼、墨尔本、布里斯班）以及印度的三个城市群（新德里、孟买、班加罗尔）。尽管如此，亚太地区具有一定的优势，因为最重要的城市集群都在这里，例如前10名中有5个：北京、东京—横滨、首尔、上海和深圳—香港。这头重脚轻的亚太体制与对全球城市的早期研究相呼应——此前发现地图上出现较多的相对而言是欧洲城市，但现在除了伦敦和巴黎，出现较多的是亚太地区城市（Taylor and Derudder，2016）。总的来说，创新集群的空间分布再现了著名的全球经济不平衡发展模式，但需要强调的是，这些模式表现得更为显著：就创新能力而言，全球创新集群中最重要城市群和其他主要城市群之间的差距，无论怎样定义"主要"，都比基于人口规模或国内生产总值之间的差距更为显著。

除了全球尺度上的模式外，各类型集群显示的模式也与国家尺度上的模式一致。例如，像韩国和俄罗斯这类中央集权国家只有一个重要且占显著优势的创新集聚地（分别是首尔和莫斯科），而像德国和瑞士等非中央集权国家则有多个中等重要的创新集聚区（分别是法兰克福、慕尼黑、汉堡、柏林、斯图加特、科隆、海德堡—曼海姆、纽伦堡—埃朗根，和巴塞尔、苏黎世、日内瓦）。在中国也能观察到这种与国家规模上发展模式平行的情况，其拥有的18个创新集群在数量上仅低于美国的25个，并且东西发展梯度差异非常明显。这意味着，占主导地位的特大地区——京津冀（如北京和天津）、珠江三角洲（如深圳—香港和广州）和长江三角洲（如上海和杭州）——拥有数量最多且最重要的创新集群。（见表7-1）

表7-1 中国城市（区域）专利、科研成果、全球商业联系及综合创新联系对比

中国城市（区域）排名	集群名称	专利排名	科研成果排名	全球商业联系排名	综合排名
1	北京	6	1	4	1
2	上海	15	7	6	6
3	深圳—香港	2	29	3	7
4	广州	30	15	22	15
5	杭州	33	31	47	30
6	南京	74	12	52	41
7	武汉	79	17	53	47
8	成都	78	34	45	50
9	天津	88	39	50	57
10	西安	92	21	68	59
11	长沙	84	45	62	64
12	苏州	57	91	60	72
13	重庆	97	59	57	76
14	青岛	71	79	63	77
15	济南	93	65	64	85
16	合肥	96	62	73	91
17	哈尔滨	99	54	80	93
18	长春	98	56	83	94

资料来源：GII，WIPO，GaWC。

同时，在综合得分所展现的创新集群分布中也隐藏了许多重要的差异。一个明显的例子是，美国有许多创新集群在SP和（或）PCT方面表现出色：旧金山，一直延伸到圣何塞，总体排

第七章 广州在全球及区域创新网络中的地位

名第十，但在 PCT 方面排名第 4（很大程度上是因为"硅谷"）；波士顿—坎布里奇整体排名第 12，但在 SP 中排名第 5（很大程度上是因为哈佛大学和麻省理工学院）。在纽约可以观察到相反的模式，它在 TS 中排名第三主要是由于在 GNC（第 2 名）和 SP（第 4 名）有很高排名；严格的技术意义上的创新能力是存在的（PCT 排名第 11），但相对不那么重要。在另一个世界领先的城市伦敦也发现了类似的模式，由于 PCT 得分相对较低（第 29 名），伦敦在创新集群中仅排在第 8 位。虽然剑桥和牛津相对而言位于伦敦附近，但 DBSCAN 算法将这两个城市看作独立的集群：更高的距离门槛能增加它们比伦敦更大的 PCT 和 SP 相对规模——这个规模是与相对小的城镇总体规模而言的。荷兰的埃因霍温是一个有趣的特殊模式，它之所以能在 PCT 数量排名上拥有非常高的地位（第 17 名），这在很大程度上可以追溯到飞利浦的出现。总体而言，德国集群的 PCT 得分高于它们的 SP 得分，而中国城市的情况则相反：所有中国城市的 SP 得分都高于它们的 PCT 得分，在所有大学城市中，南京、武汉的 PC 得分最为突出。PCT 和 SP 之间比较平衡的唯一一个集聚是杭州，PCT 超过 SP 的唯一一个集聚是香港—深圳（可能因为香港作为一个拥有法律—金融框架的特别行政区起到了横跨和连接中国与全球经济体的作用）。中国的 GNC 模式一般介于这两种模式之间，尽管四个主要的中国集群——北京、上海、深圳—香港和广州——在 GNC 方面表现良好。（见表 7-2）

表 7-2　全球范围与广州拥有同等创新水平的大都市区

专利排名	大都市区	科研成果排名	大都市区	全球商业联系排名	大都市区	综合创新排名	大都市区
28	阿姆斯特丹—鹿特丹	13	洛杉矶	20	布鲁塞尔	13	阿姆斯特丹—鹿特丹

续表

专利排名	大都市区	科研成果排名	大都市区	全球商业联系排名	大都市区	综合创新排名	大都市区
29	伦敦	14	大阪—神户—东京	21	台北	14	新加坡
30	广州	15	广州	22	广州	15	广州
31	海德堡—曼海姆	16	德黑兰	23	苏黎世	16	华盛顿—巴尔的摩
32	新加坡	17	武汉	24	华沙	17	休斯敦

数据来源：GII，WIPO，GaWC。

从这三个不同排名看相对位置，很明显，广州——与除了杭州和香港—深圳之外的中国城市在同一条线上——在 PCT 方面落后：它在 PCT 上排第 30 名，SP 排第 15 名，GNC 排第 22 名，因此整体上在 TS 上排第 15 名。另外，深圳—香港在 SP 方面落后。它的 PCT 排第 2 名，GNC 排第 4 名，SP 排第 29 名，总体排第 7 名。广州（PCT）和香港—深圳（SP）在某一特定维度上明显落后的事实，意味着这两个空间集群之间有潜在互补性。因此，进一步加强每个集群可以同时扩展连接，从而有效地形成单个集群。虽然单独估计大湾区集群的影响力既不实际，从计算上也不如合计不同维度价值那样简单，一个简单的计算操作表明，这个组合可让整个地区在 PCT 上排名第 1，在 SP 上排名第 5，在 GNC 上排名第 3，甚至可能全球排名第 1；然而，除了从这么一个简单的、综合的角度来看，还有必要强调，如果加入潜在的地理聚集逻辑，类似的综合模式也可能出现在欧洲（如伦敦和莱茵—鲁尔、兰斯塔德和弗拉芒钻石区域），以及在京津冀、长江三角洲地区。尽管如此，它确实显示了区域一体化的潜力，这是明显的，因为各自在 PCT 和 SP 方面存在不同优势。

第四节　全球创新空间集聚形成机制

实证研究结果描述了创新的全球地图，本节主要对全球创新地图形成的机制进行解读。正如文献分析中提到的：由于创新的关键驱动因素在空间上是不均衡的，所以创新在空间上是不均衡的。

（1）城市的规模和密度存在重要影响。尽管本章得出的全球创新地图与巨型城市群全球地图不完全相同，但这些地图总体上表明，城市（群）的规模对创新活动存在重要影响，即较大的大都市比较小的城市更具创新能力（Bettencourt et al.,2007；ó Huallacháin,1999），这尤其体现在相对较新的技术领域（Orlando and Verba,2005）。这是因为大城市更有可能拥有密集的市场、大型研发实验室的大公司以及大量受过良好教育的劳动力（Bettencourt et al.,2007；Orlando and Verba,2005）。

杜兰顿等（Duranton and Overman,2005）和卡尔利诺等（Carlino et al.,2007）提出了三种集聚机制来解释这一模式：共享、匹配和知识溢出导致创新从巨型城市群中的集聚中获益。第一个渠道——分享——与密集的要素市场有关，当创新活动聚集在一起时，就会出现密集的要素市场。密集的劳动力市场可以有效提升获得大量专业的、有经验的工人的机会，从而为知识的迅速流动创造联系和网络（Helsley and Strange,2002）。集聚效应的第二个渠道是匹配。它源于密集的劳动力市场，在这个市场中，企业和工人之间的匹配质量得到了提高（Berliant et al.,2006）。第三个渠道是知识溢出，是指通过信息交换而获得的知识收益，知识生产者得不到直接的补偿，从而在经济活动密集的大型集聚区产生更高程度的创新。这对于解释创新的集中尤其重要，因为后者比其他经济活动更依赖新知识。

然而，值得注意的是，卡尔利诺等人（2007）发现，中等规模的城市有时更善于实现城市规模带来的好处，而狄克斯特拉等人（Dijkstra et al.，2013）则注意到，欧洲中等规模城市在过去十年的表现要优于最大的城市。因此，虽然城市规模很重要，但并不是城市越大越好，而且随着成本的增加（例如拥堵和其他"大城市问题"），可能会对创新带来负效应，这也意味着在多中心城市区域形式下具有平衡的区域可能提供一种"理想"的城市形式（Wang et al.，2020）。

（2）人力和社会资本。专利、科学产出和知识密集型商业服务对具有较高教育水平的城市人口比例有积极的响应（Guimarães et al.，2015；Andersson et al.，2005）。人力资本的概念涉及造成行动和经济增长变化的个人知识和能力，人力资本可以通过旨在更新和延长个人在社会上有所作为的能力的正式培训和教育来开发。特定行业的人力资本是指从特定行业的经验中获得的知识，在这方面表现得特别重要。以往研究表明，如果一个行业内的主要参与者之间进行高质量的知识交流，特定行业的人力资本可能在创新活动的产生中发挥重要作用（Bianchi，2001）。当新产品或新工艺想法产生于合作伙伴之间的密切沟通和现有技术中隐含的专门知识的结合时，与行业相关的专业知识的存在将在创造创新方面特别强大。行业专有技术的隐性本质使得这种类型的人力资本往往只有行业专家才能理解，因此提供了一种保护机制，可能减少对专利保护的需要。此外，萨克斯尼安（Saxenian，1999）认为，"硅谷"的成功在一定程度上与当地企业之间的秘密技术的密集流动以及以开放交流为导向的文化有关，这最终导致了该地区内知识增量发展有个稳定过程。

人类行为的经济学观点认为，个人是可以独立开发的资源，可以塑造环境因素；与此观点不同，社会资本理论认为，个人是被社会因素塑造的行动者。社会资本文献的中心命题是，关系网络构成或导向能够导致创新的资源。以往研究已经检查了产业结构对区域和社会发展的影响，也解释了工业区如何表现当地配置，这些配置拥有很高的社会资本，因为它们同一大批拥有互补专业能力的当地小企业一样以互信、合作和创业精神作为特点（Saxenian，1999）。

（3）文化多样性。最广泛意义上的文化多样性已被证明是创新的一个有利因素（Nathan，2014；Niebuhr，2010）。文化多样性可能带来不同的生产技能和知识，并提供不同的观点和想法，从而增加创新的可能性（Ozgen et al.，2014）。这些包括提供解决战略和运营问题和挑战的多角度，对不同客户和市场细分有更深入的理解和敏感性，以及从不同想法的结合中产生新的想法和协同作用。

对于文化多样性增强公司和地区创新能力的原因，有几种可能的解释。不同背景的员工有特定的文化知识，他们用不同的方式来评估和解决问题。此外，他们往往更愿意承担风险。然而，文化上多样化的劳动力也带来了挑战。这些障碍包括语言障碍和冲突的可能性，因为不同的文化价值观或解释方法可能导致误解，至少在最初，使合作更加困难。

（4）其他要素。其他多次提及的创新影响包括全球、区域和当地 ICT 和交通基础设施（Hovhannisyan and Keller，2015；Agrawal et al.，2017）、私人研发机构（Andersson et al.，2005）、政府研发投资总体水平（Lee et al.，2010；Feldman and Florida，1994）等。另外，我们可以看到，上述维度的组合展现了文献中一些最著名的概念，如佛罗里达关于创意城市的著作和斯科特关于城市中象征文化资本的研究。此外，一些研究强调特定的组合，例如，一个结合文化多样性和人力资本概念的一个主要论点是：技术移民经常被证明是当地劳动力市场的高质量补充，也是一个导向创新的至关重要的知识扩散机制（Gagliardi，2015）。

第五节 小结

全球经济增长的动力正在弱化，这在 2020 年新冠肺炎疫情暴发前就已有所体现，主要表现在生产率增长处于历史低点，贸易战正在酝酿，经济不确定性很高。尽管前景黯淡，加之新冠肺炎疫情的不良影响，创新已在世界各地开花结果。再加上创新可以说是持续经济增长和人类进步的驱动力，这就需要关注创新的全球地理模式和驱动力。创新的地理位置主要与发展的地理位置相随，二者有着密切的相互关系。与此同时，创新还具有特定的地理动态：模式略有不同，而领先和落后之间的差异——无论是在世界区域规模上还是在空间集群水平上——往往会加剧。在本章中，我们探究了创新地理位置的一些关键维度，并特别关注了广州和大湾区的位置。

这些地图、调查结果和讨论都带有一些警示。除了不同的维度和它们的运作方式只能部分说明创新的复杂性之外，还有一个棘手的问题，即如何定义有意义的空间集群。创新的空间集中可能在某种程度上掩盖了这一事实，即这些集群必然是多中心和多标量逻辑的一部分，而这个事实无法直接解释：不同类型的创新具有不同类型的驱动因素，并具有不同类型的本地化特征。于是，本章所分析的广州有比其他城市更关键的创新能力驱动力，但它也是创新大湾区（包括香港—深圳，以及本区域其他城镇）这一更大的地域框架中的一部分。也就是说，使用贝格奎斯特等人（2019）研究中提出的 DBSCAN 算法，可以实现一致和客观的圈定，因此广州能与其他所有空间集群按照相同的基础进行评估。请注意，大湾区内创新能力水平的上升和地理位置的变化，可能导致更大范围的行政区划调整，甚至与香港—深圳合并，这可能会导致该地区整体上被列为全球领先的创新热点。不过，请注意，京津冀和长江三角洲以及伦敦等地（可能包括牛津和剑桥等）也存在类似的模式。

我们已经表明，创新的三个主要维度——以专利衡量的技术创新，以在主要科学期刊上发表的论文衡量的科学创新，以及以与领先商业环境的全球联系衡量的商业创新——是高度相关的。不过，也有一些特殊的例外，比如荷兰的埃因霍温作为PCT热点，英国的牛津作为SP热点。这些广泛的相似之处可以解释为，这些模式具有大致相同的驱动因素，并且这些模式相互加强。总体而言，中国城市在SP方面强于PCT，在GNC方面介于两者之间。有趣的例外是杭州和香港—深圳。后者表明，广州和香港—深圳相对接近，创新潜力有待挖掘，而且两者可以互补，打造世界领先的创新热点。除了拥有与集聚动力相关的标准好处，广州可以通过以下三方面促进创新：一是制定以改善和（或）吸引人力与社会资本的政策；二是在更广泛的意义上利用文化多样性；三是强调全球的、区域的和当地的交通和ICT基础设施、私人研发设施和政府研发投资。

在政策和未来重点方面的启示是明确的：

（1）广州作为一个集聚区，首先在PCT方面相对滞后。后续研究可以探究哪些驱动因素相对未开发或欠开发，也可以探究这座城市在科学和全球商业环境方面的潜力如何在严格意义上推动技术创新。这可能涉及探索升级广州所在的价值链。在大湾区层面，相互融合、优势互补是关键。

（2）除了GNC之外，本章没有从网络的角度进行分析。然而，21世纪的经济地理还有另一个重要维度：交通和技术越来越多地通过跨地区网络联结、创造出合作和分享知识的新方式，将相距遥远的企业和机构中的技术人员联系起来。因此，新兴的全球创新景观是全球卓越的地理集中中心之一,它嵌入一个向多个方向传播知识的全球网络中。这样一来,在 Cao 等人(Cao et al.,2019)研究中使用的且在 GNC 研究中可见的利用网络为中心的方法研究 PCT 和 SP"在场"的研究基础上,不管是从全球规模还是从地域规模上所做的补充研究,对本研究都是一个重要补充。

总而言之,创新地理的演变很重要。世界各地的国家、地区和城市政府都在努力制定有利于创新的政策环境。这样做需要理解创新生态系统的全球、国家、区域和地方动态机制。理解这些模式和这些模式背后的驱动力,可以实现更好的策略响应。

第八章　广州在全球基础设施网络中的地位

当前城市实现全球联系和联通的主要路径为交通流和信息流。全球化时代，现代化的全球交通和信息联系，为城市可持续发展实现更广阔的外循环，是一个城市维系全球联系的必要方式，也是融入全球城市发展体系的基础和桥梁。全球化的交通和信息联系网络，成为全球联系实现的重要路径，全球交通联系和全球信息联系的高低，也成为衡量城市全球联系度的两个主要指标。

交通和通信技术的发展推动了区域之间的联系向追求时间效益发展，而以航空运输为主的国际高速运输，构成了当前全球高速交通运输网络（金凤君，2001）。与此同时，全球范围内经济贸易联系的加强，对跨国货物运输提出了更大的需求，而这是运力有限的航空运输无法满足的，因此海运虽然速度较慢，但庞大的运力使其在全球化时代的跨国运输网络中仍然无可替代（王列辉，2017）。

全球信息联系是信息化时代城市实现全球联系的桥梁，是通过城市数字基础设施促进数据、技术和创新等无形物在全球流动的主要渠道。全球信息联系对城市的地理依存度较小。在现代信息技术的帮助下，跨空间即时传输的信息联系，已成为全球化和信息化时代城市间金融交易、知识和技术等交流的主要方式和渠道。与有形的全球交通联系不同，全球信息联系作为一种城市间无形的联系，其在速度、方法及内容等方面更为便捷。城市信息化水平的高低，不仅反映了其信息产业的发达程度和信息基础设施的完善程度，更体现了人们的信息物质文化生活质量（阎小培，1999）。

为更好地对广州交通与信息的全球联系度发展状况与存在问题进行分析，本章把广州放在全球城市体系中进行考量，参考 GaWC 发布的世界级城市排名和麦肯锡近年全球化和联系度等相关报告，从世界性顶级城市、洲际性全球城市、区域性全球城市三个层级中，选取包括伦敦、纽约、新加坡、香港、巴黎、北京、东京、迪拜、上海、悉尼、圣保罗、芝加哥、墨西哥城、孟买、莫斯科、法兰克福、约翰内斯堡、首尔、雅加达、洛杉矶、广州和深圳在内的 22 个顶级全球城市，同时又是世界或区域性交通与信息枢纽城市作为对比样本，从城市全球交通和信息联系两个维度对广州全球交通与信息联系度进行综合性比较分析。

第一节　广州的全球交通联系及对比

在全球交通联系方面，以全球范围内的便捷性和高速度、大运量为参照依据，选择航空、航海这两种现代化交通方式，作为此次样本城市间全球交通联系比较研究的数据来源，并进一步细化选取国际航线数量、国际航空客运量、国际航空货运量、国际海运吞吐量、港口挂靠航线五个指标，作为城市全球交通联系的衡量标准。

一 广州的全球航空联系

(一) 航空联系强度

航空客流联系方面，伦敦以 1.31 亿的年国际客流量排在 22 个主要全球城市的首位，并且是排第二位的巴黎的 2 倍，大幅领先其他城市。广州 2017 年的国际航空客流量为 1174 万人，在 22 个主要全球城市中排在第 16 位，不到伦敦的十分之一，亦较大程度上落后于巴黎、首尔、香港、新加坡、纽约、迪拜和东京，也排在上海、法兰克福、莫斯科、北京、洛杉矶、雅加达和悉尼之后，但领先墨西哥城、孟买、芝加哥、圣保罗、约翰内斯堡和深圳等城市（见图 8-1）。

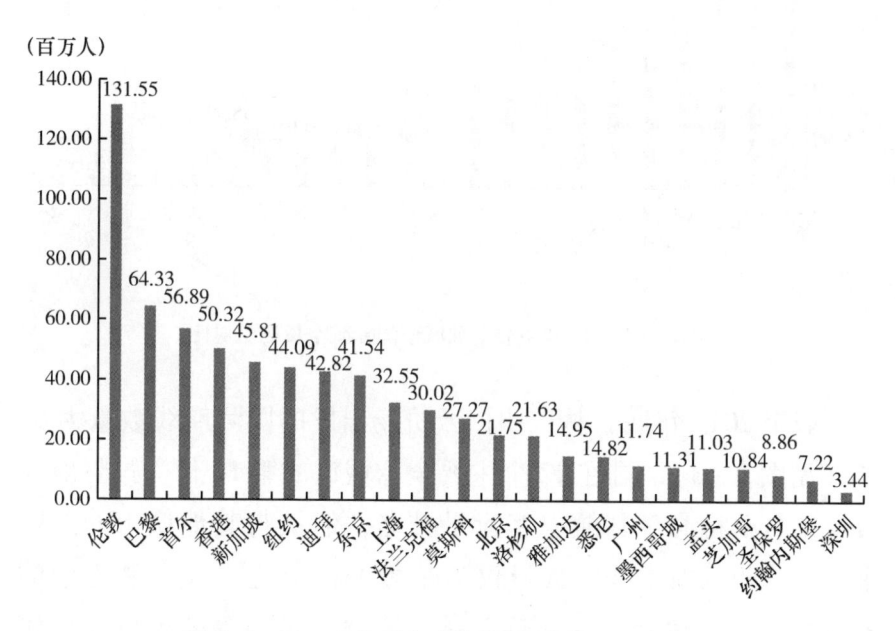

图 8-1 2017 年主要全球城市国际航空客运量对比

全球航空货运方面，香港以 757.39 万吨的年航空货运吞吐量排在首位，是排第二位的上海的 1.55 倍，并大幅领先其他城市。排在第二位和第三位的上海和首尔，2017 年航空货运量也都超过了 400 万吨。此外，货运量在 100 万吨以上的城市还有法兰克福、芝加哥、洛杉矶、东京、莫斯科、新加坡、迪拜、墨西哥城和纽约。广州则以 65.68 万吨排在第 15 位，高于巴黎、孟买、悉尼、约翰内斯堡、北京、深圳和雅加达等城市（见图 8-2）。

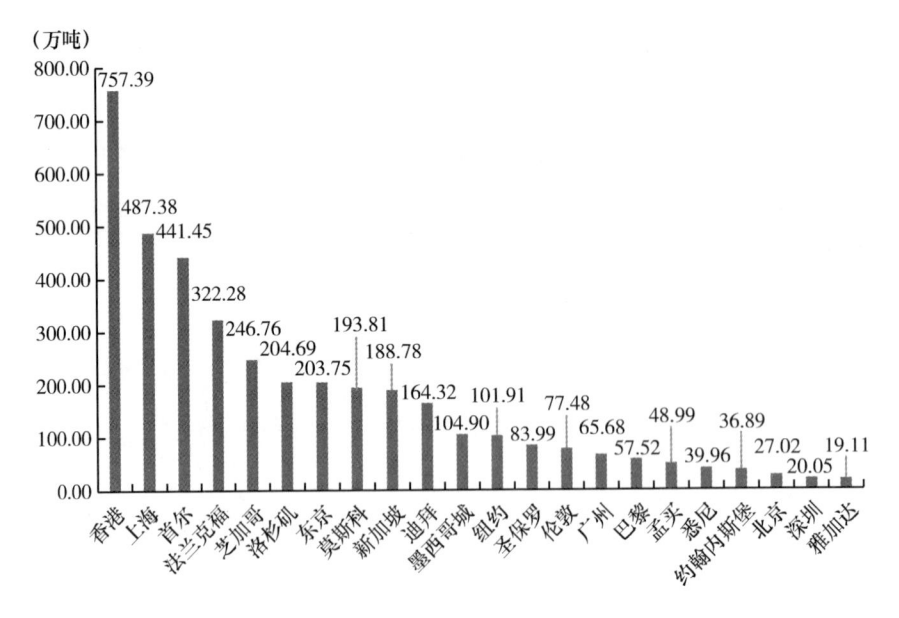

图 8-2　2017 年主要全球城市国际航空货运量对比

截至 2017 年底，从广州白云机场出发的国际航线数量为 87 条（见图 8-3），排在 22 个主要全球城市的第 14 位。虽然航线数量排名要稍高于其航空客运量排名，但从与其他城市的差距来看，广州的航空线路数量仅为伦敦的十分之一左右和巴黎的五分之一，与法兰克福、莫斯科、迪拜、纽约等城市也存在较大差距，并一定程度上落后于香港、首尔、新加坡、东京、北京、上海和洛杉矶，航空运输的国际连通度仍然有限。

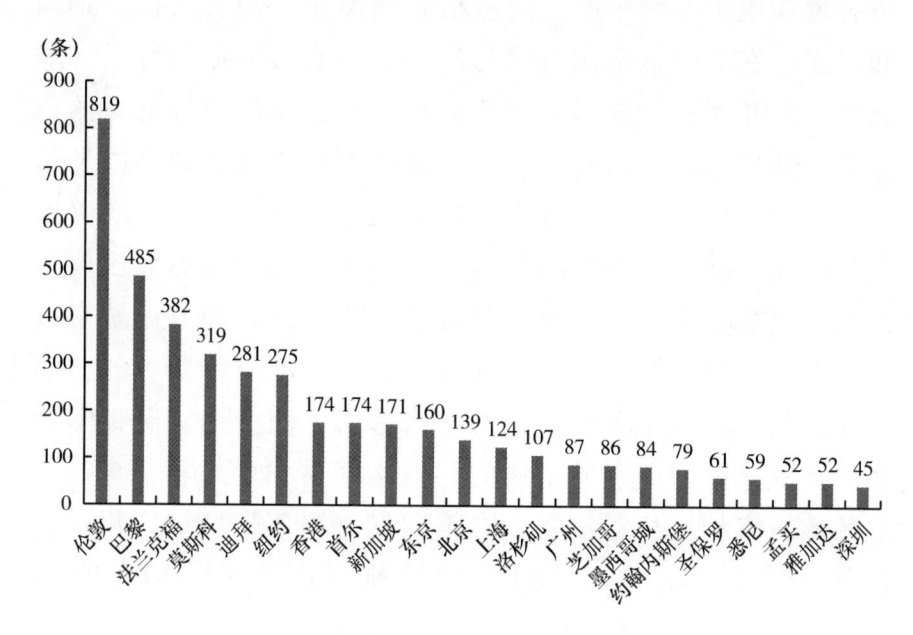

图 8-3　2017 年主要全球城市国际航空线路数量对比

数据（条）：伦敦 819，巴黎 485，法兰克福 382，莫斯科 319，迪拜 281，纽约 275，香港 174，首尔 174，新加坡 171，东京 160，北京 139，上海 124，洛杉矶 107，广州 87，芝加哥 86，墨西哥城 84，约翰内斯堡 79，圣保罗 61，悉尼 59，孟买 52，雅加达 52，深圳 45。

（二）广州航空联系的空间特征

从广州全球航空联系网络的空间特征来看，当前广州的对外航空联系主要分布在与东亚和东南亚城市之间。其中与曼谷和首尔两个城市的联系最强，2017 年航空客流数量分别达到 51.13 万人和 50.87 万人，远高于其他城市。航空客流联系前 10 位的城市中，除排在第九位的洛杉矶外，新加坡、吉隆坡、台北、东京、雅加达、胡志明市和马尼拉均为东南亚和东亚城市，体现了广州与东南亚和东亚地区之间交通联系的密切程度。

除东南亚地区外，"一带一路"沿线的相关城市，也是广州对外交通联系的重要节点。如科伦坡、德里、拉合尔、迪拜、多哈、吉达、开罗、德黑兰、伊斯坦布尔等都与广州保持了重要的交通联系。空间距离相对较近的澳大利亚和新西兰地区也是广州对外航空联系的重要区域，其中澳大利亚以悉尼和墨尔本为中心，还包括布里斯班、阿德莱德、珀斯和凯恩斯在内的六个城市都与广州存在直接的航空联系。非洲地区除开罗外，埃塞俄比亚的亚的斯亚贝巴、肯尼亚的内罗毕、毛里求斯的路易港、马达加斯加的塔那那利佛以及留尼汪的圣丹尼也与广州开通了航空联系。相比之下，欧美地区与广州之间的航空线路数量相对较少，其中欧洲地区仅有伦敦、巴黎、莫斯科、罗马和赫尔辛基等重要的节点城市或区域性中心城市与广州之间开通了直接的航空线路。北美地区与广州的联系也存在于纽约、洛杉矶、旧金山、温哥华和多伦多等重要的节点城市之间，但从联系强度来看，与亚太地区的城市相比相对较弱。中美洲仅有墨西哥城与广州存在较弱的联系，而广大的南美洲目前与广州之间暂未直接通航。

从广州全球航空联系的城市类型来看，与广州存在重要的航空联系的城市仍然是国家的首都或重要经济中心城市，如曼谷、首尔、东京、新加坡、纽约、伦敦和巴黎等。此外，主要的国际旅游目的地也是广州对外航空联系的重要目标城市。此类城市在东南亚地区最为集中，包括印度尼西亚的巴厘岛、暹粒，泰国的清迈、普吉岛、苏梅岛、甲米，马来西亚的哥打京那巴鲁、槟城、新山，越南的芽庄、岘港，缅甸的曼德勒等，都与广州保持了较为重要的航空联系。此外，马尔代夫的马累、毛里求斯的路易港、韩国的济州岛、留尼汪的圣但尼、塞班岛等，也与广州开通了直接航空联系。

二 广州的全球海运联系

广州作为全球重要的港口城市，其海上交通联系对于其以国际贸易为重点的城市经济以及全球城市地位的提升发挥了重要作用，其海运联系在主要的全球城市中也位居前列。港口挂

第八章 广州在全球基础设施网络中的地位

靠的国际航线数量方面，2017年广州港以71条位居22个主要全球城市中的第五位，位列香港、深圳、上海和新加坡之后，高于迪拜、纽约、东京、孟买、圣保罗、洛杉矶、悉尼、雅加达、伦敦和首尔（见图8-4）。

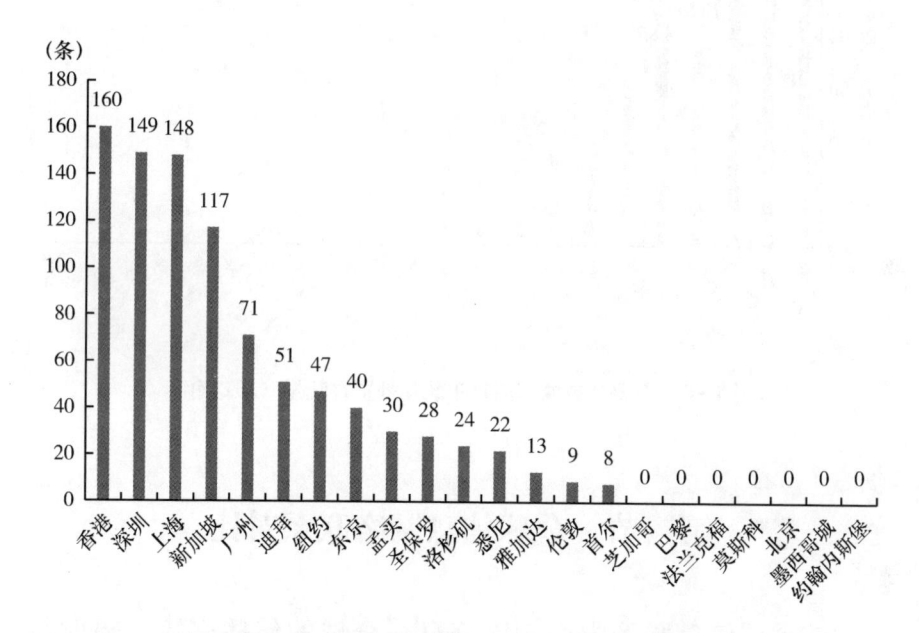

（条）

城市	数量
香港	160
深圳	149
上海	148
新加坡	117
广州	71
迪拜	51
纽约	47
东京	40
孟买	30
圣保罗	28
洛杉矶	24
悉尼	22
雅加达	13
伦敦	9
首尔	8
芝加哥	0
巴黎	0
法兰克福	0
莫斯科	0
北京	0
墨西哥城	0
约翰内斯堡	0

图8-4 主要全球城市全球海运航线数量（2017年）

港口的外贸集装箱吞吐量方面，2017年广州亦以1885万标箱排在22个主要全球城市的第五位，外贸集装箱吞吐量约为排在首位的上海的一半，较大程度上落后于新加坡，但与深圳和香港的差距不大（见图8-5）。2020年新华·波罗的海国际航运中心发展指数排名中，广州的位次上升到第13位，较2019年提升了三个位次，外贸班轮航线也达到120条，全球航运能力大幅提升。

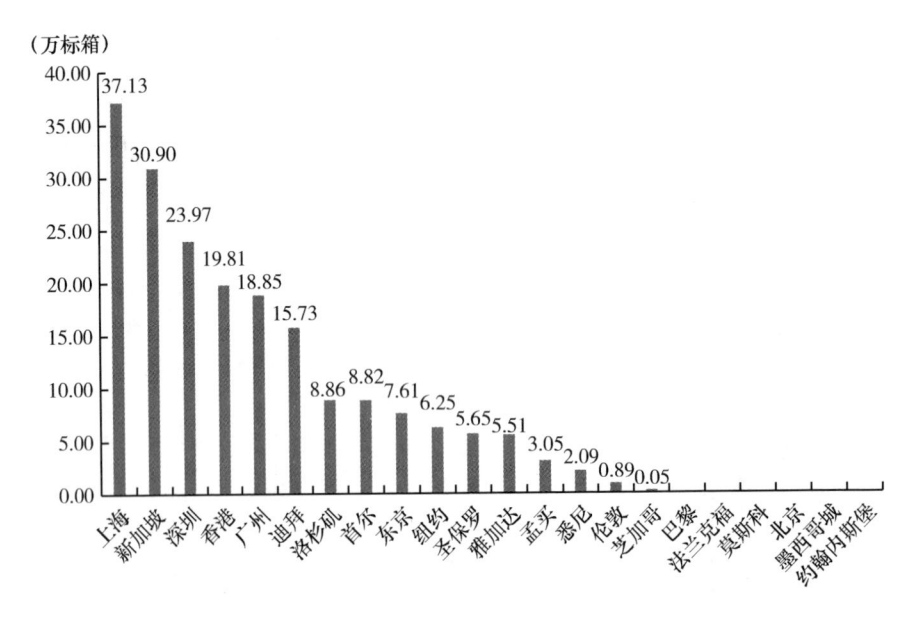

图 8-5　主要全球城市港口集装箱外贸吞吐量（2017 年）

第二节　全球信息网络联系对比

在全球信息联系方面，以信息在全球的传播交流、辐射与影响等的广度及范围为参照依据，选择信息流动、传播、搜索热度及频次作为样本城市间全球信息联系的比较维度，并进一步选取跨境数据流动、国际搜索热度及点击率、国际主流媒体报道次数、互联网用户数量、网速、广告及媒体跨国公司数与国际大会及会议协会七个二级维度，作为全球信息联系的衡量标准，并选取纽约、伦敦、东京、新加坡、迪拜、北京、香港、上海和广州九个主要的全球信息中心城市作为样本，进行对比分析。

通过对所获数据进行整理和正向化处理，样本城市全球信息联系度排名具体如表 8-1 所示。根据全球信息联系度的排名，从总体和分项两个层面对广州全球信息联系度得分和排名进行比较，可以得出以下几点。

一 总体排名落后，与全球高信息联系度城市差距较大

图8-6显示，可将全球信息联系度分为高信联度、中信联度、低信联度三类，其中，新加坡、东京、纽约为高信联度城市，香港、伦敦、北京为中信联度城市，上海、迪拜、广州则为低信联度城市。在与其他样本城市的总体比较中，广州全球信息联系度总体排名相对落后。而从表8-1和图8-6中可看出，广州在排名上没什么亮点名次，与样本城市中国内、国外城市相比都较低，这表明广州信息及数据在全球影响、辐射及传播的广度和范围方面有限，全球信息联系度在层次和结构上都很低，且与伦敦、纽约等全球高信息联系度城市差距较大。

二 分项排名均靠后，国际信息传播与交流名次最低

在七项二级维度的比较中，广州在互联网用户数量排名方面相对靠前，排名第6，高于香港、新加坡和迪拜，在网速方面虽然排名第8，仅高于迪拜，但是与北京、伦敦和上海的差距不大；而在国际信息传播与交流及搜索热度及频次方面排名相对不理想，其中跨境数据流动与国际搜索热度及点击率方面，均排名第8，分别高于迪拜和上海，在国际主流媒体报道次数、广告及媒体跨国公司数、国际大会及会议协会三个方面均排名第9，处在最末位，特别是国际主流媒体报道方面，与其他样本全球城市差距很大，与纽约、伦敦等高报道率城市更是相去甚远，仅是纽约的0.36%，伦敦的2.2%。

表8-1 主要全球城市信息网络联系对比

排名	跨境数据流动排名		国际搜索热度及点击率		国际主流媒体报道次数		互联网用户数量（百万人次）		网速（MBPs）		广告、媒体跨国公司数量		国际大会及国际会议数量（次）	
	城市	数值	城市	数值	城市	数值	城市	数值	城市	数值	城市	数值	城市	数值
1	伦敦	1	新加坡	82	纽约	735450	东京	34.4	新加坡	105.8	纽约	175	伦敦	177
2	纽约	2	迪拜	77	伦敦	122216	纽约	15.3	香港	103	伦敦	119	新加坡	160
3	新加坡	3	东京	75	北京	40486	伦敦	13.9	东京	63.8	东京	98	香港	119
4	香港	4	纽约	72	香港	31462	上海	133.1	纽约	43	香港	89	东京	101
5	东京	5	香港	63	东京	20327	北京	11.5	北京	30.7	北京	88	北京	81
6	北京	6	伦敦	38	新加坡	14943	广州	6.9	伦敦	30.6	新加坡	82	上海	61
7	上海	7	北京	25	上海	13274	香港	6.3	上海	30.3	上海	82	纽约	47
8	广州	8	广州	25	迪拜	7904	新加坡	4.4	广州	24.9	迪拜	79	迪拜	37
9	迪拜	9	上海	24	广州	2628	迪拜	3	迪拜	22.12	广州	34	广州	22

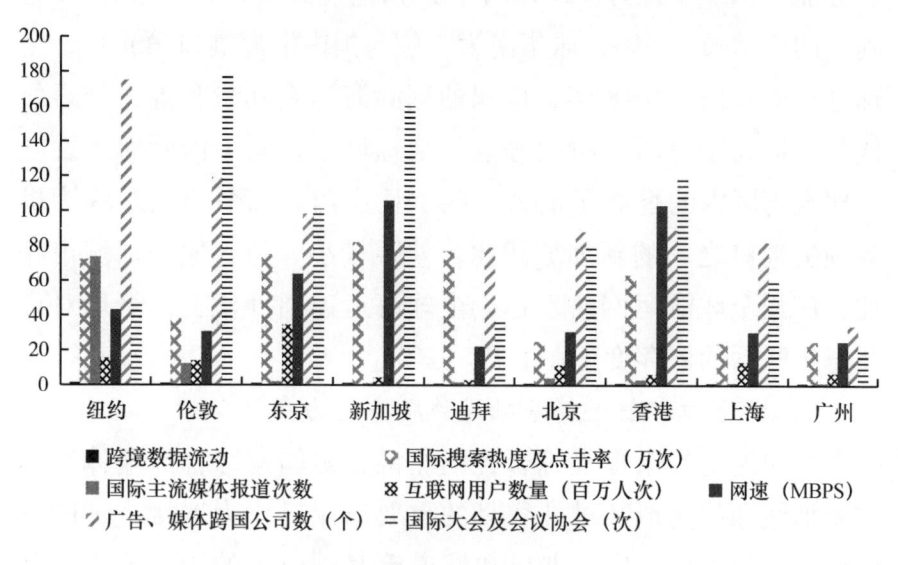

第八章　广州在全球基础设施网络中的地位　157

图8-6　主要全球城市信息联系对比（2017年）

第三节　广州全球交通信息联系的优势与制约

一　广州全球交通信息联系的优势

（一）海运网络联系发达，全球海运连通度优良

作为珠江三角洲水网运输中心和水陆运输枢纽，广州港也是华南地区最大的国际贸易港。广州全球海运联系发达由来已久。两千多年来，广州在"海上丝绸之路"上持续充当着中外联通、全球贸易往来的重要节点，特殊的区位优势更是使广州成为世界交通史上唯一两千多年长盛不衰的大港。秉承"海上丝绸之路"的遗风，广州港与全球80多个国家和地区的350多个港口有海运贸易往来，与国际11个港口缔结为友好港。广州港不仅海运便利，港口的城市内外通达度和衔接度也良好，既有与全国主干铁路相连的铁路运输网，也有与干线连通的公路网络。广州港环球性运输线路和网点不断丰富，国际海运综合

服务能力也逐年提升。2016年，广州港完成货物吞吐量5.44亿吨，同比增长4.5%，居华南第一位，国内沿海港口第4位，全球港口第6位。2018年，广州的国际海运吞吐量和港口挂靠航线都远远高于伦敦、纽约等老牌全球城市，其中国际海运吞吐量比大湾区内的香港还稍高一些，且这两方面数值与被称为世界顶尖港口之一的新加坡相比，差距较小。与其他全球城市相比，广州全球海运网络发达，全球海运连通度优良，全球对广州海运联系的依存度正在上升。

（二）港口、航道等基础设施服务能力良好

广州港是华南最大综合性枢纽港，是国家综合运输体系的重要枢纽和华南地区对外贸易的重要口岸。作为连接全球的滨海商贸枢纽之地，广州港口和航道等基础设施的服务能力不断提高。2016年麦肯锡报告《数字全球化：全球流动的新时代》中指出，在全球港口货物流动排名中，广州排在全球第7位，超过青岛、迪拜、汉堡等城市，同时该报告也指出广东作为沿海蓬勃发展的制造业和贸易中心，其货物流量将超过美国，在全球排名第6。近年来，围绕广州建设国家中心城市和国际航运中心总体目标，广州逐步推行老港区转型升级。通过内外并举，优化港区基础设施等措施，使得港口及航道的服务能力得到大幅度提升，同时以现代航运服务集聚区建设为重点，推动了港口物流业的集约化和现代化，并以积极推进广州港智慧绿色港口建设，加快推进口岸信息化建设为工作重点，着力打造华南地区集装箱调拨中心和华南航运服务中心。近期，广州港率先实现全国首个5G+智能理货项目在传统码头落地，这种基于5G的集装箱智能理货平台投入使用，进一步提高了集装箱船装载能力，实现了码头前沿理货作业的无人化，使得港口理货效率与服务质量得到了全面提升。

（三）通信硬件设施良好，互联网受众广泛

随着互联网宽带建设和光纤入户率的快速提升，广州信息枢纽地位不断增强，不仅通信硬件设施和传输速度良好，而且在互联网受众群体方面也愈加广泛。作为中国国际互联网接入枢纽，广州也是中国三大互联网信息枢纽之一，同时也是中国已建成的六大国家超级计算中心之一，且国家超级计算广州中心天河二号运算速度连续6次世界第一，同时广州还是国内四个部署IPv6根服务器的城市之一。2020年，广州围绕信息通信行业全产业链，把握"新基建"机遇，在5G发展上走在全国前列。截至2020年8月，广州已建成23555座5G基站，基本实现了主要城区连续覆盖，到2022年，广州建成5G基站8万座，并在制造业5G技术改造、5G龙头企业引进、5G人才队伍壮大发展及5G公共服务和创新平台建设等方面给予大力支持。在互联网用户方面，用户规模大，意味着城市信息流量大、流通活跃，而互联网受众群属性与网站、自媒体等社交媒体信息平台影响力的结合，更是有助于城市信息在全球移动互联网的广泛传播和交流。在腾讯研究院发布的《中国"互联网+"指数报告（2018）》中，数字政务分指数城市100强方面，广州排名第一；互联网总指数城市100强、数字经济分指数城市100强、数字生活分指数城市100强方面，广州排名第二，仅次于深圳；在数字产业城市10强中，数字医疗方面，广州排名第一；数字交通物流方面，广州排名第二，仅次于深圳；数字教育方面，广州排名第二，仅次于北京。此外，广州数量巨大的外国游客和外国常住人口，也是拓展城市国际信息联系的重要媒介群体，能够为广州全球信息联系的提升提供潜在支撑。

二 广州全球交通信息联系发展的制约因素

（一）航空基建与航线网络建设相对不足

与国内、国外全球城市相比，广州全球航空国际连通度较低。在机场设施建设和机场服务提供方面，广州白云国际机场已达到较高水平。ACI 国际机场协会 2018 年度机场服务质量（ASQ）测评结果排名显示，白云国际机场排名第 9，在 2019 年初，广州白云国际机场 2 号航站楼被全球民航运输研究认证权威机构 SKYTRAX 评为"全球五星航站楼"，这标志着白云机场的综合服务保障水平成功跻身世界一流机场行列。广州已成为中国与东南亚、印度洋周边国家以及澳洲联系的重要航空枢纽和航运枢纽，但与纽约、伦敦、上海和北京这类在机场数量上均拥有两个以上机场的全球航空核心枢纽城市相比，广州当前可供客流使用的仅有白云国际机场一个，并且广州机场与广州南站、广州北站等城市内部重要交通枢纽的内外通达度和衔接度也有待完善。而国际航线方面，受到北京、上海等国内几大一线城市的竞争，广州白云机场争取到的国际航空线路数量也十分有限，以上这些航空发展要素方面的欠缺，导致广州国际航线网络欠完善，航空全球连通度仍然有限。

（二）跨境信息内容流动传播和影响力不足

广州城市国际信息流动及传播力和影响力不强，国际存在感相对薄弱。国际两大知名主流媒体《华盛顿邮报》和《纽约时报》对广州的报道次数从 2010 年广州亚运会以后逐步降低，两大主流媒体对广州的播报率和关注度总量上，也远低于大部分样本城市，这表明国际上对广州的城市信息和城市意象总体较为模糊，城市信息国际传播力和辐射力不高；而谷歌热搜数据显示，在过去十年间，广州国际搜索热度和点击率也处于低频状态，搜索热词集中在酒店、机场、高铁等功用性词汇方面，广州本地美食、花城美景、千年商都等带有城市特色性的信息等并未上榜，以上两方面不仅意味着国际互联网群体对广州城市相关信息的搜索和点击意愿不高，城市信息内容跨境流动受阻，城市国际影响力较低，同时也说明广州在跨境信息流动方面内容的单一和稀少，国际信息传播动力不足。

（三）城市国际信息交流节点和跨境商业媒介少

城市国际信息联系节点少，国际交流氛围不浓。作为城市信息在国际传播的节点和媒介，传媒类跨国公司与国际会议能够全面和及时地促进城市信息及数据的深入流动、传播。作为对外交流的重要窗口，广州与北京、上海已并列为国内三大会展中心城市，广州每年通过举办国际性会展会议等丰富的国际性人文活动，集聚全球高端资源信息，促进跨境信息分享。但在传媒类跨国公司和国际会议数量方面，广州与其他全球城市有一定差距，仅约是纽约的19.4%和伦敦的12.4%，且相比国内城市，广州在这两方面的数量均不足上海的一半。城市信息国际传播的节点和跨境商业传播媒介的不足，在一定程度上减少了广州的全球信息联系路径，使得城市信息趋于闭塞，且信息传播层次和结构单一，国际信息传播交流不通畅。

第四节 小结

广州作为国内乃至全球重要交通运输和信息传输枢纽，近年来，在国际航空和航海运输线路拓展、运输能力提升以及国际信息传输能力等方面提升明显，在全球海运网络拓展以及港口和航道基础设施建设方面尤为突出，信息通信和互联网设施建设和国际信息传输能力也较为突出。与此同时，广州当前的国际化基础设施建设还面临航空基础设施建设和国际航线拓展相对不足，国际航空线路联系相对集中于以"一带一路"沿线国家和地区为主的欠发达国家和地区，在空间连接的结构上还有待进一步优化和提升。同时，广州的跨境信息内容流动传播和影响力也相对不足，国际信息交流节点和跨境商业媒体较少。国际化基础设施连接上的不足，也造成了广州未来全球联系度的进一步提升的支撑力有限。

第九章　广州全球商贸联系度比较分析

全球化下的城市全球商业和贸易交流,是大多数全球城市早期积累赖以依存的重要基础,即使是在全球化高度发展以及科技和高端生产性服务高度发达的当今,国际商贸也是许多全球城市全球联系的重要组成部分。因此,从全球城市网络的视角来看,重要的国际贸易中心大多也是全球商贸联系网络中的重要节点(黄丙志、石良平,2010)。广州作为国家中心城市,近年来也将建设国际商贸中心作为未来城市重要的发展目标之一。

第一节　国际商贸中心的特征与历史演进

一　国际商贸中心的内涵

商贸业是指那些包含货物买卖和批发企业以及零售企业的行业的统称(张泓铭,2009)。20世纪90年代以来,国际商贸业的交易对象、交易方式以及发生贸易的主体均发生了较大转变,贸易对象中,中间产品的占比逐渐增加,并且服务贸易在国际贸易中的比重大幅提升;贸易主体方面,跨国公司逐渐取代国家,成为开展国际商贸业的最重要主体。贸易方式方面,中间产品在贸易对象中比例的增加,推动了加工贸易在国际商贸业开展中的构成比例。在此基础上，当前的国际商贸业朝着网络化的方向发展，由此也催生和强化了一批重要的国际商贸中心，如纽约、伦敦、东京、香港和新加坡等。

二 国际商贸中心的特征

(一) 重要的交通、通信枢纽

国际商贸中心的发展需要便捷、高效的物流运输来支撑，因此，便利的交通运输条件，特别是大运量的航海运输和快速的航空运输网络，是大多数国际商贸中心赖以发展的重要支撑。在信息化时代，网络信息对国际商贸业的开展方式产生了深刻影响，跨境电子商务、智能物联网等的发展，推动了现代国际商贸业的革命性变革，因此，完善的信息通信设施和便捷的全球网络联结也是国际商贸中心发展的重要特征。

(二) 国际消费和潮流中心

国际商贸中心往往也是繁荣的消费中心，在生产全球化和全球商品流通性增强的背景下，城市作为消费中心的功能也不断得到强化 (Glaeser et al., 2001)。全球商贸中心作为全球人流、信息流的汇集中心，能够吸引全球的知名时尚消费品牌来此集聚，在将城市作为品牌展示窗口的同时，也提升了城市的国际形象和国际显示度 (汪明峰、孙莹，2013)。同时，国际商贸中心作为全球化商品的集散地，在商品的品牌、质量、种类以及价格方面，较之非国际商贸中心存在不同程度的优势；此外，发达的文化创意产业使得国际商贸中心在商品设计的潮流性方面往往领先同行业的其他城市，这些优势都赋予了国际商贸中心独特的魅力，使之能够吸引更多的消费人流来此集聚 (陶希东，2020)。

(三) 国际会展中心

全球城市大多拥有较为发达的会展业。全球重要的政治、经济或文化中心的地位为其会展业的发展奠定了基础,对于其申办世界博览会等大型展会、奥运会等大型赛事以及大型国际会议等,都提供了良好的基础(魏士洲,2011)。如巴黎在1955—1990年就举办过五届世界博览会,伦敦和纽约也都举办过多届世界博览会,伦敦、巴黎和东京也都举办过多届奥运会。此外,在举办国际性会议方面,巴黎、新加坡、伦敦、东京等举办的国际性会议在全球范围内也都名列前茅,其中巴黎作为全球最为重要的国际会议中心之一,2019年举办的国际会议数量高达237次,大幅领先其他城市(见表9-1)。

表9-1　　2019年主要全球城市举办国际会议数量

排名	城市	举办国际会议数量(次)
1	巴黎	237
2	里斯本	190
3	柏林	176
4	巴塞罗那	156
5	马德里	154
6	维也纳	149
7	新加坡	148
8	伦敦	143
9	布拉格	138
10	东京	131
11	布宜诺斯艾利斯	127
12	哥本哈根	125
13	曼谷	124
14	阿姆斯特丹	120
15	首尔	114
16	都柏林	109
17	雅典	107

续表

排名	城市	举办国际会议数量（次）
18	罗马	102
19	台北	101
20	悉尼	93

资料来源：《ICCA 统计报告 2019》，2020 年 5 月 13 日，https：//www.iccaworld.org/knowledge/article.cfm?artid=701。

根据国际商贸中心发展的特征，可以将其划分为不同的类型，主要包括消费型、货物贸易型、服务贸易型、国际会展型、全球客流型以及物流导向型等（杨再高、何江，2019）（见表9-2）。同一国际商贸中心可能同时具备多种特征，综合发展比较全面；但也有的国际商贸中心在某一特征上较为突出，呈专业化发展特征。

表9-2　　　　　　　　国际商贸中心的功能分类

商贸功能	具体表现
消费	拥有世界级商业街；顶级奢侈品牌聚集；引领时尚潮流；文化旅游资源丰富
服务贸易	发达的高端生产性服务业
货物贸易	货物进出口规模巨大；转口贸易发达；商品批发市场活跃；制造业国际竞争力强；商品期货市场发达
会展	展览规模大；品牌展览多；国际会议层次高、数量多
客流	机场旅客吞吐量大；拥有多个机场；卓越的服务和便捷的设施
物流	巨大的港口货物吞吐量；发达的航运市场；众多的国际航线和航班

资料来源：杨再高、何江（2019）。

三　国际商贸中心的演变历程

国际商贸中心的发展起源于15世纪末16世纪初的"地理大发现"，航海技术的发展以及全球海上航线的开辟，为海上贸易的发展提供了可能；加之这一时期工场手工业的发展为全球贸易的发展在商品供给上提供了保障，并且也催生了巴塞罗那、里斯本和阿姆斯特丹等最早的一批港口型国际商贸城市的诞生。早期的国际贸易中心功能较为单一，主要是作为全球或区域商品和货物的集散地。

18世纪60年代后，工业革命的爆发大幅提升了社会生产力，加之航海、航空、铁路高速公路等现代交通技术的出现和不断升级，使得少数交通枢纽城市在全球商贸网络中发挥的作用也越来越重要，如纽约、鹿特丹和伦敦等，就是凭借着所拥有的优良港口的优势发展国际商贸业而逐渐崛起为重要的国际商贸城市（Jacobs，2014），并且凭借交通优势以及在此基础上对商品、人员、信息和资金等的配置能力，在日益网络化的全球城市体系中的核心节点功能日益突出。

20世纪80年代后，信息通信技术的发展以及全球范围内信息通信网络设施的完善，进一步拉近了全球范围内城市间的距离（Graham，1999）。附加值更高的金融与生产性服务业开始取代制造业，成为一些重要的国际金融中心对外贸易的主要组成部分，并且催生了纽约、伦敦、东京等一批核心的全球金融中心。（见表9-3）

表9-3 不同时期国际商贸中心的内涵演变

发展阶段	航海贸易主导阶段	贸易与制造	贸易与物流	金融与生产性服务	信息与服务
形成时间	"地理大发现"之后，工业革命之前	18世纪60年代以后，二战之前	二战之后，20世纪70年代	20世纪80年代，21世纪初	21世纪以后
代表城市	巴塞罗那、里斯本、阿姆斯特丹	伦敦、纽约、鹿特丹	东京、香港、新加坡	伦敦、纽约、芝加哥	纽约、伦敦、东京

续表

发展阶段	航海贸易主导阶段	贸易与制造	贸易与物流	金融与生产性服务	信息与服务
技术制度经济	航海技术 重商主义 工场手工业	工业革命 自由贸易主义 机器大工业 流水线生产	集装箱技术 贸易自由化 关贸总协定	计算机、通信 全球化2.0 世界贸易组织 生产性服务业	信息技术 全球化3.0 要素自由流动 个人服务业
功能特点	航海贸易	商品集散	加工增值 商品集散	综合资源配置 生产服务中心	互联互通 综合服务中心

资料来源：根据杨再高、何江（2019）进行整理。

21世纪以来，信息技术在生产和全球贸易中的地位逐渐得到重视，与之相关的信息服务等新型服务产品开始出现并引领现代商贸服务业的发展。

第二节 广州国际商贸中心发展的基础

一 深厚的对外商贸积淀

广州对外贸易的历史可以追溯到秦汉时期，汉武帝时，现今广州所在的南越就与东南亚地区建立了贸易通商往来，这也是南海海上丝绸之路的早期发展（阎根齐，2017）。良好的港口条件和靠近东南亚、南亚地区的区位优势，使得广州成为早期中国对外商贸联系的重要门户城市。随着海上丝绸之路的日益繁荣，广州作为其中重要的节点城市，国际商贸业也得到进一步发展。明清时期实行的"一口通商"，使得广州成为中国对外贸易通商的唯一窗口，广州的对外贸易空前繁荣，这从该时期广州往来的外国商船数量变化中可以很好地体现出来（见表9-4）。

表9-4　　1776—1830年主要国家往来广州的外国商船数量

年份	英国	美国	法国	荷兰	瑞典	丹麦	西班牙	其他	小计
1776—1780	96	0	16	16	9	8	0	1	146
1781—1785	88	1	13	8	9	13	5	8	145
1786—1790	269	32	8	22	6	7	10	2	356
1791—1795	180	32	6	11	5	2	7	6	249
1796—1800	185	76	0	0	6	18	1	1	287
1801—1805	205	168	2	1	13	7	1	6	403
1806—1810	259	128	0	0	0	2	2	0	391
1811—1815	210	78	0	2	3	0	0	0	293
1816—1820	265	97	0	0	0	0	0	0	362
1821—1825	247	187	0	0	0	0	0	0	434
1826—1830	373	144	12	23	0	10	0	4	566
总计	2377	943	57	83	51	67	26	28	3632

资料来源：马士（2016）。

鸦片战争后，广州"一口通商"时期的贸易垄断地位被打破，广州作为国际贸易中心的地位也受到来自上海、福州等贸易口岸城市的竞争，贸易量出现下降，但这一状况在第二次鸦片战争后得到好转，广州的进出口贸易总值在1886年后呈现明显上涨趋势。

二　发达的基础设施联系网络

广州拥有发达的基础设施全球联系网络。广州白云国际机场作为国内三大航空枢纽之一，2019年旅客吞吐量达到7300万人次，其中国际及地区吞吐量超过1850万人次，同比增长超8%；此外，白云国际机场与中外近80家航空公司建立了业务联系，通航点达到230多个，其中国际及地区通航点超过90个，航班起降近50万架次、货邮吞吐量超190万吨。2020年，在新冠肺炎疫情影响的特殊情况下，白云机场的旅客量仍达到

4376.8万人次，居全球第一位。

广州的全球海上航运联系网络也在不断完善。2020年，广州港货物吞吐量6.36亿吨，全球第四，其中外贸1.49亿吨；集装箱吞吐量2350.5万TEU，全球第五，其中外贸905.5万标箱，广州与香港水上集装箱运输量超过300万标箱。截至2020年，广州港开通集装箱航线226条，新增76条；开通集装箱驳船航线近200条，新增50多条，是国内最大内贸集装箱港和联通非洲、地中海和亚洲地区的重要枢纽港。

信息化发展方面，广州作为国内互联网三大国际枢纽之一，信息化基础设施建设较早，数字产业发展和智慧城市建设水平也位居全国前列，当前，广州正致力于完善基础设施，优化数字经济发展环境。加速推进数字化发展各类信息基础设施建设，加快光纤入户改造、4G基站建设，完善充电设施配建，启动5G试验站点、智慧灯杆建设，推动4K入社区进家庭。目前，全市固定宽带接入用户586.9万户，已建成18个4K电视网络应用示范社区、7个4K示范村、2个4K试点酒店、171个超高清视频体验厅、3.6万个5G基站（全省第一）、公用专用充电桩26615个，全市电动汽车充换电网络基本形成，信息基础设施建设走在全国前列，广州获批首批国家综合型信息消费示范城市。截至2017年12月底，全市光纤入户率达106.8%，100%行政村实现光缆覆盖。全年完成69个新建小区光纤入户工作；304个既有小区光纤改造受阻已顺利完成。

三 深厚的产业发展基础和制造业腹地

广州作为千年商都，有着深厚的商业发展历史和产业基础。2019年广州市全年工业增加值5722.94亿元，比上年增长1.8%。全年规模以上高技术制造业增加值增长21.0%，其中，医药制造业增长16.8%，航空航天器制造业增长10.4%，电子及通信设备制造业增长24.1%，电子计算机及办公设备制造业下降10.5%，医疗设备及仪器仪表制造业增长33.0%（见图9-1）。全年规模以上汽车制造业、电子产品制造业和石油化工制造业三大支柱产业工业总产值增长1.5%，占全市规模以上工业总产值的51.4%。其中，汽车制造业下降0.5%，电子产品制造业增长5.2%，石油化工制造业增长2.2%。全年规模以上六大高耗能行业增加值比上年增长6.6%，其中，有色金属冶炼和压延加工业下降8.4%，黑色金属冶炼和压延加工业下降8.3%，非金属矿物制品业增长22.2%，电力、热力生产和供应业增长12.1%，化学原料和化学制品制造业增长5.9%，石油加工、炼焦和核燃料加工业下降2.4%。

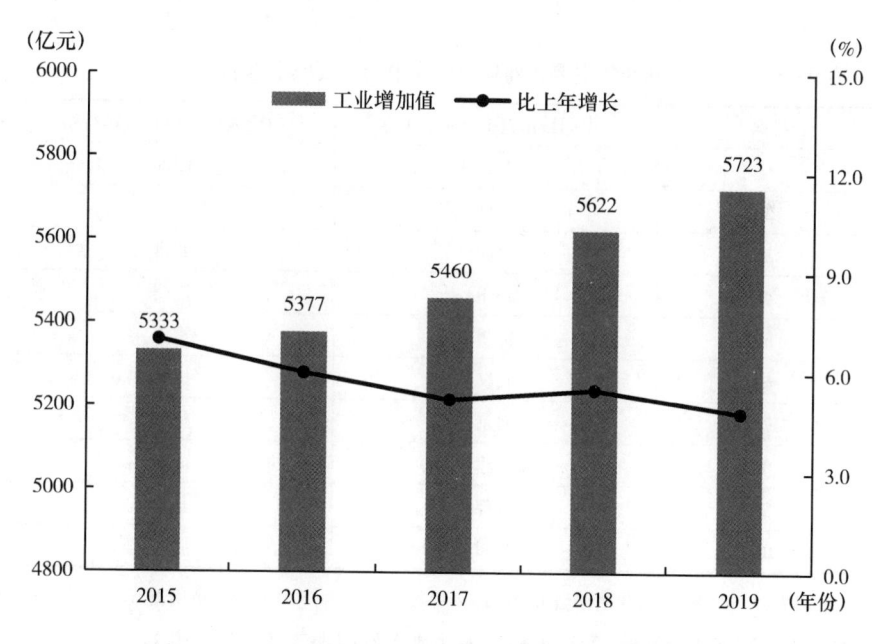

图9-1　2015—2019年广州市工业增加值及其增长速度

广州所在的珠三角地区是中国乃至全球制造业最为发达的地区之一，区域内的各城市已经形成了各有优势的产业体系，如深圳的高新技术产业，佛山的陶瓷、白色家电和液晶显示产业，惠州的电子信息、照明灯饰、汽车零部件产业，东莞的家居、玩具、服装纺织产业，中山和江门的家电和五金制造产业等，这些城市与广州之间构成了完善的产业链和供应链，这也为广州国际商贸中心建设提供了坚实的保障。

四　良好的营商氛围

广州作为华南重要消费中心城市，消费品市场繁荣。2018年，广州社会零售总额达到9256.19亿元，同比增长7.6%，连续31年在国内主要城市中居第三位。截至2019年底，已有逾300家世界五百强企业落户广州，显示了广州对跨国企业良好的吸引力。近年来，广州着力提升城市营商环境。

表9-5　　2020年主要营商环境研究中的重要城市排名

排名	中国城市营商环境指数	中国城市营商环境排行榜
1	上海	深圳
2	北京	上海
3	深圳	北京
4	广州	广州
5	杭州	重庆
6	武汉	成都
7	南京	杭州
8	天津	南京
9	成都	长沙
10	苏州	武汉

资料来源：《后疫情时代中国城市营商环境指数评价报告（2020）》；粤港澳大湾区研究院、21世纪经济研究院联合发布《2020年中国296个地级及以上城市营商环境报告》。

五　发达的会展业

广州拥有发达的会展业。2018年，广州以六大会展场馆为主体，共举办展览628场，展览面积超过1020万平方米，规模排在全国第二位。根据《2018年世界商展100强排行榜》,广州有四个展会入选,其中中国(广州)国际建筑装饰博览会居全球第四位、国内第一位,体现了广州会展品牌在全球范围内的强大竞争力。

第三节 广州国际商贸联系的比较分析

一 全球贸易联系度对比

(一)全球货物贸易联系度对比

全球货物贸易联系度方面,2017年全球主要城市的货物进出口额中,香港和新加坡分别以9871亿美元和8841亿美元高居全球前两位。上海作为中国境内商贸业最为发达的城市之一,2017年全球货物进出口总额排名全球第三(见图9-2)。广州2017年全球货物进出口总额为1399亿美元,在21个主要全球城市中排第16位,全球货物进出口总额分别只有香港的13.56%和15.15%,亦低于洛杉矶、东京、阿姆斯特丹、多伦多、法兰克福、迪拜、北京、米兰、巴黎、布鲁塞尔、芝加哥和纽约,但要高于首尔、伦敦、台北、孟买和悉尼等城市。

(二)全球金融与生产性服务联系度对比

金融业的全球联系方面,根据Z/Y集团与深圳综合开发研究院共同发布的《全球金融中心指数报告》,2017年广州的全球金融中心发展指数为650,在21个对比城市中排名第17位,仅领先阿姆斯特丹、布鲁塞尔、米兰和孟买四个城市,与排名前两位的伦敦和纽约相比,广州的得分仅为其83%左右,分别是新加坡、香港、东京的85%、86%和87%,也一定程度上落后于悉尼、芝加哥、上海、多伦多、北京、洛杉矶、法兰克福、首尔、迪拜、台北和巴黎等城市(见图9-3)。虽然从全球金融中心发展指数的得分来看,广州与领先的国际金融中心城市

(亿美元)

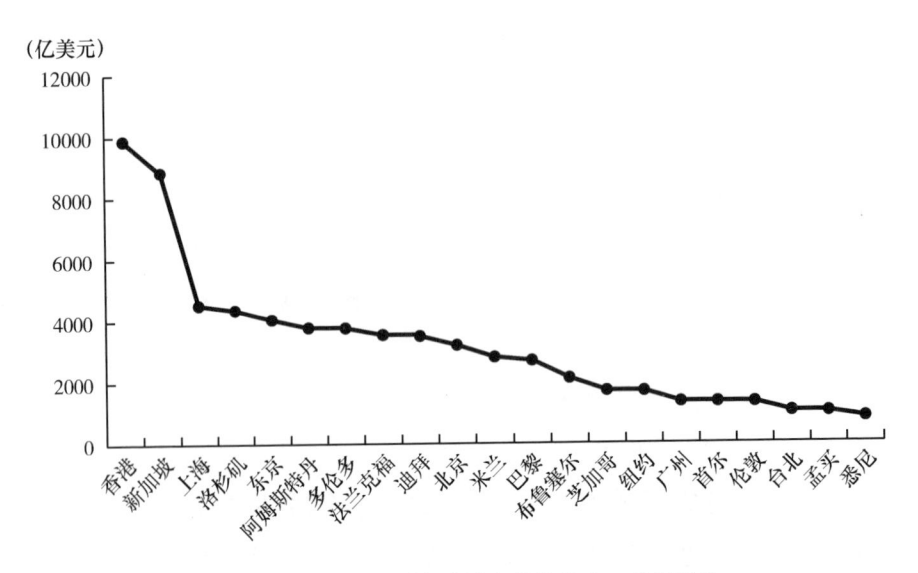

图 9-2　2017 年主要全球城市货物进出口总额对比

资料来源：根据各城市统计年鉴公布数据整理。

之间的差距不是特别悬殊，但如前文所分析的，广州不论是在金融业发展的国际化程度还是金融中心的全球控制力方面，与知名的全球金融中心城市之间还存在较大的差距。

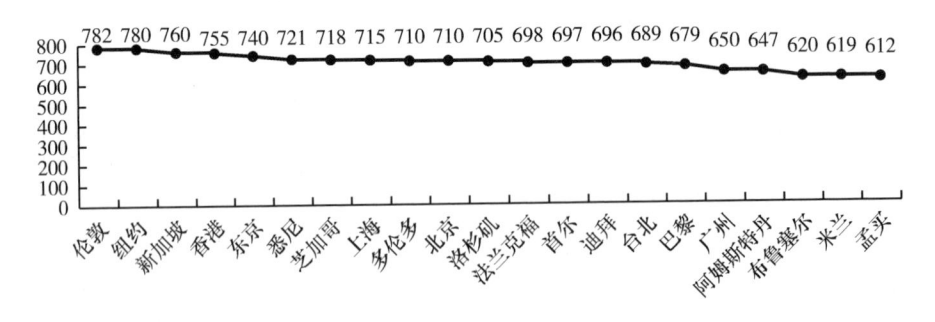

伦敦 782　纽约 780　新加坡 760　香港 755　东京 740　悉尼 721　芝加哥 718　上海 715　多伦多 710　北京 710　洛杉矶 705　法兰克福 698　首尔 697　迪拜 696　台北 689　巴黎 679　广州 650　阿姆斯特丹 647　布鲁塞尔 620　米兰 619　孟买 612

图 9-3　2017 年主要全球金融中心发展指数对比

资料来源：伦敦 Z/Y 集团与中国（深圳）综合开发研究院共同发布的《全球金融中心指数报告（第 21 期）》。

(三) 国际交易平台发展对比

在国际货物交易平台建设方面，芝加哥和纽约作为北美最重要的期货交易中心，也是全球核心的期货交易中心所在地。芝加哥和伦敦分别拥有4家全球知名期货交易所，其中芝加哥在农产品、畜产品、国债、短期利率欧洲美元产品以及股指期货等领域比较出名。伦敦和纽约则在金属、石油、金融以及贵金属等方面处于全球领先地位。此外，东京、新加坡、上海、香港、法兰克福、巴黎、台北、悉尼等，均拥有数量不等的全球知名期货交易所（见图9-4）。广州曾在1992年成立广东万通期货，这也是全国第一家期货经纪公司，后来由于期货大整顿，于1998年被取缔。2021年1月，广州期货交易所由中国证监会批准成立，广州期货交易所未来也将会成为涵盖科技、绿色、金融、环保等新兴产业领域的全方位多领域交易所。但总的来看，当前广州在国际性期货交易平台发展方面，与领先的国际商贸中心还存在一定差距。

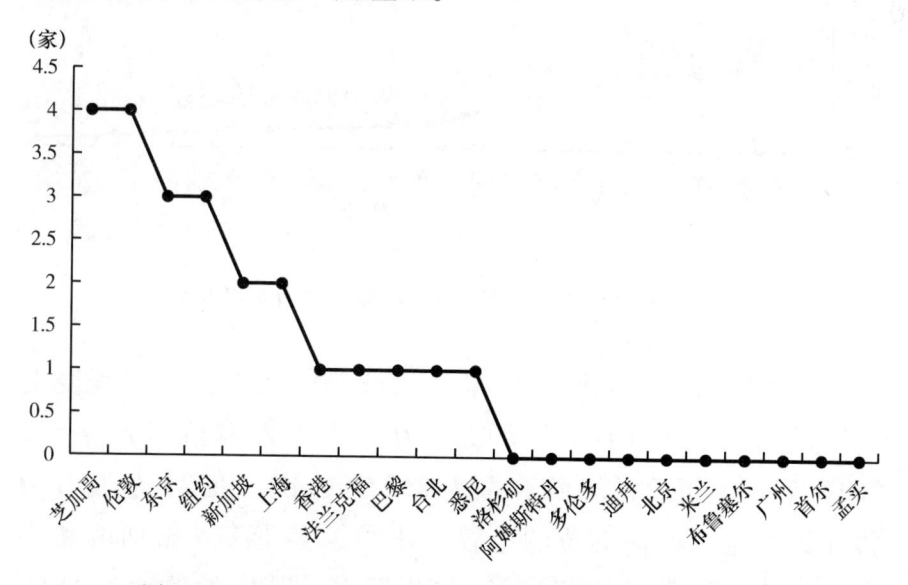

图9-4　2019年主要全球城市全球知名期货交易所数量对比

资料来源：美国期货业协会发布的《交易所交易量调查报告》。

二 全球消费联系度对比

国际消费吸引力是国际商贸中心重要的功能之一,一般消费水平发展较高、国际化程度也较高的城市,也能吸引大量的国际商业投资和消费人口来此集聚。从全球著名的商业街年租金来看,2017年广州著名商业街的年租金为289美元/平方英尺,排在21个对比城市中的第16位。纽约和香港的租金高居前两位,分别达到了3000美元/平方英尺和2878美元/平方英尺,分别是10.38倍和9.96倍。巴黎、伦敦、东京和米兰的租金也都超过了1000美元/平方英尺,均是广州的4倍以上。租金低于广州的城市有多伦多、台北、布鲁塞尔、迪拜和孟买五个城市。(见图9-5)

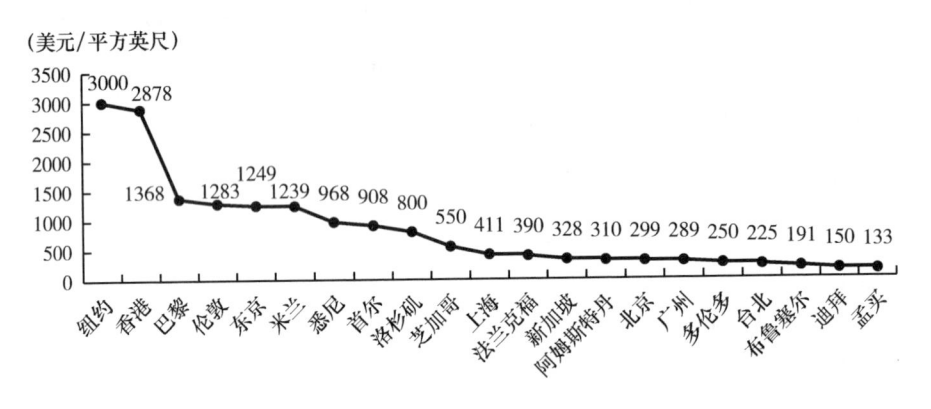

图9-5 2017年主要国际消费中心城市著名商业街年租金对比

从各城市的入境游客数量和旅游总收入上,一定程度上能够反映城市的国际消费吸引力。从年入境游客量来看,2017年,广州的入境游客量为862万人次,在21个城市中排在第八位。而前五位的伦敦、纽约、多伦多、新加坡和迪拜的入境游客数量均超过了1000万人,其中伦敦达到1869万人,是广州的2.17倍。中国境内城市中,上海和北京的入境游客量均低于广州,显示了广州对国际游客强大的吸引力(见图9-6)。

旅游总收入方面,2017年广州以63亿美元的总收入在21个城市中排名第13。与其他城市相比,广州的旅游总收入是排在首位的伦敦的三分之一左右,与纽约、巴黎、新加坡等城市均存在较大差距(见图9-6)。虽然广州在吸引国际游客方面存在一定的优势,但在旅游创收方面表现出一定的不足,这一定程度上与广州商业与购物场所的国际化水平和发展层次相对较低存在联系。

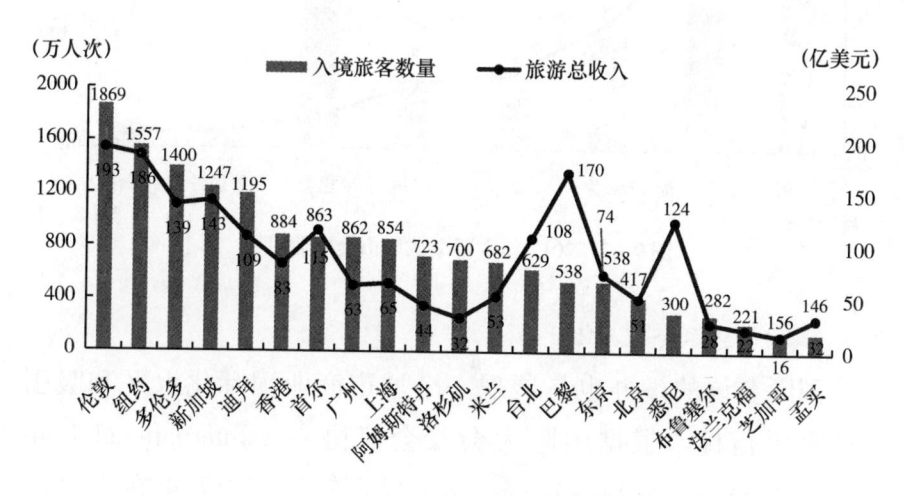

图9-6 2017年主要全球城市入境游客数量和旅游总收入对比

三 国际会展业对比

(一)国际展会对比

广州的会展业在重要的全球城市中排在前列。2017年,所选择对比的21个城市中,仅有上海、法兰克福、米兰、北京、广州、巴黎、芝加哥和香港八个城市有展会进入世界商展100强。其中上海、巴黎和法兰克福以11个、9个和8个分列前三位。广州有 3 个国际展会进入全球前 100 强，数量方面排在第六位，领先芝加哥和香港。在 100 强展会的展出面积方面，广州以 58 万平方米排在第五位，落后上海、法兰克福、米兰、和北京，领先巴黎、芝加哥和香港，展会面积分别是上海和法兰克福的 29.6% 和 30.95%（见图 9-7）。

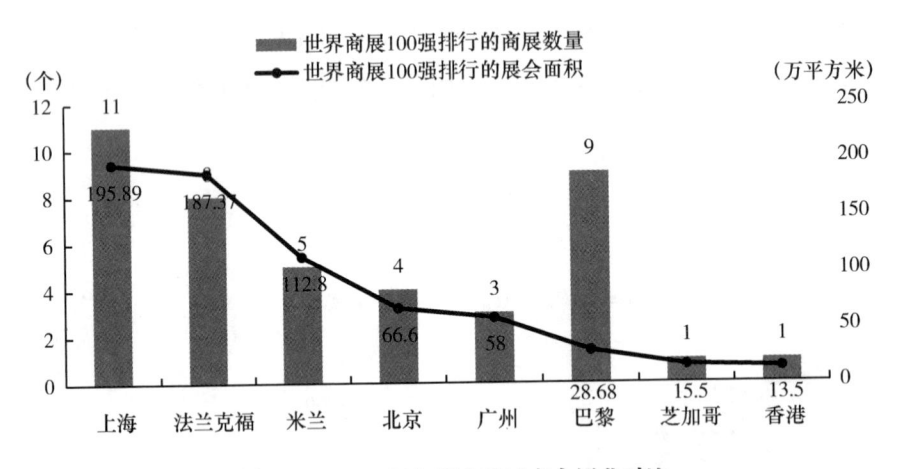

图 9-7　2017 年主要全球城市会展业对比

（二）国际会议对比

国际会议的举办也是展现一个城市商业国际化水平和吸引力的重要指标。根据国际大会及会议协会（International Congress & Convention Association, ICCA）统计，2017 年在举办国际会议方面，21 个对比城市中，巴黎以 196 个高居榜首，伦敦、新加坡、阿姆斯特丹、首尔和北京举办的国际会议数量也都超过了 100 个。广州仅以 16 个位列 21 个城市的最后一位，数量方面是巴黎的 8.16%（见图 9-8）。可见，广州在举办国际会议方面与主要的全球城市还存在较大的差距。

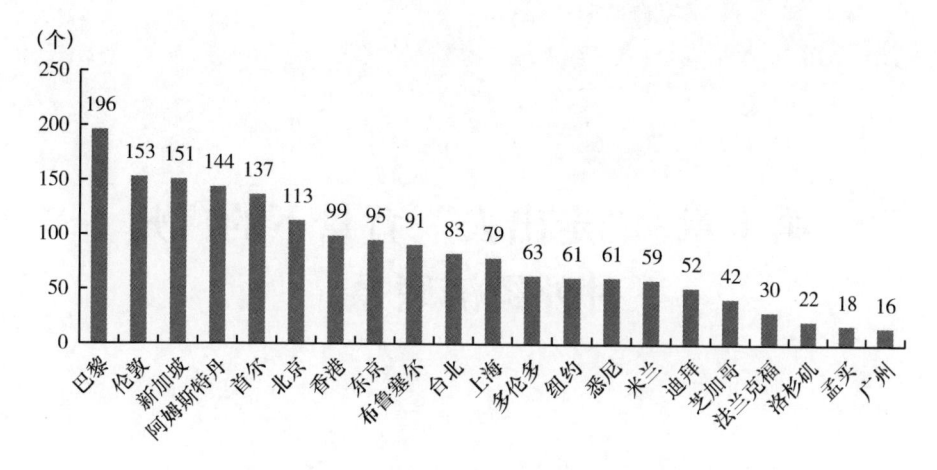

图 9-8　2017 年主要全球城市举办 ICCA 国际会议数量

数据（个）：巴黎 196、伦敦 153、新加坡 151、阿姆斯特丹 144、首尔 137、北京 113、香港 99、东京 95、布鲁塞尔 91、台北 83、上海 79、多伦多 63、纽约 61、悉尼 61、米兰 59、迪拜 52、芝加哥 42、法兰克福 30、洛杉矶 22、孟买 18、广州 16。

第四节　小结

结合前文分析，虽然广州在空、海等基础设施的全球联系方面存在一定的优势，与主要的全球城市相比，广州的全球商贸联系度发展还存在一定的差距。国际货物贸易的规模相对偏小，并且缺乏知名的国际货物交易平台，国际金融和生产性服务贸易的水平和控制力也有待进一步提升。国际消费中心发展方面，广州虽然对国际游客存在一定的吸引力，但作为国际消费中心的品牌知名度和发展层次与主要的全球城市还有一定差距，这也一定程度上限制了广州将国际人流变为旅游收入的能力。广州的会展业在全球范围内较为知名，也具有一定的影响力，但在举办国际会议方面还有待进一步加强。

第十章 "走出去"背景下的广州对外经济联系

改革开放以来,外商投资的大量涌入和对外贸易的快速发展,成为广州全球化的主要动力,共同推动了广州全球联系水平的持续提升。近年来,随着广州本土企业实力的不断壮大以及全球化视野的不断扩展和全球发展理念的不断深入,广州企业家纷纷加快"走出去"的脚步。广州的企业家们认识到,把产品销售到海外,仅仅是城市经济国际化发展的第一步;整合国际国内两个市场、两种资源,推动企业"走出去"在全球布局,才是国际化运营的更高阶段。与此同时,广州市商务委结合国家"一带一路"倡议、粤港澳大湾区建设以及自贸区建设等契机,推动了一批大项目"走出去"。在新常态下,广州企业主动"走出去"开展跨国经营的趋势越来越明显,也成为广州全球联系新的动力。

第一节 中国经济全球扩展研究

改革开放后,特别是21世纪以来,随着中国国内经济的快速发展以及在外资影响下的经济全球化水平日益提升,以国有企业为主力的中资企业开始越来越多地"走出去"进行海外投资,并且对世界经济产生日益深刻的影响(Alon and Mcintyre,

2008)。在此背景下，国内外对于基于中资企业国际化的中国经济全球扩展的关注度不断提升，研究主要包括以下几个方面。

一 中资企业全球扩展

关于中资企业全球扩展的研究，是国内外学者关于中国经济全球扩展研究中涉及最多的一个话题。研究一般认为，中资企业的全球扩展主要是为提升企业的全球竞争力，并且其全球扩展策略受企业规模、所有制形式、出口密集度以及企业国际经验等因素的影响（Gao et al., 2010; Agyenim et al., 2008）。

（一）企业规模

企业规模，包括企业的营业额、资产总额以及市场份额等，一般被认为是影响跨国企业，同样也是中资企业全球扩展的最重要因素，即大型中资企业更倾向于选择国际扩展战略（Cui and Jiang, 2009）。企业规模越大，说明其拥有越多的资源来支持全球扩展。根据中华人民共和国商务部的统计，2004年中国对外投资的企业中，规模前30位企业的投资额，超过中资企业对外总投资额的80%。实力雄厚的企业也更能通过跨国并购来实现全球扩展（Zhou, 2007; Lau et al., 2010）。

（二）企业所有制形式

企业所有制形式也是影响中资企业全球扩展的一个重要因素。按照所有制形式，中资企业可以分为国有企业和非国有企业，不同所有制形式的企业全球扩展路径也存在差异（Luo and Tung, 2007）。如就国有企业而言，由于国外对于"走出去"的中资企业在监管和进入壁垒上设置得较为严格，这也一定程度上促使中国国有企业在对外投资过程中大多选择合资的形式进行海外投资。而对于中资非国有企业而言，由于其在国内面临国有企业的激烈竞争，因此更愿意向海外扩展进行发展（Voss et al., 2010）。

(三) 国际经验的积累

中资企业的全球扩展，也一定程度上归因于国际经验的积累，如企业的国际显示度、国际声誉、国际信誉等无形资产的积累等，对于中资企业全球扩展的成功都有着重要的贡献（Lu et al.，2010；Deng，2007）。此外，企业负责人与境外分支机构或合伙人之间全球联系的积累，对于企业的全球扩展也存在着正向的影响（Zhou，2007b；Liu and Tian，2008）。

二 产业要素的影响

(一) 产业结构

关于产业结构对于中资企业全球扩展影响的研究主要关注产业结构的多样化是否影响企业的全球扩展。一般来看，在中国国内处于行业领先地位的企业更易于采取全球扩展战略，如海尔、联想和TCL等中国企业，在家电、个人电脑和液晶显示器等领域，不仅在中国国内，乃至在全球也都处于行业领先地位，而这些企业也无一例外都采取了积极的全球扩展战略（Yang et al.，2009）。

(二) 对外投资产业部门的变化

不同产业部门对于全球扩展的态度也存在差异。中资企业的对外投资大多集中在第二产业和第三产业，其中第二产业中，采矿、林业和渔业等，构成了早期中国对外投资的主体，早期投资主体中的服务业企业也大多为以外贸出口为主要业务的中小企业（Buckley et al.，2008）。20世纪90年代末以来，第二产业中的制造业在中国对外投资中的占比逐步提高，并且服务业的投资也呈现规模化和高端化的发展趋势（Taylor，2002）。

(三) 行业内部竞争

产业内部的企业为避免国内行业内部企业之间的恶性竞争而采取的全球扩展含量，也是大量中资企业"走出去"经营的一个重要动因（Nolan and Zhang，2002）。中资企业间会观察和模仿竞争对手的全球扩展战略，并相应地做出应对策略（Duysters et al.，2009）。当然，在竞争的同时，对外扩展的中资企业之间也会进行合作，抱团"出海"，以弥补中资企业在全球市场上的后发劣势（Mathews，2009）。

三　制度因素影响

（一）国内制度背景影响

中国国内制度背景对于中资企业全球扩展的影响，是相关研究关注的一个重点话题（Deng，2004）。在中国对外开放的早期，中资企业"走出去"在出口和资源引进方面对于中国经济增长提供了重要支持。政府政策上的支持也是中资企业"走出去"的一个重要动力（Warner et al.，2004），改革开放以来，随着外商投资的不断进入以及中国对外贸易的不断发展，中国政府也日益重视之前发展较为欠缺的对外投资，并且政策也不断向对外投资倾斜（Yeung and Liu，2008）（见表10-1）。另外，由于社会制度的差异，一些中资企业在"走出去"的过程中，也会受到投资目标国更为严格的审查和监管（Globerman and Shapiro，2009）。

表10-1　　　　　　1979年以来中国对外投资政策变化

阶段	政策特征	政策主要内容
阶段一：1979—1983	个案审批	仅有国有贸易类企业以及省级或市级国际经济与技术合作企业才允许进行海外投资，并且政府根据个案情况逐个进行审批。国务院是负责和审批对外投资的唯一机构。企业只有经过国务院审批才可以进行境外投资，并且关于境外投资当时也缺乏系统的法律规定

续表

阶段	政策特征	政策主要内容
阶段二：1984—1992	审批流程的标准化	随着政府对境外投资企业范围的放宽，关于企业境外投资的管制也有所放松，非国有企业也开始允许在境外设立分支机构。这一时期的对外投资仍然需要中央机构的审批，但审批流程由早期的个案审批开始变为标准化的审批流程
阶段三：1993—1998	对境外投资项目审查更为严格	前一阶段对外投资的快速增长，导致对外投资管制的放松以及人民币汇率的高估，致使中国内地各主体大量投资香港房地产和股市，并带来了市场混乱。为此，中央政府对境外投资项目实行更加严格的审批和监控，以确保境外投资以"生产为主要目的"
阶段四：1999—2002	主要投资加工贸易领域	该时期是中国加入世界贸易组织（WTO）的前夕，也是中国对境外投资政策转变的转折点。中国政府开始认识到中资企业在全球贸易和生产网络中日益提升的重要性，并开始转变政策，鼓励中资企业参加海外活动，以扩大中国出口，该时期中资企业"走出去"主要以加工贸易项目为主。政府鼓励轻工业部门（如纺织、机械以及电子产品等）在海外设立工厂并使用中国出口的原材料和中间产品。中国政府也出台了一系列优惠政策，包括出口退税、外汇援助以及直接的金融支持等
阶段五：2003—	"走出去"战略	党的十六大首次提出了鼓励中资企业"走出去"进行境外投资。这一政策的转变也是与20世纪80年代和90年代中国外商投资和出口的快速发展相伴随的，也是中国经济持续改革开放的结果，同时也反映了中国政府希望打造世界级的公司和品牌，因为在当前的全球生产网络中，占主导和控制地位的大多是发达国家的跨国企业，中国企业仅在其中发挥次要节点的作用。近期中国对外投资的政策主要涉及五个方面：（1）为对外投资制定激励政策；（2）完善行政审批流程，包括提升政策的透明度以及扩大权力下放范围；（3）放松资本管制；（4）为对外投资意向企业提供信息和指引；（5）降低投资风险

资料来源：根据 Yeung and Liu（2008）整理。

(二) 目标国制度背景影响

对于中资企业而言，在不熟悉的国家进行投资时，跨国并购是一个较为合适的投资方式，因为这一方式能够使中资企业最快地适应目标国的政策，从而降低经营的风险（Yeung and Liu, 2008）。另外，中资企业在选择境外投资目的地时，也会更多地倾向于选择那些在文化背景、制度环境等方面与中国相似的环境（Gebre-Egziabher, 2007；Alden and Davies, 2006）。

第二节 中国经济的外向化特征与趋势

一 中国对外投资特征变化

（一）中国对外投资总体趋势变化

2010—2019年，中国对外直接投资额总体呈上升趋势。2010—2016年，中国对外直接投资额保持平稳、快速增长，年均增速达到19.68%，并且2015—2016年的增幅高达34.7%。2017年后，由于国家开始加强对"走出去"企业对外直接投资的真实性与合规性审查，特别是房地产、酒店、影院、娱乐和体育俱乐部等领域，中国对外直接投资开始有所下降，2017年的对外直接投资额较2016年下降了19.3%（见图10-1）。虽然这一举措导致中国对外直接投资的短暂性下降，但也进一步规范了中资企业的对外直接投资行为，使得中国对外直接投资的行业构成更加合理。2017年后，虽然中国对外直接投资的总量仍在下降，但下降的幅度在不断降低，中国对外直接投资也在不断"回暖"。

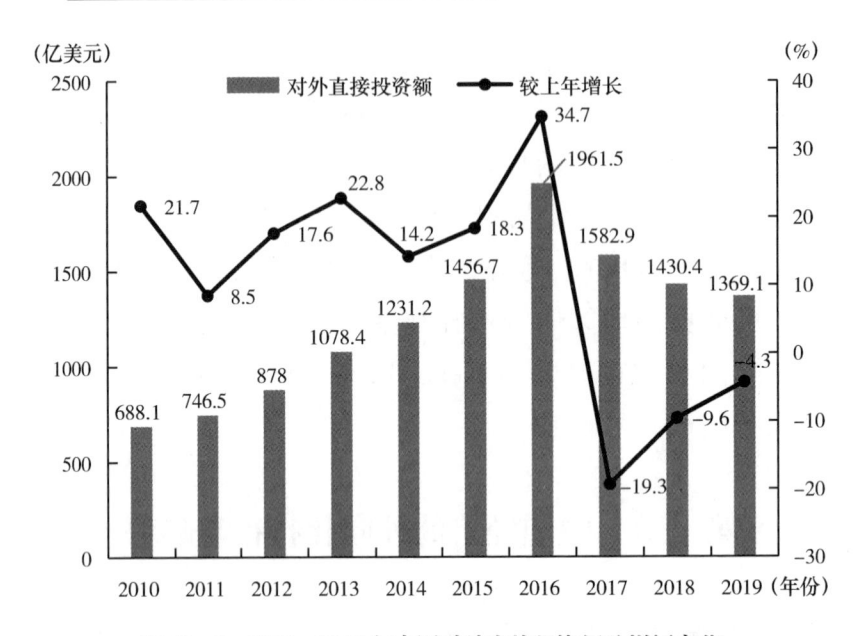

图 10-1　2010—2019 年中国对外直接投资额及增幅变化

资料来源：中华人民共和国商务部发布的《中国对外投资合作发展报告 2020》。

（二）中国对外直接投资全球位势变化

从全球范围来看，中国对外直接投资总量在不断上升的同时，在全球范围内的重要性也在不断提升。2010 年中国对外直接投资流量占全球的比重仅为 4.9%，到 2016 年，这一比重提升到了 12.7%，较 2010 年提升了 1.59 倍。2017 年后，虽然中国对外直接投资的流量有所减少，但在全球范围内的重要性并没有随之大幅下降。2017 年，中国对外直接投资流量在全球占比仍然有 9.9%，2018 年甚至达到于 14.5%，较 2016 年增长了 14.17%。在全球占比不断提升的同时，中国对外投资的全球位次也在显著提升。2010 年，中国对外直接投资位列全球第 5，到 2015 年，这一位次上升到第 2 位，除 2017 年的波动导致下降 1 个位次外，2015 年后中国对外直接投资流量一直保持全球第 2 的位置（见表 10-2）。

表 10-2　中国对外投资合作在全球的地位变化 (2010—2019)

年份	流量（亿美元）	全球占比（%）	全球位次
2010	688.1	4.9	5
2011	746.5	4.8	6
2012	878	6.4	3
2013	1078.4	7.8	3
2014	1231.2	9.0	3
2015	1456.7	8.5	2
2016	1961.5	12.7	2
2017	1582.9	9.9	3
2018	1430.4	14.5	2
2019	1369.1	10.4	2

资料来源：中华人民共和国商务部发布的《中国对外投资合作发展报告 2020》。

(三) 中国对外直接投资行业构成变化

从对外投资的三大产业构成来看，2019 年，第三产业构成了中国对外投资的最主要部分，占比达到 83.4%。以制造业为主的第二产业近年来在中国对外投资中的份额显著下降，但 2019 年有所回升，占比为 14.8%。包括农、林、牧、渔业在内的第一产业在中国对外投资中的份额持续减少，到 2019 年仅占 1.8%（见表 10-3）。

表 10-3　2019 年中国对外直接投资的三大产业构成

产业类别	增加值（亿美元）	占比（%）	同比增长（%）
第一产业	24.4	1.8	-4.8
第二产业	202.4	14.8	14.8
第三产业	1142.3	83.4	83.4

资料来源：中华人民共和国商务部发布的《中国对外投资合作发展报告 2020》。

从细分行业变化来看，2019 年，中国对外直接投资最为集中的是租赁和商务服务业，规模达到418.8亿美元，占比达到30.6%。此外，制造业、金融业、批发和零售业的直接投资流量也都超过了百亿美元，占比均超过14%，并且前四大行业的占比共计达到74.2%。此外，其他14个行业中，增长较快的还有水利、环境和公共设施管理业以及教育、房地产业和采矿业等，增幅都超过了10个百分点（见表10-4）。

表10-4　2018—2019年中国对外投资不同行业变化

行业	2018年（亿美元）	2019年（亿美元）	同比（%）	2018年占比（%）	2019年占比（%）
合计	1430.4	1369.1	-4.3	100	100
租赁和商务服务业	507.8	418.8	-17.5	35.5	30.6
制造业	191.1	202.4	5.9	13.4	14.8
金融业	217.3	199.5	-8.1	15.2	14.6
批发和零售业	122.4	194.7	59.1	8.6	14.2
信息传输、软件和信息技术服务业	56.3	54.8	-2.7	3.9	4.0
采矿业	46.3	51.3	10.8	3.2	3.7
交通运输、仓储和邮政业	51.6	38.8	-24.8	3.6	2.8
电力、热力、燃气及水的生产和供应业	47.0	38.7	-17.7	3.3	2.8
建筑业	36.2	37.8	4.4	2.5	2.8
科学研究和技术服务业	38.0	34.3	-9.7	2.7	2.5
房地产业	30.7	34.2	11.4	2.1	2.5
农、林、牧、渔业	25.6	24.4	-4.7	1.8	1.8
居民服务、修理和其他服务业	22.3	16.7	-25.1	1.6	1.2
教育	5.7	6.5	14.0	0.4	0.5
住宿和餐饮业	13.5	6.0	-55.6	0.9	0.4
文化、体育和娱乐业	11.7	5.2	-55.6	0.8	0.4
水利、环境和公共设施管理业	1.8	2.7	50	0.1	0.2
卫生和社会工作	5.2	2.3	-55.8	0.4	0.2

资料来源：中华人民共和国商务部发布的《中国对外投资合作发展报告2020》。

(四) 中国对外投资企业属性构成

从2019年中国对外投资企业的所有制属性构成来看，2019年对外直接投资的不同类型企业中，有限责任公司占比最大，达到了38.4%；私营企业次之，也达到了27.4%；股份有限公司的比重也超过了10个百分点，达到12.1%；外商投资企业和国有企业的占比分别为5.3%和5.0%；其他类型企业占比仅为11.8%（见图10-2）。

从企业的所有制构成来看，非公有经济控股企业境外直接投资额达到588.3亿美元，占比达到50.3%，公有经济控股企业境外投资额为580.9亿美元，占比为49.7%，非公有经济也超过公有经济，成为中国境外直接投资的最重要主体（见表10-5）。

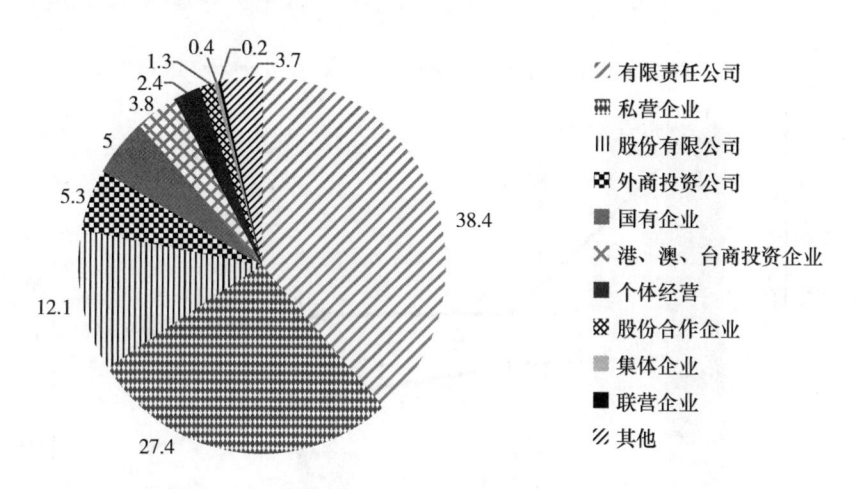

图10-2　2019年末中国对外直接投资主体构成占比

资料来源：中华人民共和国商务部发布的《中国对外投资合作发展报告2020》。

表10-5　2019年末中国对外直接投资企业的所有制结构

主体性质	对外直接投资额（亿美元）	占比（%）	同比增长（%）
非公有经济控股	588.3	50.3	-22.2
公有经济控股	580.9	49.7	27

资料来源：中华人民共和国商务部发布的《中国对外投资合作发展报告2020》。

（五）中国对外直接投资的地域构成

1. 中国对外直接投资来源的地域构成

2019年，中国的地方企业对外直接投资897.4亿美元。从中国地方对外直接投资来源的区域分布来看，2019年的地方对外直接投资主要来自东部地区，占比达到79.74%；中部地区和西部地区分列第2、第3位，占比分别为10.15%和8.7%；东北三省对外直接投资流量最少，仅占全国的1.4%。从各地区对外直接投资流量的变化来看，2019年，国内四大地区的对外投资流量均呈下降的态势，但东部地区下降幅度最小，仅为-5.6%，显示了东部地区对外直接投资的活力；东北地区不仅对外直接投资流量最小，2019年的降幅也最大，达到-43.8%（见图10-3）。

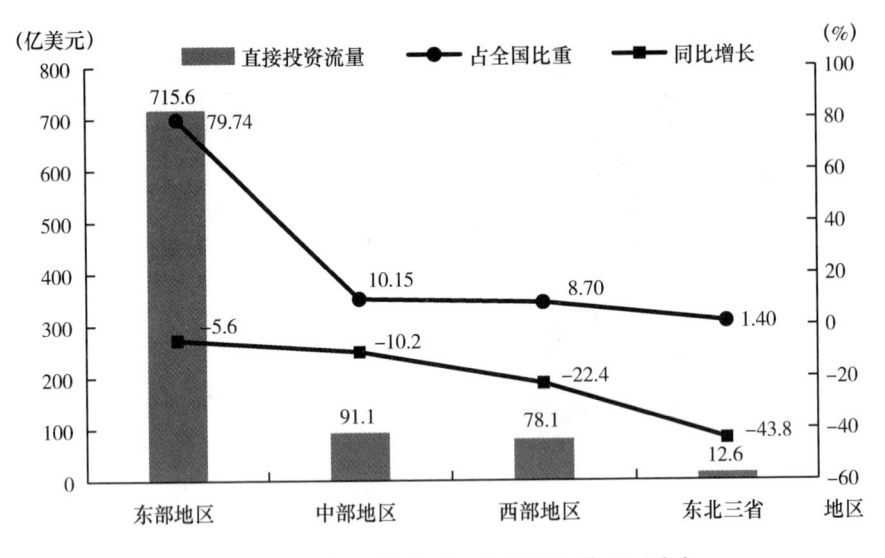

图10-3 2019年中国地方对外直接投资地区分布

注：表中的东部地区包括北京市、上海市、天津市、河北省、山东省、江苏省、浙江省、福建省、广东省和海南省；中部地区包括山西省、河南省、安徽省、湖北省、湖南省和江西省；西部地区包括云南省、广西壮族自治区、贵州省、四川省、重庆市、陕西省、内蒙古自治区、甘肃省、青海省、西藏自治区、宁夏回族自治区和新疆维吾尔自治区；东北三省包括辽宁省、吉林省和黑龙江省。

资料来源：中华人民共和国商务部发布的《中国对外投资合作发展报告2020》。

第十章 "走出去"背景下的广州对外经济联系

从中国对外直接投资来源省份的分布来看，2019年，广东省是中国内地对外直接投资流量最大的省份，投资流量达到167亿美元，在全国总体投资流量中占18.6%。上海市和山东省分列第2、第3位，2019年对外直接投资流量也都超过了100亿美元，但仅有广东省的62%左右。浙江省和北京市2019年对外直接投资流量也都达到了80亿美元。此外，位列前10的省份还有江苏省、天津市、福建省、河南省和海南省。从2018—2019年各城市对外直接投资在国内占比的变化来看，山东省、北京市、广东省和天津市的增幅在国内对外直接投资流量前十的省份中排前四位，且为正增长，其余六个省份2019年的对外直接投资流量为负增长（见表10-6）。由此可以看出广东省的对外直接投资在国内省份中的重要地位。

表10-6　2018—2019年中国对外直接投资流量前10省份

序号	省市	2018年流量（亿美元）	2019年流量（亿美元）	2018年占全国比重（%）	2019年占全国比重（%）
1	广东省	160.6	167	16.3	18.6
2	上海市	153.3	104.9	15.6	11.7
3	山东省	66.9	102.4	6.8	11.4
4	浙江省	122.8	89.5	12.5	10
5	北京市	64.7	82.7	6.6	9.2
6	江苏省	61	51.2	6.2	5.7
7	天津市	33.7	44	3.4	4.9
8	福建省	45.4	29	4.6	3.2
9	河南省	38.6	27.5	3.9	3.1
10	海南省	33.8	25.6	3.4	2.9
合计		780.8	723.8	79.3	80.7

资料来源：中华人民共和国商务部发布的《中国对外投资合作发展报告2020》。

2. 中国对外直接投资的全球分布特征

从中国对外直接投资全球各区域的分布特征来看，2019年，中国对外直接投资主要投向了亚洲地区，投资总额达到1108.4亿美元，占总额的80.9%；欧洲以7.7%的占比排在第2位；拉丁美洲、北美洲、非洲和大洋洲分列3—6位。从各区域的变化来看，2019年欧洲接收的中国对外直接投资增幅最高，达到了59.6%，亚洲次之，为5.1%，其余各州均为负增长（见表10-7）。

表10-7 2019年全球各洲接收中国对外直接投资流量及比重变化

全球区域	直接投资额（亿美元）	同比增长（%）	占比（%）
亚洲	1108.4	5.1	80.9
拉丁美洲	63.9	-56.3	4.7
北美洲	43.7	-49.9	3.2
欧洲	105.2	59.6	7.7
非洲	27.1	-49.9	2.0
大洋洲	20.8	-6.3	1.5
合计	1369.1	-4.3	100.0

资料来源：中华人民共和国商务部发布的《中国对外投资合作发展报告2020》。

从中国对外直接投资的国家和地区分布特征来看，中国对外直接投资流向排名前20位的国家/地区的投资额达到1312.9亿美元，占中国对外投资总额的95.9%，显示了中国对外投资在空间上的高度集聚性。中国香港地区吸引的投资额为905.5亿美元，占总额比重达到66.1%，是中国境外投资的绝对核心目的地。英属维尔京群岛以86.8亿美元的投资额仅次于中国香港，排在第2位，占总额的比重达到6.3%。此外，新加坡、荷兰、美国、印度尼西亚、澳大利亚、瑞典、越南、德国和泰国的吸引投资额的占比也都超过了1%（见表10-8）。

表10-8　2019年中国境外直接投资在主要国家/地区的分布

序号	国家/地区	投资流量（亿美元）	占总额比重（%）
1	中国香港	905.5	66.1
2	英属维尔京群岛	86.8	6.3
3	新加坡	48.3	3.5
4	荷兰	38.9	2.8
5	美国	38.1	2.8
6	印度尼西亚	22.2	1.6
7	澳大利亚	20.9	1.5
8	瑞典	19.2	1.4
9	越南	16.5	1.2
10	德国	14.6	1.1
11	泰国	13.7	1.0
12	阿联酋	12.1	0.9
13	老挝	11.5	0.8
14	马来西亚	11.1	0.8
15	英国	11	0.8
16	刚果（金）	9.6	0.7
17	伊拉克	8.9	0.7
18	巴西	8.6	0.6
19	哈萨克斯坦	7.9	0.6
20	柬埔寨	7.5	0.6
	合计	1312.9	95.9

资料来源：中华人民共和国商务部发布的《中国对外投资合作发展报告2020》。

自"一带一路"倡议提出以来，中国与"一带一路"沿线国家之间的经济合作与联系日益密切（公丕萍等，2015；郑蕾、刘志高，2015）。2019年，中国对"一带一路"沿线国家和地区直接投资额为 186.9 亿元，占当年中国对外直接投资总额的 13.7%。2016—2019 年，中国对"一带一路"沿线国家的投资额稳步上升，并且年均增幅达到 12.05%，显示了"一带一路"沿线国家和地区在中国经济"走出去"中的重要性（见图10-4）。

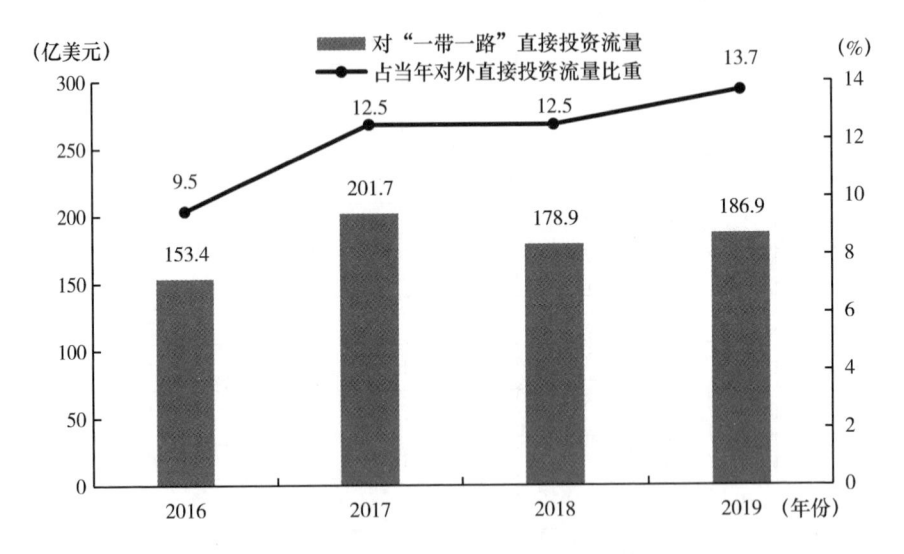

图 10-4 2016—2019 年中国对"一带一路"沿线国家直接投资变化

资料来源：中华人民共和国商务部发布的《中国对外投资合作发展报告 2020》。

二 中国对外经济合作特征与变化

2001—2019 年中国对外承包工程业务水平保持总体增长的趋势。2019 年，中国对外承包工程新签合同额 2602.5 亿美元，完成合同额 1729 亿美元，分别较 2018 年增长 7.6% 和 2.3%。但从长期来看，2001 年以来，中国对外承包工程新签合同额和完成合同额均经历了加速增长—平稳增长—缓慢增长的过程。（见图 10-5）

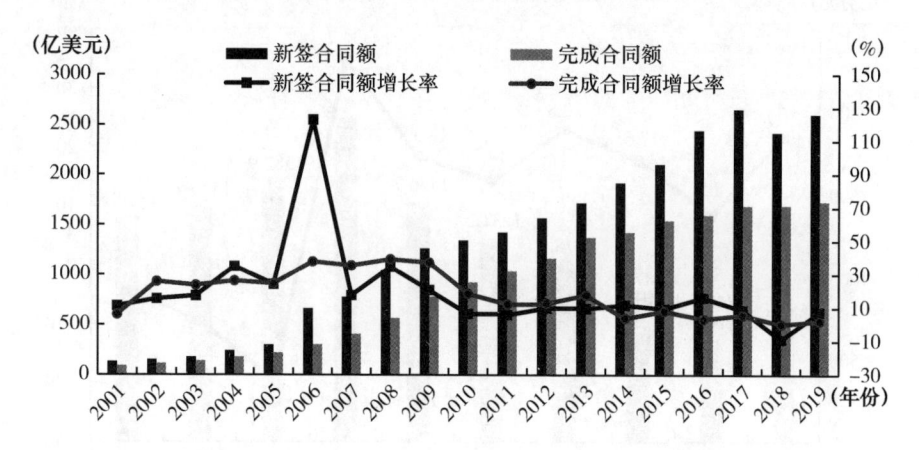

图 10-5　2001—2019 年中国对外承包工程情况变化

资料来源：中国统计年鉴（2020）。

第三节　广州经济"走出去"的特征与趋势

21 世纪后，以企业对外投资为主的广州经济"走出去"步伐不断加快。2002—2013 年，中国对外投资总额年均增长 63%。在体制方面，广州企业"走出去"服务机制逐步形成：2009 年，广州市出台了《关于加快实施"走出去"战略若干意见》，广州市外办、广州海关、黄埔海关、市国税局等部门相继出台推动企业实施"走出去"战略政策和服务措施，从加快出境审批、简化境外投资审批程序、加大财政支持力度、放宽境外投资资金管制、便利企业出口通关手续、消除企业双重征税、推出"走出去"专项贸易金融服务产品系列、政策性出口信用保险服务等方面支持企业"走出去"，大力拓展经济国际化的发展空间。（见图 10-6、表 10-9）

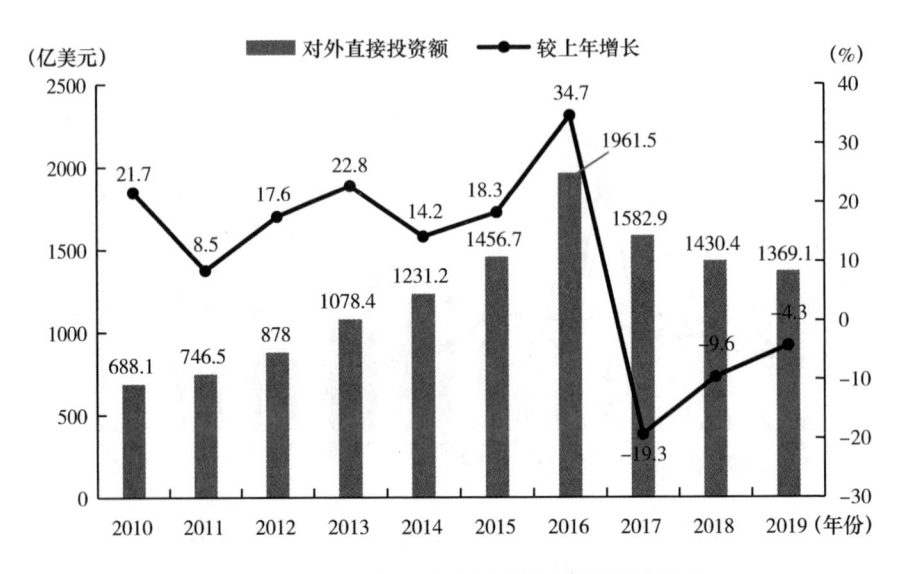

图 10-6　2010—2019 年中国对外直接投资额变化

资料来源：商务部《中国对外投资合作发展报告 2020》。

表 10-9　2010—2019 年中国对外直接投资流量全球排名变化

年份	对外直接投资流量（亿美元）	全球占比（%）	全球排名
2010	688.1	4.9	5
2011	746.5	4.8	6
2012	878	6.4	3
2013	1078.4	7.8	3
2014	1231.2	9.0	3
2015	1456.7	8.5	2
2016	1961.5	12.7	2
2017	1582.9	9.9	3
2018	1430.4	14.5	2
2019	1369.1	10.4	2

2014 年，商务部新修订的《境外投资管理办法》（以下简称《办法》）正式实施。按照该《办法》，自 10 月 6 日起，除了一些敏感国家和一些敏感行业的对外投资需政府来核准外，中国企业境外投资 98% 的内容不再审批，只需备案。境外投资

管理新政提高了广州企业境外投资便利化水平。

2015年,广州市出台了《广州市支持外经贸发展专项资金管理办法》,明确外经贸发展资金将用于鼓励企业"走出去"、发展外贸新业态等领域;提出推动广州各种所有制经济实体开展境外投资,开展境外农、林和渔业合作,对外承包工程和对外劳务合作等。自"一带一路"倡议提出以来,广州借此契机,积极推动外向型经济发展。

一 广州企业对外投资联系

(一) 对外投资联系变化趋势

从广州企业对外投资联系的变化趋势来看,2009—2016年,广州的对外投资企业数量和投资额均保持持续增长的态势,并且增速在不断加快。2016年,广州新增对外投资企业/机构数量达到263家,对外投资额也实现创历史的52.83亿美元。2017年,在政府加大限制资本外流的力度,以及以美国为主的西方国家加大对中国企业收购其本国企业的限制的情况下,广州新增对外投资企业/机构数量和投资额均有所下滑,2017年这两项数据分别只有149家和25.97亿美元,对外投资额较2016年减少了一半。但2017年后,广州新增对外投资企业数量和对外投资金额均恢复了增长(见图10-7)。

(二) 对外投资联系的属性特征

从广州经济"走出去"的投资主体构成来看,私营企业在其中占主体,2019年,广州"走出去"的170家私营企业境外投资额达到11.48亿美元,占广州对外投资总额的62.65%,是广州经济"走出去"的绝对主力。此外,国有企业中也有11家"走出去",占广州"走出去"企业数量的5.79%,但从投资额来看,这11家国有企业对外投资额占投资总额的比重达到28.61%。这表明,当前广州"走出去"的企业中,规模大、实

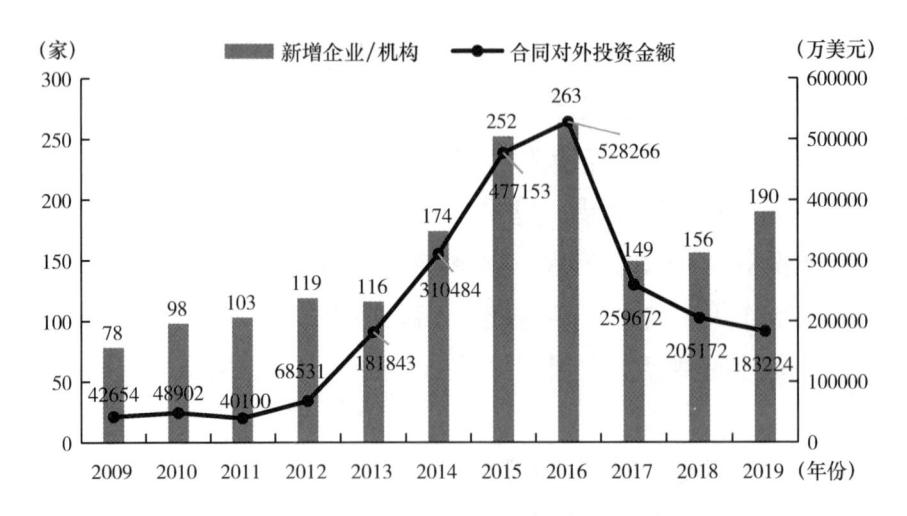

图 10-7　2009—2019 年广州企业对外投资情况

资料来源：根据历年《广州统计年鉴》整理。

力强的国有企业占比在逐渐降低，而规模小、灵活度更高的中小企业正成为广州"走出去"经济联系的主力军。此外，广州还有 9 家外资企业开展了对外投资，投资额也达到 1.6 亿元（见表 10-10）。

表 10-10　2019 年广州境外企业情况

项目	分项	企业数（个）	中方投资额（万美元）	投资额占比（%）
按投资企业类型分	国有企业	11	52412.38	28.61
	私营企业	170	114787.01	62.65
	外资企业	9	16024.82	8.75
按国民经济行业分	农、林、牧、渔业	5	16994.57	9.28
	制造业	32	48015.74	26.21
	建筑业	4	644.47	0.35
	批发和零售业	58	29103.16	15.88
	交通运输、仓储和邮政业	6	858.12	0.47
	信息传输、软件和信息技术服务业	40	54394.79	29.69
	房地产业	2	-4880.00	-2.66

续表

项目	分项	企业数（个）	中方投资额（万美元）	投资额占比（%）
按国民经济行业分	租赁和商务服务业	18	33829.44	18.46
	科学研究和技术服务业	21	3902.71	2.13
	水利、环境和公共设施管理业	1	100.00	0.05
	居民服务、修理和其他服务业	2	6.40	0.00
	卫生和社会工作	1	254.80	0.14
总计		190	183224.21	100

资料来源：《广州统计年鉴（2020）》。

（三）对外投资联系的行业特征

从广州"走出去"企业的行业分布来看，信息传输、软件和信息技术服务业与制造业等广州传统优势行业仍然是广州经济"走出去"的最重要组成部分，这两项的对外投资额分别达到5.44亿美元和4.8亿美元，占比分别达到29.69%和26.21%，占据了广州对外投资的半壁江山。此外，租赁和商务服务业以及批发和零售业的占比也分别达到18.46%和15.88%。可见，当前服务业已经构成了广州外向型经济联系的主体，并且高端的信息服务和商务服务在其中扮演日益重要的角色。近年来，广州的房地产对外投资在逐渐萎缩。2019年，仅有两家房地产公司开展了对外投资，并且投资额在不断减少，2019年仅为-4880万美元。值得注意的是，虽然金融业已成为广州经济发展的重要组成部分，并且根据前文分析，金融联系也构成了广州对外商务服务经济联系的最重要组成部分，但当前广州金融机构"走出去"拓展全球联系的能力还较弱。截至2019年底，尚未有广州的金融机构开展境外投资，这也进一步印证了广州本土金融机构在规模实力和国际化程度方面的短板。

（四）对外和对香港投资联系的国家/地区特征

从投资的国别/地区分布来看，2019年广州"走出去"的

190家企业共在47个国家和地区开展投资。其中,共有87家广州企业在中国香港地区投资,占所有190家境外投资企业的45.79%,对外投资额5.787亿美元,占总投资额的31.58%,显示了香港在吸引广州企业境外投资中的绝对主导地位。美国作为中资企业境外投资最重要的目的地之一,也吸引了22家广州企业的投资,在所有国家和地区中仅次于香港,排在第2位,占广州境外投资企业总数的11.58%;但在投资额方面,2019年广州企业在美投资额为4934.48万美元,仅占总投资额的2.69%。与之形成对比的是,广州企业在开曼群岛、中国澳门、芬兰以及老挝投资的都仅有1家企业,但在这4个国家和地区的投资额都超过了1.5亿美元,是美国的3倍以上,在越南投资的5家企业投资额也达到1.5亿美元,同样高于美国。此外,广州企业在荷兰、瑞士、菲律宾、泰国、日本、新加坡、埃及以及印度尼西亚等国的投资也都超过了1000万美元。(见表10-11)

表10-11　2019年广州企业境外投资的国家/地区分布

投资国家/地区	投资企业数(个)	投资企业数量占比(%)	投资额(万美元)	投资额占比(%)
中国香港	87	45.79	57870.06	31.58
美国	22	11.58	4934.48	2.69
日本	8	4.21	1663.18	0.91
泰国	7	3.68	2495.90	1.36
新加坡	6	3.16	1560.43	0.85
越南	5	2.63	15105.00	8.24
澳大利亚	4	2.11	206.73	0.11
柬埔寨	3	1.58	800.00	0.44
印度尼西亚	3	1.58	1488.00	0.81

续表

投资国家/地区	投资企业数（个）	投资企业数量占比（%）	投资额（万美元）	投资额占比（%）
马来西亚	3	1.58	227.94	0.12
韩国	3	1.58	49.80	0.03
印度	3	1.58	411.27	0.22
菲律宾	2	1.05	3039.80	1.66
俄罗斯	2	1.05	235.00	0.13
尼日利亚	2	1.05	210.00	0.11
德国	2	1.05	161.59	0.09
意大利	2	1.05	544.26	0.30
瑞士	2	1.05	3407.19	1.86
加拿大	1	0.53	0.00	0.00
开曼群岛	1	0.53	27277.42	14.89
新西兰	1	0.53	500.00	0.27
缅甸	1	0.53	0.00	0.00
老挝	1	0.53	16240.00	8.86
拉脱维亚	1	0.53	27.12	0.01
波兰	1	0.53	335.00	0.18
莫桑比克	1	0.53	282.00	0.15
塞舌尔	1	0.53	50.00	0.03
乌干达	1	0.53	100.00	0.05
埃及	1	0.53	1540.00	0.84
中国澳门	1	0.53	18335.16	10.01
中国台湾	1	0.53	21.50	0.01
尼泊尔	1	0.53	90.00	0.05
巴基斯坦	1	0.53	148.00	0.08
土耳其	1	0.53	300.00	0.16
英国	1	0.53	200.00	0.11
爱尔兰	1	0.53	213.71	0.12

续表

投资国家/地区	投资企业数（个）	投资企业数量占比（%）	投资额（万美元）	投资额占比（%）
丹麦	1	0.53	168.62	0.09
法国	1	0.53	66.00	0.04
芬兰	1	0.53	17500.00	9.55
瑞典	1	0.53	11.37	0.01
沙特阿拉伯	1	0.53	26.67	0.01
以色列	1	0.53	27.80	0.02
秘鲁	0	0.00	400.00	0.22
荷兰	0	0.00	4391.76	2.40
爱沙尼亚	0	0.00	961.45	0.52
加纳	0	0.00	100.00	0.05
肯尼亚	0	0.00	-500.00	-0.27

资料来源：《广州统计年鉴（2020）》。

（五）对外投资联系的区域特征

从广州企业境外投资的区域分布来看，中国港澳台地区毫无疑问是广州企业"走出去"的首选目的地。共有89家广州企业在港澳台地区投资，投资额达到7.62亿美元，企业平均投资额为856.93万美元。在东南亚地区投资的广州企业也达到31家，投资额实现4.1亿美元，企业平均投资额达到1321.19万美元，平均值是港澳台地区的1.5倍。北美和西欧、北欧地区的投资企业分别为24家和13家，投资额分别实现3.22亿美元和2.7亿美元，企业平均投资额为1706.54万美元和2074.15万美元。

以上四个区域构成了广州企业境外投资的最重要目标区域，从投资企业数量、总投资额和企业平均投资额的对比来看，在北美和西欧、北欧地区投资的广州企业虽然数量相对较少,但企业的规模和质量更高;而在港澳台和东南亚地区投资的广州企业虽然数量更多,但企业规模相对较小。这一定程度上与企业对外投资的风险选择有关,即规模更小的企业更倾向于选择空间距离和文化距离较近的企业,以尽量降低企业境外投资的风险;而规模较大的企业在境外投资的过程中风险控制力和承受力也更强,因此也更倾向于选择空间和文化距离更远,但投资效益更高的地区进行投资。(见图10-8)

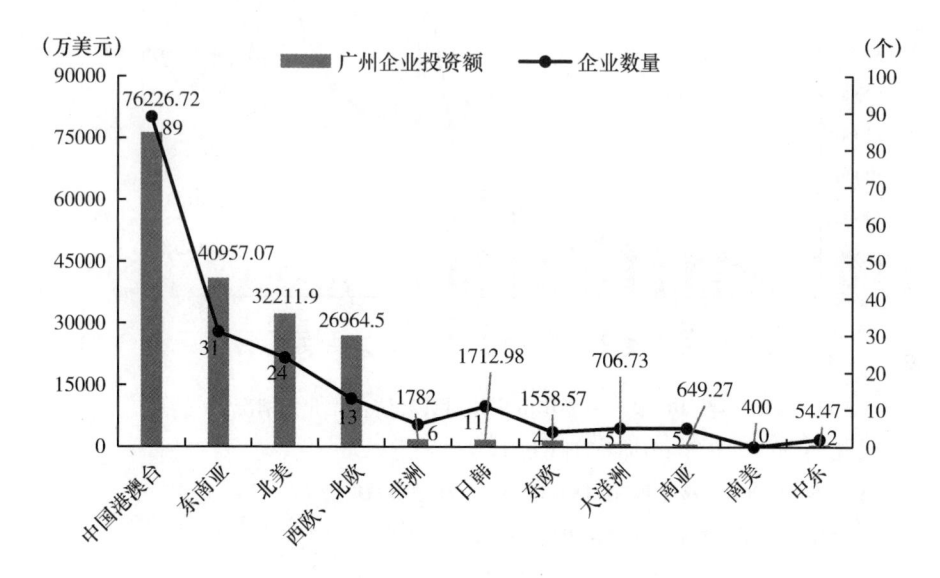

图10-8 广州企业境外投资的全球区域分布

资料来源:《广州统计年鉴(2020)》。

二 广州对外经济合作联系

从广州的对外经济合作联系变化来看,20世纪80年代中期以来,广州对外经济合作的各项经济指标都有了显著的提高。对外合作合同签署方面,2010年新签合同数量为47416个,较1985年的201个增长了234.9倍,年均增长900%。合同额方面,2010年达到81878万美元,较1985年提高了432

倍，年均增长 1662%。2010 年以后，各年份合同额波动较大，其中 2015 年达到最高的 90214 万美元，到 2019 年，对外合作的合同额为 58946 万美元，较 1985 年也增长了 310 倍。（见图 10-9）

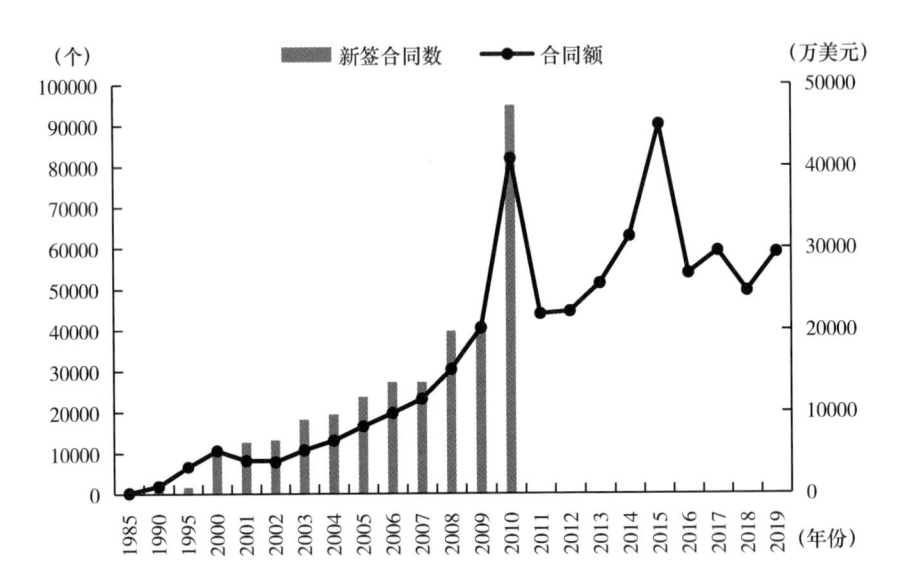

图 10-9　主要年份广州对外经济合作业务情况

注：1. 2011 年开始取消新签合同数统计。
2. 本表中 2017—2019 年的数据为对外劳务合作业务数据。
资料来源：广州统计年鉴（2020）。

对外合作派遣的人员方面，1985 年，广州对外派遣的劳务人员只有 113 人次，但到 2019 年，这一数字增长到 21432 人次，较 1985 年增长了 189 倍，并且每年派遣的人数在加速增长，2017 年后增长尤为显著。1985—2019 年，年末在外人数的增长也呈现出与年度派遣人数变化较为相似的特征，即在持续增长中增速不断加快。（见图 10-10）

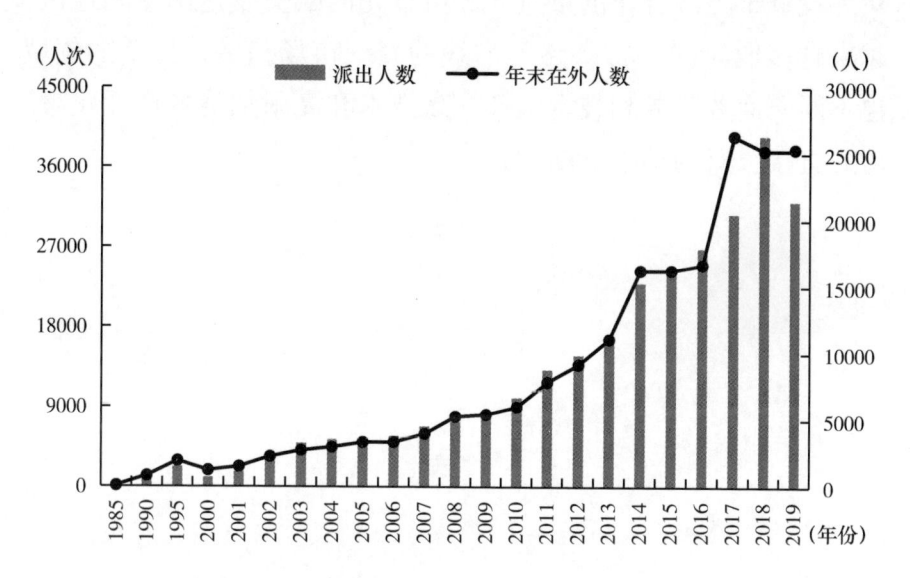

图10-10　主要年份广州对外经济合作派遣人员情况

注：1. 2011年开始取消新签合同数统计；

2. 本表中2017—2019年的数据为对外劳务合作业务数据。

资料来源：《广州统计年鉴（2020）》。

第四节　小结

改革开放以来，中国经济不断"走出去"，特别是党的十八大以来，国家对于本土企业"走出去"的支持力度不断加大，中国企业"走出去"的步伐也不断加快。尽管近年来，由于全球范围内经济发展的不稳定性以及国际投资环境的动荡，造成中国对外直接投资和经济合作出现一些波动，甚至短暂性下滑，但相对于全球其他国家和地区，中国经济"走出去"的速度和规模仍然位居全球前列。

在国家经济不断"走出去"的大背景下，广州作为中国对外开放的排头兵，其本土企业"走出去"的步伐也在不断加快，对外投资于经济合作的重点区域由早先的欧美发达国家和地区，越来越多地向"一带一路"沿线的新兴市场拓展，投资的领域也不断向商务服务和技术服务等高技术和高附加值的产业集聚，对外直接投资的结构不断优化。

第十一章 广州提升全球联系度的对策建议

通过理论和发展历程回顾以及实证分析，可以发现，广州的全球化与全球联系发展早，在国内乃至全球都拥有突出地位，特别是在经济联系和基础设施联系方面尤为突出，在拓展全球联系方面拥有坚实的基础和深厚的历史文化底蕴。随着广州全球化水平的不断提升，广州全球联系的拓展逐渐由以前的"引进来"转变为"走出去"，主动拓展全球联系网络，全球联系的内涵也由早期的经济、基础设施等"硬"联系拓展到社会、人文、政治、创新等"软"联系，全球联系的综合实力不断增强。但与此同时，广州当前的全球联系也存在一定的不足和问题，如全球联系的综合实力还有待进一步提升，全球联系的广度有待拓展。同时，在传统的经济和贸易全球联系等优势领域也可进一步强化。为进一步提升广州的全球联系度，本章提出以下五个方面的对策建议。

第一节 提升外向型企业的全球联系水平

一 进一步支持企业"走出去"

（一）建立风险防控机制

依托国家重大国别或地区风险评估和预警机制，引导企业强化境外投资前期风险分析和论证，提高决策的科学性。积极融入国家救援响应机制，完善境外投资突发事件应急处置预案，维护"走出去"企业合法权益。健全财产、人身安全保障机制，支持保险机构为对外投资企业提供国别、项目风险咨询和保险服务，鼓励"走出去"企业为出国外派人员购买人身意外伤害保险。加强境外企业经营投资监测，探索建立境外企业经营信息的收集、发布和共享机制。

（二）完善信息服务机制

加强对企业"走出去"的政策引导和指导，及时发布国家、省、市促进企业"走出去"的相关政策，编制"一带一路"重点国家国别投资指南，发布重点国家和地区的投资环境、产业政策、税收政策、招商项目及文化宗教等信息，促进项目落地。加强与驻外使领馆、华商社团、外国商会的交流合作，进一步完善企业开拓国际市场"互联网+"信息服务机制。

（三）健全中介服务机制

加快培育面向境外投资和跨国经营的中介服务机构，鼓励行业协会、中介机构和企业联盟为企业提供知识产权保护、国际专利申请、境外法律、国别风险、信用咨询、标准制定、检测认证、人员培训等服务，建立市场化、社会化、国际化的中介服务体系。支持行业协会和中介机构与沿线各国贸易投资促进机构、行业协会开展交流合作，建立健全合作机制。鼓励和支持成立境外企业商（协）会，加强行业自律，引导境外投资合作有序发展。

（四）优化政务服务机制

深化境外投资审批制度改革，进一步简化境外投资企业核准、备案程序，推进境外投资便利化。建立健全口岸大通关机制，对开展"一带一路"项目洽谈等因公出国（境）手续予以优先办理等，推进出入境和通关便利化。积极探索"互联网+

政务服务"新模式,推进网上办理、网上审批,实现线上线下同步办理。

二 提升对境外跨国企业的吸引力

(一)进一步扩大开放领域

全面实行外商投资准入前国民待遇加负面清单管理制度,深入实施外商投资企业设立及变更备案管理,确保备案管理后企业办事各环节畅通,提升企业登记环节的便利性和服务效率。积极落实国家大幅度放宽市场准入和放宽外资股比限制等政策,加快汽车行业对外开放,以花都、增城、黄埔、南沙等汽车产业集聚区为依托,引入世界知名外资企业独资、控股建设新能源企业研发中心及整车生产项目。支持航空产业对外合作开放,吸引机载系统和关键零部件外资项目落地,支持外资落地发展飞机整机维修和部辅件维修业务。支持外资发展高端船舶制造、船舶设计研发等产业链高端环节。积极稳妥扩大金融业对外开放,取消银行和金融资产管理公司的外资持股比例限制,允许外国银行在广州同时设立分行和支行,支持商业银行在广州发起设立不设外资持续比例上限的金融资产投资公司和理财公司;支持在广州设立外资控股证券公司、基金公司、期货公司,允许其从事经济、咨询等。

(二)加大引进外资力度

制定实施更有竞争力的利用外资政策措施,支持外资广泛参与"广州制造2025""广州服务创新2025"和创新驱动发展战略。积极引导外资投向信息技术、人工智能、生物医药、新能源、新材料、科技研发、邮轮游艇旅游、育幼养老、建筑设计、会计审计、商贸物流、金融保险、电子商务等重点领域。鼓励跨国公司在广州设立地区总部和采购中心、营运中心、结算中心等功能性机构,支持外资投资企业在广州设立研发机构和开展研发活动，对新引进符合条件的外资跨国公司总部企业连续 3 年每年给予财政补贴。

（三）创新和丰富利用外资方式

鼓励外商通过合资合作、并购重组、增资扩股和利润再投资等形式加大对广州市的投资力度，鼓励外国投资者在不涉及准入特别管理措施的充分竞争性领域以备案形式开展外资并购，简化并购企业手续。

（四）提升存量外资质量

鼓励现有外商投资企业主动加快转型升级，引导现有外商投资企业增加研发、销售、总部等职能，鼓励企业从制造环节向服务延伸，加强对产业链前端设计企业的培育和扶持，鼓励本土企业与跨国公司构建战略联盟，探索外资企业和本土企业融合发展机制。

（五）优化外商投资服务

支持属于《外商投资产业指导目录（2017 年修订）》鼓励类范围的外商投资项目按规定向海关申请办理减免税，加快培育招商引资中介机构，依法依规严格保护外商投资企业知识产权，协调解决外资企业在准入手续、投产开工、增资扩股过程中遇到的困难和问题。

第二节　强化国际商贸中心功能

一　创新与完善国际贸易功能

（一）加快培育贸易新业态新模式

加快货物贸易优化升级，支持企业参加广交会和其他境内外品牌展览，扶持自主知识产权、自主品牌、自主营销和高技术含量、高附加值、高效益产品拓展国际市场，深入推进市场采购贸易方式试点，加快引导专业市场内外贸一体化发展，推进跨境电商综合试验区建设，探索将广州空港经济区建设成为中国跨境电商枢纽港，提出功能定位、实施方案等，上报国家有关部委争取支持并推进实施。积极争取复制推广杭州跨境电商综试区零售出口"免征不退"政策和出口企业采购成本税前扣除政策，推动政策落地。推动服务贸易创新发展，探索建立服务贸易负面清单。积极争取中央和省相关部门的支持，重点推动银行业对外开放、来华就医签证制度和144小时过境免签政策等工作。

（二）促进进出口平衡发展

出台广州市扩大进口促进贸易平衡政策措施，扩大先进技术和设备、关键零配件和资源性产品进口。积极支持融资租赁企业开展单机、单船和设备进口融资租赁业务。支持在南沙开展经营性租赁收取外币租金试点。发挥花都区绿色金融的政策优势及南沙金融改革创新政策优势，推动飞机租赁企业落户空港区和南沙区。开展毛坯钻石保税交易、保税展示等新业态，争取将广州钻石交易中心、广东珠宝玉石交易中心升级为国家级交易平台。深入推进汽车平行进口试点，建立平行进口汽车试点，建立平行进口汽车试点企业动态调整机制，引进优质汽车品牌服务商，扩大汽车进口集聚效应。依托广州市的枢纽优势和优良的商贸流通基础，引导企业稳定和扩大钢材、石油、塑料、煤炭、天然气等大宗商品、资源性产品等重要物资进口和适应消费升级需要的优质产品进口，促进进口大宗商品、消费品在广州市展示、仓储、转运、集散、分拨、分销。推动高端绿色进口再制造和全球检测维修业务发展，争取在南沙自贸试验区和广州开发区开展境外汽车维修复出口项目试点业务，争取相关企业成为商务部、海关总署入口境外汽车维修复出口试点企业资格；争取广州市作为全国二手车出口试点区域开展新业态运营，推动广州市汽车产业链延伸。

（三）推动贸易便利化

持续有序推进国际贸易"单一窗口"建设，加大"单一窗口"推广应用力度，深化"三互"大通关改革，优化特殊监管区功能，推动内外贸一体化试点政策加快落地，打造自贸区进出口商品质量监管国际化规则示范区，建立全球商品质量溯源中心，规范进出口环节收费，切实减少企业进出口环节成本。

（四）探索建设自由贸易港

研究提出具有广州特色的自由贸易港建设工作方案，争取设立广州自由贸易港，率先探索服务贸易开放、货物贸易监管、金融开放创新等政策措施，探索实施更高标准的"一线放开、二线安全高效管住"贸易监管制度，加快国际中转和离岸贸易发展，打造具有全球影响力的商品集散分拨中心。

二　建设国际消费中心城市

（一）进一步优化城市消费环境

1. 提升和完善城市商业及配套设施

借鉴纽约、巴黎、伦敦、米兰等全球知名国际消费中心的经验，进一步提升完善城市商业设施的设置，在城市规划中更多考虑商业网点的设置与交通路网和地铁站点规划、观光旅游设施规划、餐饮服务场所规划等的契合度，同时加强商业配套设施的配置，包括观光电梯、银行网点、外币兑换点、带外文标识的商业设施等硬件设施，以及提升商业从业人员的外语服务水平等软件服务，提升商业场所消费的综合体验。

2. 加强诚信消费环境建设

以《广州市建立完善守信联合激励和失信联合惩戒机制实施方案》的颁布为契机，加强诚信化商业环境建设，加强对失信商家的惩戒和对诚信商家的奖励和宣传，进一步完善"守信激励红名单"和"失信惩戒黑名单"的退出方式，加强信用修复、异议申诉和处理、个人隐私和信息安全保护。加强政府在诚信化商业环境建设中的组织领导、宣传教育和监督检查。

（二）加快培育新的商业业态和鼓励发展新的商业模式

把握"新零售"的发展契机，引导传统零售业利用大数据分析、线上线下结合、个人定制等方式，为消费者提供更加个性化的服务和更好的消费体验。结合最新的数字化和信息化技术，加强服务产品的数字化转化，提升信息和数字产品的供给能力。利用5G技术的发展，加强新的商业模式的开发。进一步支持本地电商的发展和壮大，加快推进琶洲电子商务集聚区的发展，引导和支持高端和品牌电商的空间集聚，打造世界级的电子商务和互联网品牌集聚区。

（三）推动城市重点商圈品牌化、国际化发展

推进大型商业网点建设和升级。加强北京路、天河路、上下九步行街等的升级改造，高标准打造国家级高品质步行街。

丰富消费业态，引导各消费街区精品化、特色化发展，加快推动专业批发市场转型升级，推动实体商贸创新发展，建设国家级电子商务示范城市，完善现货、大宗商品及金融期货等现代市场体系建设。

三　建设国际会展之都

（一）加快完善会展行业管理及引导促进政策体系

争取尽快成立市会展业改革发展工作领导小组，统筹全市会展业规划、协调、指导等工作。尽快制定会展总体规划和会展经济发展工作方案，加快会展公共服务平台建设，探索构建会展行业诚信体系。

（二）全力推进会展场馆和配套建设

争取尽快成立市会展业改革发展工作领导小组，统筹全市会展业规划、协调、指导等工作。尽快制定会展总体规划和会

展经济发展工作方案，加快会展公共服务平台建设，探索构建会展行业诚信体系。

（三）全力推进重点展会引进工作

加快广交会展馆第四期项目建设，推动在广州北部地区建设现代化会展综合体，形成以琶洲地区为主体、南北双引擎的会展新格局，建设具有国际影响力的会展之都。有序推进琶洲互联网创新集聚区和会展物流轮候区 PPP 项目建设，完善琶洲地区物流、商贸服务功能。会同国土与规划、发改等部门，探索高标准规划琶洲南区建设，打造以国际会议中心和大型电影节、文化产业等服务展示交易中心为主要功能的片区，将琶洲地区建设成为国际一流的会展集聚区。

（四）全力推进重点会展引进工作

加快推进申办 2030 年世博会可行性研究，会同相关部门明确主题、园区规划、资金保障等关键要素。主动对接省相关部门，推动广东"'21 世纪海上丝绸之路'国际博览会"升格为国家级展会，并落户广州。继续推动柏林展览集团"中国广州电子消费品及家电品牌展"、荷兰阿姆斯特丹 RAI 公司"亚洲再制造展"项目落户广州市。会同外贸中心加快制定和实施国际大展招展工作方案，积极引进欧洲顶尖办展机构的展会项目。

第三节　着力提升全球高端生产性服务联系

一　行业发展策略：扩大优势、强化中游、补齐短板

核心的全球城市一般是"综合发展型城市"，即各个行业的发展水平和全球化程度都较高，无明显的短板。广州当前全球高端生产性服务网络联系的行业分布很不均衡，其中金融服务发挥了最重要的贡献，并远超其他行业；广告和会计行业的全球化发展属于中等水平；管理咨询和法律服务的全球化尚处较

低水平。未来应根据各高端生产性服务行业的发展水平,有针对性地制定政策助力行业发展,推动广州在全球经济网络中地位的进一步提升。

(一) 扩大金融全球联系的优势

1. 培育具有国际影响力的金融机构

积极培育和引进金融机构总部或者区域总部,争取在银行、证券、保险、公募基金、私募基金、信托、融资租赁等金融市场主体中数量和实力再上一个新台阶。加快培育一批具有龙头带动效应的法人金融机构,大力提升广州金融机构发展能级。支持金融机构和大型企业集团逐步发展成为具有重要影响力的金融控股集团。大力发展新型金融机构(组织),引进和设立金融租赁公司、财务公司、消费金融公司、融资租赁公司、商业保理公司等机构,加快金融创新步伐。依托具有国际影响力的金融机构,推动广州发展成区域风险投资中心、创业投资中心、银行保险中心、期货交易中心、金融支付结算中心、产权交易中心、商品期货中心和金融文化资讯中心等,加快提升广州金融的国际影响力。

2. 建设具有国际影响力的金融功能和交易平台

以国际化视野升级建设广州国际金融城、花都绿色金融改革创新试验区、广州金融创新服务区、南沙国际金融岛、南沙现代金融服务区、广州中小微企业金融服务区、广州民间金融街、金融特色小镇等金融发展核心功能区,增强金融集聚能力。增强广州股权交易中心、广州金融资产交易中心、广州碳排放权交易所、广州航运交易所、广州知识产权交易所等交易平台影响力,加快申请建设创新型期货交易所,积极发展多层次资本市场,丰富金融类别,不断提升广州金融市场对全球经济资源的调控配置能力。

3. 加快构建粤港澳大湾区金融枢纽

积极参与构建珠三角金融改革创新综合试验区，按照"现代化、多样化、差异化、国际化"的发展方向，着力发展贸易金融、科技金融、绿色金融、文化金融、航运金融、养老金融、风投创投、互联网金融等特色金融业和新兴金融业态，携手香港和深圳共同构建媲美纽约和伦敦的粤港澳大湾区金融枢纽，打造全球金融第三极，增强对全球金融市场的影响能力。大力推进穗港金融合作，积极推进人民币跨境结算、跨境调拨基础设施建设。鼓励穗港金融机构互设，支持港资银行、驻穗分行设立异地支行，支持香港与内地证券公司在穗设立合资证券投资咨询公司，鼓励港澳保险代理公司在穗设立独资公司或合资公司。支持穗港澳金融同业加强交往与合作。依托南沙自贸区创新设立服务两地的新型金融机构，开展航运金融、离岸金融业务创新。强化穗深金融合作，推动广州、深圳金融基础设施互联互通，建立高效的一体化金融基础设施网络，加强两地金融产业分工布局与两地金融的交融性和专业互补，实现错位发展、各有所长。

（二）大力发展涉外法律服务业

1. 强化涉外法律人才储备和培养

建立并更新广州涉外律师人才库、港澳专家律师库和境外专家律师库，加强对现有涉外法律人才资源的整合。在涉外案件或项目中推荐更多的涉外律师人才参与有关案件或项目的工作，在实践中锻炼能力积累经验。积极开展律师事务所聘请外籍律师担任法律顾问试点工作。

推进广东涉外律师学院建设，建立协同联动机制，将其打造成为立足广州、辐射大湾区、影响全国的涉外法治人才培养高地。完善与境内外高等院校和知名培训机构合作机制，加大涉外法律人才培养力度。选派涉外律师赴海外知名高等院校、培训机构、律师事务所开展涉外法律培训与实习。

2. 加强国际涉外法律业务交流与协作

加强与港澳及外国律师事务所建立合作关系，鼓励广州律师积极参与"一带一路"律师联盟（BRILA）、国际律师协会（IBA）、国际律师联盟（UIA）、环太平洋律师协会（IPBA）等国际律师组织的活动并在其中发挥重要作用。

在 CEPA 框架下，建立区际律师事务所平行合作机制，加强广州与港澳律师行业协会互联互通，推动跨法域基本法律知识的学习与培训，通过构建联盟、设立分所等多种方式切实推进三地律师合作与交流。推动建立律师参与三地律师协会组织的学习培训成果互认机制，相互为各地律师提供培训交流的参与机会和执业便利。加强粤港澳联营律师事务所建设，推动放宽联营所市场服务业务范围，提升联营事务所市场占有率和发展活力。

3. 推进支持港澳律师大湾区内地九市执业试点工作

配合落实《香港法律执业者和澳门执业律师在粤港澳大湾区内地九市取得内地执业资质和从事律师职业试点办法》，出台有关支持措施，吸引获得大湾区内地九市执业资格的港澳律师到广州执业并为其提供保障，促进大湾区三地律师融合发展，推动大湾区法治建设。

4. 鼓励律师事务所"走出去"

通过采取牵线搭桥、重点推介等措施，为律师事务所在境外设立分支机构创造条件。充分运用、依托企业建设运营的境外产业园区、海外商会、海外投资项目等平台，鼓励律师事务所和律师主动对接"走出去"企业，促进需求对接，实现法律服务"走出去"，为企业保驾护航。

5. 积极服务政府涉外项目

加大开发涉外法律服务产品力度，为政府采购项目提供优质的法律服务，促成在国际贸易、建设工程、外包服务、国有大型企业境外投融资等项目中发挥法律服务机构的作用，降低涉外项目法律风险，增强涉外法治保障，实现防范境外国有资产流失与促进境外国有资产拓展双赢局面。

6. 加强广州国际商贸法律服务中心建设

加强中心品牌形象建设，丰富中心与政府部门、外国商会以及相关行业协会间的交流协作活动，强化中心在涉外法律业务承接和分配、涉外法律专业培训等方面的平台功能，提升广州律师的涉外综合法律服务水平。

7. 加强广州国际商贸商事调解中心建设

开展商事调解培训，培养高素质的调解员队伍；整合律师和社会其他专业人士积极开展商事调解工作，打造多元化争议解决平台；推动中心与广州各级法院诉调对接，推进调解协议司法确认工作；加强与港澳和境外商事调解机构的合作与交流，逐步实现调解员互认，探索联合调解机制，积极参与打造国际争议解决之都。

8. 推动"一带一路"律师联盟广州中心建设

加快推进联盟广州中心运作，充分利用广州与海上丝绸之路共建国家和地区的密切经贸联系，积极发展联盟会员，建立常态化沟通协调机制；加强对各国各地区法律研究，建立域外法查明知识数据库，为"一带一路"建设各方参与主体及其国际经济交往活动提供法律服务支持，推动"一带一路"区域经贸规则不断完善；发挥优质法律服务资源的协同效应，进一步推动涉外法律服务发展，将广州建设成为国际化商事法律服务高地。

二 错位发展，增强与粤港澳大湾区城市的协作

发挥香港在会计审计、法律、管理咨询等专业服务方面的

优势，吸引更多港澳有实力的高端生产性服务企业来广州设立分支机构。共建专业服务机构，重点加强法律事务合作，在现有的港澳律师事务所与广州律师事务所联营政策的基础上，研究进一步放宽联营所的业务范围，并完善针对联营所的税收政策，加深穗港澳律师事务所的进一步合作。加快推进广州创新型期货交易市场的建设工作。加快推进粤港澳大湾区商业银行筹建工作，并支持其建设成具有全球竞争力的大型国际银行。

三 实施差异化的全球联系空间拓展策略

（一）以"一带一路"为全球联系拓展的重点区域

当前欧美等发达国家的市场已基本被老牌欧美高端生产性服务企业占领，高端生产性服务市场也趋于饱和，广州本土新兴的跨国高端生产性服务企业很难进入。但在以"一带一路"沿线为主的众多欠发达国家和新兴经济体中，高端生产性服务市场的潜力仍较大；并且，这些地区也是吸引中资企业投资的重要区域，国内企业"走出去"，也亟须国内的高端生产性服务企业为其提供金融和专业知识服务。因此，广州应抓住"一带一路"建设的契机，鼓励和支持广发银行等广州本土大型金融机构和高端生产性服务企业向以"一带一路"沿线城市为重点的海外市场扩张。

（二）增强与欧美城市间的联系

重点向新兴市场扩张的同时，对于欧美国家的一些重点城市，特别是与纽约和伦敦等全球枢纽城市，也应加强与其之间的联系。一方面，这些城市作为全球资源配置和交换的核心，是企业全球化扩张必须占据的战略要地；另一方面，在未来招商引资工作中加大对世界500强中的专业服务企业，以及各专业服务行业中的龙头企业的引进力度，特别是法律、管理咨询等广州当前发展尚存在显著差距的行业。而这些行业正是英、美等发达国家的传统优势行业。在此过程中，重点关注那些在全球范围内和国内都拥有广泛的分支机构网络，但在广州仍未布局的企业。通过接触这些企业并吸引其来广州开设分支机构，无疑能推动广州更加深刻地融入到全球知识网络中来，从而从根本上提升广州的全球联系度。

四　建立高端生产性服务经济发展监测机制

（一）开展广州高端生产性服务经济全球联系的监测工作

建立在广州和其他主要城市设立分支机构的重点高端生产性服务企业的信息数据库，动态监测其在穗机构的变动情况。其中管理咨询、律师服务和会计服务等广州当前发展水平低于预期，但未来发展潜力较大的行业，可以纳入重点观测的对象行列。

（二）对广州高端生产性服务经济发展状况进行评估

对广州高端生产性服务产业和市场的发展情况、高端生产性服务企业的迁入或迁出、扩张或萎缩进行重点研究，并就这些变化对广州城市外部联系的影响进行系统评价。重点支持在境外拥有分支机构企业的发展，企业外部分支网络的扩张可以使广州更多地获取其他城市的技术、人才和知识等，对于未来广州的经济发展和国际大都市建设具有不可替代的作用。

第四节　提升城市创新能力

一　加强全球创新网络枢纽建设

及时跟进并导入新一轮科技革命，打造全球创新的汇聚地和策源地，从源头增强集聚创造高端资源能力和促进"流经"的资源增值能力。以高水平创新型大学、科研院所等为主体，通过学术会议、科技论文、专利获得、人员访学、合作研究等载体推动知识流动，打造全球知识创新枢纽。借鉴美国"硅谷"等地区发展模式，以创业者为主体，建设国际性专业园区、孵化器等创新创业载体，引进培育高度全球化的风险投资、天使投资、私募股权投资等创新创业融资体系，前瞻布局一批可能引起现有投资、人才、技术、产业、规则"归零"的颠覆性技术研发，打造全球极具活力和吸引力的创新创业网络枢纽。

围绕战略性新兴产业、重大科技领域，以全球跨国公司和本土大型总部企业为主体，面向全球引进高端创新人才、高端研发机构，强化国际科技创新合作，打造全球研发产业化网络枢纽。引导和鼓励各类市场主体到美国、德国、以色列等海外高新技术产业发达地区建立高科技孵化器，并以基金方式对其中有前景的项目进行资本投资，把相关孵化成果带回省内进行转化和产业化，形成"海外孵化＋中国资本投资＋广东产业化"的一体化模式，提升对海外创新资源的配置能力。

二 构建连接国际资源市场的全球服务网络枢纽

顺应服务全球化、融合化发展趋势，大力发展支撑资源品牌增值、资源市场交易、资源配置管理等高端专业服务业，从末端推动资源价值提升和转化，实现资源最终优化配置。一是建设各类国际性大宗商品交易市场、金融证券交易市场、知识产权交易市场、高端人才市场等要素市场，为全球资源配置提供价格发现功能，促进全球资源在广州加速集散。二是发展创意、广告、营销、策划等国际高端专业服务业，为全球资源提供品牌塑造、营销设计等服务。三是举办更多的国际性高端展览会、发布会、行业峰会等，为全球资源宣传推介提供极具国际影响力的"广州舞台"。四是发展与国际标准高度对接融合的信息、决策、咨询、法律、会计等高端专业服务业，为全球资源配置提供决策管理功能。

三 加强区域创新集群建设

出台实施新一代信息技术、人工智能、生物医药和新能源、新材料等产业发展行动计划和招商计划,加快创新产业集聚,培育若干世界级创新产业集群和世界一流企业。建设国际产能和科技合作园区,成立广州国际科技交流合作促进中心,发挥驻外科技创新合作办事处作用,积极引进国际研发机构、创业投资机构、人才团队和先进技术成果,加快中新知识城、中欧合作示范园区等国际产能、科技合作园区建设。推动开发区和高新区创新管理体制机制,优化产业结构和布局,加快完善信息基础设施和提高信息化应用水平,打造创新创业服务平台,强化人才体系建设。

四 加强创新的人才保障

健全国际化人才引进制度,发挥好"中国海外人才交流大会""中国创新创业成果交易会"等重大平台作用,加快南沙国家级人才管理改革试验区、广州开发区中央海外高层次人才创新创业基地等人才创新创业平台建设。

第五节 提升城市国际交往能力

一 全力打造"国际活动聚集之都"

借助《财富》论坛举办契机打造"国际会议之都",成立专门促进机构,长远规划国际组织与会议产业发展。积极开展城市外交,充分利用加入世界大都市协会和世界城市和地方政府组织(UCLG)的契机,争取成为更多国际组织的联合主席城市,发挥积极的创新作用。

深度拓展国际友城网络,完善友城工作体系。充分运用城市首脑外访机制开展城市外交，市领导以熟练的外语与外国民众、媒体、学者进行面对面的交流互动，开展"魅力攻势"。创建"广州之友"协会。在全国、全球主要城市建立"广州之友"分支机构，使之成为提升影响、交流合作、开拓市场的大平台。研究设立国际交往发展基金，支持在广州举办更多有世界影响力的交往交流活动，专项支持国际品牌交流活动。

二 实施广州城市品牌形象塑造与传播

精心实施城市品牌形象策划，设立"广州城市品牌形象管理中心"，专门负责城市品牌形象塑造及战略执行，定期开展网上调查和宣传推介，主导制订广州品牌形象年度及系列宣传计划。统一实施"名人、名企、名节、名地、名牌"选培计划，加强对原名牌、名企培育工作的整合优化，采取问卷和网络调查形式，评选一批广州名人、名企、名节、名地和名牌，加大扶持、培育和推介力度，成功打造一批世界级景观、世界级企业、世界级名人、世界级品牌活动。着力打造高品质"地标经济"，以北京路、陈家祠、荔枝湾、广州塔、黄埔军校、海鸥岛等地标为重点，通过空间重组、业态置换和功能拓展，挖掘历史文化元素，构筑"旅游符号"体系，推动文化地标或单一商圈转型为文商旅体验式的"地标经济"。提升外国人和外籍定居者对城市形象的认同度，以常驻外籍居民为主，组建"广州魅力国际智囊团"，定期对代表广州城市文化的核心产品进行体验评测；支持将更多的地方节事活动如迎春花市、广府庙会、海丝之路等推向国际舞台，在广州举办的国际活动策划中巧妙地将本地民俗融合进去。

三 提升广州文化名城建设及国际认同度

构建激发思想创新的多元平台，加强培育思想重镇，借鉴凤凰卫视的经验，策划推出更多类似《世纪大讲堂》《寰宇大战略》等思想性强的栏目；集中全力办好纸质媒体理论版；加大力度扶持《开放时代》《南风窗》等知名刊物，鼓励出版发行英文版刊物，拓展海外传播途径；资助举办更多富有思想性的专题论坛。

率先探索对思想市场的经营，政府既要注意激发各种有益思想、理论、观点奔涌而出，激烈碰撞，又要树规立矩，防止恶俗、极端思想泛滥。宣传文化部门要注意运用市场营销手段，从主流媒体、新媒体、自媒体等全方位组织特定专题的平等论战，加强对社会舆论方向的柔性引导。

深度挖掘、彰显广州历史文化魅力，继续有序推进保护和恢复古城风貌、历史文化街区保护建设、历史建筑和工业遗产保护开发、非物质文化遗产传承发展等工作，加快实施文化名镇名村工程，大力推进"文化+"，重点实施文商旅融合发展行动计划。

加大广州文化精神的全球展示与传播力度，综合采取"故事塑造""氛围营造""活动创造"等手段，吸引全球目光，面向全球市场，展现广州"开放、包容、务实、法治"的城市精神，将广州塑造为中国最开放城市、中国最包容城市、中国最法治城市、中国最活力城市。

四 复兴"传媒之都"活力

参照北京、纽约的经验，制定引导新媒体产业发展的规划，鼓励发展网络媒体、移动媒体、自媒体等新业态。顺应产业融合发展规律和趋势，探索推进跨行业、跨媒介资产重组，加快组建融电视、电影、出版、报刊、新媒体等多种传媒形式于一体的综合性文化传媒集团。以广州日报、广州电视台为主导，借助部分社会新媒体机构的力量，加快设立媒体实验室，探索互联网时代现代传媒运作规律和生产经营模式，助力传统媒体的内容与方式创新。

争取上级政策支持，实施广州主流媒体"上星"（电视台把播出的节目上传，通过卫星转发频道，有线公司通过线路将该频道传到千家万户）、赴境外申请落地或设立分支机构，鼓励广州优质品牌节目"走出去"。向世界推出具有针对性符合国外受众认知理念的城市形象广告和旅游目的地推介，进一步提高广州国际知名度。

结合国际会议的策划与举办，努力围绕城市发展谋划设置相关议题或话题，提高重大议题设置力和新闻话题导向力，在全球传播体系中，努力创造新概念、新观点、新议题、新论述，大胆推出"广州论述""广州议题""广州模式"，更多地发出"广州声音"，讲好"广州故事"。

五 提升国际组织参与度与影响力

充分发挥广州担任世界城市和地方政府组织联合主席城市和世界大都市协会联合主席城市的作用，持续提升在国际组织中的话语权，吸引更多的城市间国际组织落户广州，打造国际组织和跨国机构聚集地。

参考文献

[1] ABRAMSON B. D., "Internet globalization indicators", *Telecommunications Policy*, Vol. 24, No. 1, 2000.

[2] ABRAMS P., *Towns and Economic Growth: Some Theories and Problems*, ABRAMS P., WRIGLEY E. A. Towns in Society, Cambridge: Cambridge University Press, 1978.

[3] AGRAWAL A., GALASSO A., OETTL A., "Roads and Innovation", *The Review of Economics and Statistics*, Vol. 99, No. 3, 2017.

[4] AGYENIM B., WANG Q., YANG T., "Cross-border M&As by Chinese Firms", *Thunderbird International Business Review*, Vol. 50, 2008.

[5] ALDEN C., DAVIES M., "A Profile of the Operations of Chinese Multinationals in Africa", *South African Journal of International Affairs*, Vol. 13, 2006.

[6] ALON I., MCINTYRE J., *Globalization of Chinese Enterprises*, New York: Palgrave Macmillan, 2008.

[7] ANDERSSON R., QUIGLEY J. M., WILHELMSSON M., "Agglomeration and the Spatial Distribution of Creativity", *Papers in Regional Science*, Vol. 84, No. 3, 2005.

[8] ASHEIM B. T., SMITH H. L., OUGHTON C., "Regional

innovation systems: Theory, empirics and policy", *Regional Studies*, Vol. 45, No. 7, 2011.

[9] BALDWIN R., *The Great Convergence*, Cambridge, MA: Harvard Belknap Press, 2016.

[10] BEAVERSTOCK J. V., SMITH R. G., TAYLOR P. J., "A Roster of World Cities", *Cities*, Vol. 16, No. 6, 1999.

[11] BEAVERSTOCK J. V., SMITH R. G., TAYLOR P. J., et al., "Globalization and World Cities: Some Measurement Methodologies", *Applied Geography*, Vol. 20, No. 1, 2000.

[12] BEAVERSTOCK J. V., SMITH R. G., TAYLOR P. J., "World-city Network: A New Metageography?", *Annals of the Association of American Geographer*, Vol. 90, No. 1, 2000.

[13] BERLIANT M., REED R. R., WANG P., "Knowledge Exchange, Matching, and Agglomeration", *Journal of Urban Economics*, Vol. 60, No. 1, 2006.

[14] BETTENCOURT L. M. A., LOBO J., STRUMSKY D., "Invention in the City: Increasing Returns to Patenting as a Scaling Function of Metropolitan Size", *Research Policy*, Vol. 36, No. 1, 2007.

[15] BIANCHI T., "With and Without Co-operation: Two Alternative Strategies in the Food-processing Industry in the Italian South", *Entrepreneurship and Regional Development*, Vol. 13, No. 2, 2001.

[16] BOURGUIGNON F., *The Globalization of Inequality*, Princeton, NJ: Princeton University Press, 2017.

[17] BRENNER N., "Beyond State-centrism? Space, Territoriality, and Geographical Scale in Globalization Studies", *Theory and Society*, Vol. 28, No. 1, 1999.

[18] BRENNER N. , "Global Cities, Global States: Global City Formation and State Territorial Restructuring in Contemporary Europe", *Review of International Political Economy*, Vol. 5, No. 1, 1998.

[19] BRENNER N. , "Global Cities, Glocal States: Global City Formation and State Territorial Restructuring in Contemporary Europe", *Review of International Political Economy*, Vol. 5, No. 1, 1998.

[20] BROWN E. , DERUDDER B. , PARNREITER C. , et al. , "World City Networks and Global Commodity Chains: Towards a World-systems' Integration", *Global Networks*, Vol. 10, No. 1, 2010.

[21] BUCKLEY P. J. , CROSS A. R. , TAN H. , et al. , "Historic and Emergent Trends in Chinese Outward Direct Investment", *Management International Review*, Vol. 48, 2008.

[22] BURGER M. J. , OORT V. F. G. , FRENKEN K. , et al. , "Networks and Economic Agglomerations: Introduction to the Special Issue", *Tijdschrift Voor Economische en Sociale Geografie*, Vol. 100, No. 2, 2009.

[23] CAMAGNI R. P. , "From City Hierarchy to City Network: Reflections about an Emerging Paradigm", LAKSHMANAN T. R. , NIJKAMP P. , *Structure and Change in the Space Economy*, Berlin: Springer-Verlag, 1993.

[24] CAO Z. , DERUDDER B. , PENG Z. , "Interaction between Different forms of Proximity in Inter-organizational Scientific Collaboration: The Case of Medical Sciences Research Network in the Yangtze River Delta Region", *Papers in Regional Science*, Vol. 98, No. 5, 2019.

[25] CARLINO G. A., CHATTERJEE S., HUNT R. M., "Urban Density and the Rate of Invention", *Journal of Urban Economics*, Vol. 61, No. 3, 2007.

[26] CASTELLS M., *The Rise of the Network Society*, Malden, MA: Blackwell Publishers, 1996.

[27] CHANDLER T., *Four Thousand Years of Urban Growth: An Historical Census*, Lewiston: St. David's University Press, 1987.

[28] COE N. M., DICKEN P., HESS M., et al., "Making Connections: Global Production Networks and World City Networks", *Global Networks*, Vol. 10, No. 1, 2010.

[29] COHEN R. B., DEAR M., SCOTT A. J., *The New International Division of Labor, Multinational Corporations and Urban Hierarchy*, London and New York: Methuen, 1981.

[30] COHEN R. B., "The New International Division of Labour, Multi-national Corporations and Urban Hierarchy", DEAR M., SCOTT A. J., *Urbanization and Urban Planning in Capitalist Society*, New York: Methuen, 1981.

[31] COOKE P., GOMEZ URANGA M., ETXEBARRIA G., "Regional Innovation Systems: Institutional and Organisational Dimensions", *Research Policy*, Vol. 26, No. 4, 1997.

[32] CUI L., JIANG F., "Ownership Decisions in Chinese Outward FDI", *Asian Business & Management*, Vol. 8, 2009.

[33] CURRID E., "New York as a Global Creative Hub: A Competitive Analysis of Four Theories on World Cities", *Economic Development Quarterly*, Vol. 20, No. 4, 2006.

[34] DANIELS P. W., *Service Industries in the World Economy*, London: Blackwell, 1993.

［35］ DENG P. , "Investing for Strategic Resources and Its Rationale: The Case of Outward FDI from Chinese Companies", *Business Horizons*, Vol. 50, 2007.

［36］ DENG P. , "Outward Investment by Chinese MNCs: Motivations and Implications", *Business Horizons*, Vol. 47, 2004.

［37］ DERUDDER B. , CAO Z. , LIU X. , et al. , "Changing connectivities of Chinese cities in the world city network, 2010 – 2016", *Chinese Geographical Science*, Vol. 28, No. 2, 2018.

［38］ DERUDDER B. , TAYLOR P. J. , HOYLER M. , et al. , "Measurement and Interpretation of Connectivity of Chinese Cities in World City Network, 2010", *Chinese Geographical Science*, Vol. 23, No. 3, 2013.

［39］ DERUDDER B. , TAYLOR P. J. , NI P. , et al. , "Pathways of Change: Shifting Connectivities in the World City Network, 2000 – 08", *Urban Studies*, Vol. 47, No. 9, 2010.

［40］ DERUDDER B. , TAYLOR P. J. , WITLOX F. , et al. , "Hierarchical Tendencies and Regional Patterns in the World City Network: A Global Urban Analysis of 234 Cities", *Regional Studies*, Vol. 37, No. 9, 2003.

［41］ DERUDDER B. , WITLOX F. , "On the Use of Inadequate Airline Data in Mappings of a Global Urban System", *Journal of Air Transport Management*, Vol. 11, No. 4, 2005.

［42］ DIJKSTRA L. , GARCILAZO E. , MCCANN P. , "The Economic Performance of European Cities and City Regions: Myths and Realities", *European Planning Studies*, Vol. 21, No. 3, 2013.

［43］ DOLOREUX D. , PORTO GOMEZ I. , "A Review of (almost) 20 Years of Regional Innovation Systems Research",

European Planning Studies, Vol. 25, No. 3, 2017.

[44] DOUGLASS M., "World City Formation on the Asia-Pacific Rim: Poverty, 'Everyday' forms of Civil Society and Environmental Management", DOUGLASS M., FRIEDMANN J., *Cities for Citizens: Planning and the Rise of Civil Society in a Global Age*, London: John Wiley, 1998.

[45] DURANTON G., OVERMAN H. G., "Testing for Localization Using Micro-Geographic Data", *The Review of Economic Studies*, Vol. 72, No. 4, 2005.

[46] DUYSTERS G., JACOB J., LEMMENS C., et al., "Internationalization and Technological Catching up of Emerging Multinationals", *Industrial and Corporate Change*, Vol. 18, 2009.

[47] ERNST D., KIM L., "Global Production Networks, Knowledge Diffusion, and Local Capability Formation", *Research Policy*, Vol. 31, No. 8, 2002.

[48] FEAGIN J. R., SMITH M., "Cities and the New International Division of Labour: An Overview", SMITH M. P., FEAGIN J. R., *The Capitalist City*, Oxford: Blackwell, 1987.

[49] FELDMAN M. P., FLORIDA R., "The Geographic Sources of Innovation: Technological Infrastructure and Product Innovation in the United States", *Annals of the Association of American Geographers*, Vol. 84, No. 2, 1994.

[50] FRIEDMANN J., "The World City Hypothesis", *Development and Change*, Vol. 17, No. 1, 1986.

[51] FRIEDMANN J., WOLFF G., "World City Formation: An Agenda for Research and Action", *International Journal of Urban and Regional Research*, Vol. 6, No. 3, 1982.

[52] FROBEL F., HEINRICHS J., KREYE O., *The New International Division of Labour: Structural Unemployment in Industrialized Countries and Industrialization in Developing Countries*, Cambridge: Cambridge University Press, 1980.

[53] GAGLIARDI L., "Does Skilled Migration Foster Innovative Performance? Evidence from British Local Areas", *Papers in Regional Science*, Vol. 94, No. 4, 2015.

[54] GAO G. Y., MURRAY J. Y., KOTABE M., et al., "A 'Strategy Tripod' Perspective on Export Behaviors", *Journal of International Business Studies*, Vol. 41, 2010.

[55] GEBRE-EGZIABHER T., "Impacts of Chinese Imports and Coping Strategies of Local Producers: The Case of Small-scale Footwear Enterprises in Ethiopia", *Journal of Modern African Studies*, Vol. 45, 2007.

[56] GEDDES P., *Cities in Evolution*, London: Williams & Norgate, 1915.

[57] GLAESER E. L., KALLAL H. D., SCHEINKMAN J. A., et al., "Growth in Cities", *Journal of Political Economy*, Vol. 100, No. 6, 1992.

[58] GLAESER E. L., KOLKO J., SAIZ J., "Consumer City", *Journal of Economic Geography*, Vol. 1, No. 1, 2001.

[59] GLOBERMAN S., SHAPIRO D., "Economic and Strategic Considerations Surrounding Chinese FDI in the United States", *Asia Pacific Journal of Management*, Vol. 26, 2009.

[60] GODFREY B. J., ZHOU Y., "Ranking World Cities: Multinational Corporations and the Global Urban Hierarchy", *Urban Geography*, Vol. 20, No. 3, 1999.

[61] GONG H., "Hierarchy, Information, and Power: Cities as Corporate Command and Control Centers. Special Issue in Honor of James O. Wheeler", *Urban Geography*, Vol. 36, No. 6, 2015.

[62] GORDON I. R., MCCANN P., "Industrial Clusters: Complexes, Agglomeration and/or Social Networks?", *Urban Studies*, Vol. 37, No. 3, 2000.

[63] GRAHAM S., "Global Grids of Glass: On Global Cities, Telecommunications and Planetary Urban Networks", *Urban Studies*, Vol. 36, No. 5 - 6, 1999.

[64] GRANT R., NIJMAN J., "Globalization and the Corporate Geography of Cities in the Less-developed World", *Annals of the Association of American Geographers*, Vol. 92, No. 2, 2002.

[65] GUIMARÃES P., MUNN J., WOODWARD D., "Creative Clustering: The Location of Independent Inventors", *Papers in Regional Science*, Vol. 94, No. 1, 2015.

[66] HALL P. G., *The World Cities*, New York: McGraw-Hill, 1966.

[67] HALL P. G., *The World Cities*, New York: McGraw-Hill, 1966.

[68] HALL P., *The World Cities*, New York: St. Martin's (3rd), 1984.

[69] HEENAN D. A., "Global Cities of Tomorrow", *Harvard Business Review*, Vol. 55, No. 3, 1977.

[70] HELSLEY R. W., STRANGE W. C., "Innovation and Input Sharing", *Journal of Urban Economics*, Vol. 51, No. 1, 2002.

[71] HENDERSON V., "Externalities and Industrial Development", *Journal of Urban Economics*, Vol. 42, 1997.

[72] HOEKMAN J., FRENKEN K., TIJSSEN R. J. W., "Research Collaboration at a Distance: Changing Spatial Patterns of Scientific Collaboration Within Europe", *Research Policy*, Vol. 39, No. 5, 2010.

[73] HOVHANNISYAN N., KELLER W., "International Business Travel: An Engine of Innovation?", *Journal of Economic Growth*, Vol. 20, No. 1, 2015.

[74] HOWELLS J. R. L., "Tacit Knowledge, Innovation and Economic Geography", *Urban Studies*, Vol. 39, No. 5 - 6, 2002.

[75] HOYLER M., WATSON A., "Globa Media Cities in Transnational Media Networks", *Tijdschrift Voor Economische en Sociale Geografie*, Vol. 104, No. 1, 2013.

[76] Ó HUALLACHÁIN B., "Patnet Places: Size Matters", *Journal of Regional Science*, Vol. 39, No. 4, 1999.

[77] HYMER S., "The Multinational Corporation and the Law of Uneven Development", BHAGWATI J., *Economics and World Order from the 1970s to the 1990s*, New York: Collier-MacMillan, 1972.

[78] ISARD W., *Location and Space Economy*, Cambridge, MA: The MIT Press, 1956.

[79] JACOBS J., *Cities and the Wealth of Nations: Principles of Economic Life*, New York: Random House, 1984.

[80] JACOBS W., DUCRUET C., De LANGEN P., "Integrating World Cities Into Production Networks: The Case of Port Cities", *Global Networks*, Vol. 10, No. 1, 2010.

[81] JACOBS W., KOSTER H. R., HALL P. V., "The Location and Global Network Structure of Maritime Advanced Producer Services", *Urban Studies*, Vol. 48, No. 13, 2011.

[82] JACOBS W., "Rotterdam and Amsterdam as Trading Places? In Search of the Economic-geographical Nexus between Global Commodity Chains and World Cities", *Tijdschrift Voor Economische en Sociale Geografie*, Vol. 105, No. 4, 2014.

[83] KATZ J. S., "Geographical Proximity and Scientific Collaboration", *Scientometrics*, Vol. 31, No. 1, 1994.

[84] KEELING D. J., "Transport and the World City Paradigm", KNOX P. L., TAYLOR P. J., *World Cities in a World-System*, Cambridge: Cambridge University Press, 1995.

[85] KING A. D., "Imperiallism and World Cities", DERUDDER B., HOYLER M., TAYLOR P. J., *International Handbook of Globalization and World Cities*, Northampton, MA: Edward Elgar, 2012.

[86] KING A. D., *Urbanism, Colonialism, and the World-Economy: Cultural and Spatial Foundations of the World Urban System*, London: Routledge, 1991.

[87] KING A. D., "World Cities: Global? Postcolonial? Postimperial? Or Just the Result of Happenstance? Some Cultural Comments", BRENNER N., KEIL R., *The Global Cities Reader*, London: Routledge, 2006a.

[88] KING A., *Global Cities: Post-Imperialism and the Internatinoalization of London*, London: Routledge and Kegan Paul, 1990.

[89] KORFF R., "The World City Hypothesis: A Critique", *Development and Change*, Vol. 18, No. 3, 1987.

[90] KRATKE S., BRANDT A., "Knowledge Networks as a Regional Development Resource: A Network Analysis of the Interlinks between Scientific Institutions and Regional Firms in the Metropolitan Region of Hanover, Germany", *European Planning Studies*, Vol. 17, No. 1, 2009.

[91] KRÄTKE S., "Global Media Cities in a World-wide Urban Network", *European Planning Studies*, Vol. 11, No. 6, 2003.

[92] KRÄTKE S., TAYLOR P. J., "A World Geography of Global Media Cities", *European Planning Studies*, Vol. 12, No. 4, 2004.

[93] LAI K., "Differentiated Markets: Shanghai, Beijing and Hong Kong in China's Financial Centre Network", *Urban Studies*, Vol. 49, No. 6, 2012.

[94] LANG R., KNOX P. K., "The New Metropolis: Rethinking Megalopolis", *Regional Studies*, Vol. 43, No. 6, 2009.

[95] LARSSON J. P., "The Neighborhood or the Region? Reassessing the Density-wage Relationship Using Geocoded Data", *The Annals of Regional Science*, Vol. 52, No. 2, 2014.

[96] LAU C. M., NGO H. Y., YIU D. W., "Internationalization and Organizational Resources of Chinese Firms", *Chinese Management Studies*, Vol. 4, 2010.

[97] LEE S. Y., FLORIDA R., GATES G., "International Review of Public Administration", *International Review of Public Administration*, Vol. 14, No. 3, 2010.

[98] LEHRER U., "Willing the Global City: Berlin's Cultural Strategies of Inter-urban Competition after 1989", BRENNER N., KEIL R., *The Global Cities Reader*, London: Routledge,

2006.

[99] LIU L., TIAN Y., "The Internatinoalization of Chinese Enterprises", *International Journal of Technology and Globalization*, Vol. 4, 2008.

[100] LIU X., HONG S., LIU Y., "A Bibliometric Analysis of 20 Years of Globalization Research: 1990 – 2009", *Globalizations*, Vol. 9, No. 2, 2012.

[101] LIU X. J., DERUDDER B., WITLOX F., et al., "Cities as Networks Within Networks of Cities: The Evolution of the City/firm-duality in the World City Network, 2000 – 2010", *Tijdschrift voor Economische en Sociale Geografie*, Vol. 105, No. 4, 2014.

[102] LO F., YEUNG Y., "Introduction", LO F., YEUNG Y., *Globalization and the World of Large Cities*, United Nations University Press, 1998.

[103] LUO Y., TUNG R. L., "International Expansion of Emerging Market Enterprises: A Springboard Perspective", *Journal of International Business Studies*, Vol. 38, 2007.

[104] LU Y., ZHOU L., BRUTON G., et al., "Capabilities as a Mediator Linking Resources and the International Performance of Entrepreeurial Firms in an Emerging Economy", *Journal of International Business Studies*, Vol. 41, 2010.

[105] LYONS D., SALMON S., "World Cities, Multinational Corporations, and Urban Hierarchy: The Case of the United States", KNOX P. L., TAYLOR P. J., *World Cities in a World-System*, Cambridge: Cambridge University Press, 1995.

[106] MARSHALL A., *Principles of Economics*, London: MacMil-

lan and Co, 1920.

[107] MASKELL P., MALMBERG A., "Localised Learning and Industrial Competitiveness", *Cambridge Journal of Economics*, Vol. 23, 1999.

[108] MATHEWS J. A., "China, India and Brazil", *Asian Business & Management*, Vol. 8, 2009.

[109] MATSUMOTO H., "International Urban Systems and Air Passenger and Cargo Flows: Some Calculations", *Journal of Air Transport Management*, Vol. 10, No. 4, 2004.

[110] MA X., TIMBERLAKE M. F., "Identifying China's Leading World City: A Network Approach", *GeoJournal*, Vol. 71, No. 1, 2008.

[111] MCCANN E. J., "Urban Political Economy Beyond the 'Global City'", *Urban Studies*, Vol. 41, No. 12, 2004.

[112] MCCANN P., "Rethinking the Economics of Location and Agglomeration", *Urban Studies*, Vol. 32, No. 3, 1995.

[113] MEYER D. R., "The World System of Cities: Relations between International Financial Metropolises and South American Cities", *Social Forces*, Vol. 64, No. 3, 1986.

[114] MOULAERT F., DJELLAL F., "Information Technology Consultancy Firms: Economies of Agglomeration from a Wide-area Perspective", *Urban Studies*, Vol. 32, No. 1, 1995.

[115] MOULD O., "The Role of Planned Media Cities in the Geographies of Creative Industry Activity", [2021-01-29], http://www.lboro.ac.uk/gawc/rb/rb397.html.

[116] NATHAN M., "Same Difference? Minority Ethnic Inventors, Diversity and Innovation in the UK", *Journal of Eco-*

nomic Geography, Vol. 15, No. 1, 2014.

[117] NIEBUHR A., "Migration and Innovation: Does Cultural Diversity Matter for Regional R&D Activity?", *Papers in Regional Science*, Vol. 89, No. 3, 2010.

[118] NOLAN P., ZHANG J., "Globalization Chalnge for Large Firms from Developing Countries", *European Management Journal*, Vol. 21, 2002.

[119] OÓHAGAN M., "Manga, Anime and Video Games: Globalization Japanese Cultural Production", *Studies in Translatology*, Vol. 14, No. 4, 2007.

[120] ORLANDO M. J., VERBA M., "Do Only Big Cities Innovate? Technological Maturity and the Location of Innovation", *Economic Review (Kansas City)*, Vol. 90, No. 2, 2005.

[121] OSWICK C., JONES P. J., LOCKWOOD G., "A Bibliometric and Tropological Analysis of Globalization", *Journal of International of Business Disciplines*, Vol. 3, No. 2, 2009.

[122] OZGEN C., PETERS C., NIEBUHR A., et al., "Does Cultural Diversity of Migrant Employees Affect Innovation?", *International Migration Review*, Vol. 48, No. 1 _ suppl, 2014.

[123] PARR J. B., "Agglomeration Economies: Ambiguities and Confusions", *Environment and Planning. A*, Vol. 34, No. 4, 2002.

[124] PHELPS N. A., FALLON R. J., WILLIAMS C. L., "Small Firms, Borrowed Size and the Urban-rural Shift", *Regional Studies*, Vol. 35, No. 7, 2001.

[125] POMERANZ K., *The Great Divergence: China, Europe, and the Making of the Modern World Economy*, Princeton, NJ: Princeton University Press, 2000.

[126] PRED A., "On the Spatial Structure of Organizations and the Complexity of Metropolitan Interdependence", *Papers in Regional Science*, Vol. 35, No. 1, 1975.

[127] ROBINSON J., *Ordinary Cities: Between Modernity and Development*, New York: Routledge, 2006.

[128] ROBINSON J., "Urban Geography: World Cities, or a World of Cities", *Progress of Human Geography*, Vol. 29, No. 6.

[129] ROMER P. M., "Increasing Returns and Long-Run Growth", *The Journal of Political Economy*, Vol. 94, No. 5, 1986.

[130] ROSENTHAL S. S., STRANGE W. C., "Geography, Industrial Organization, and Agglomeration", *The Review of Economics and Statistics*, Vol. 85, No. 2, 2003.

[131] ROZENBLAT C., PUMAIN D., "Firm Linkages, Innovation and the Evolution of Urban System", TAYLOR P. J., DERUDDER B., SAEY P., et al., *Cities in Globalization: Practices, Policies, Theories*, London: Routledge, 2007.

[132] ROZENBLAT C., PUMAIN D., "The Location of Multinational Firms in the European Urban System", *Urban Studies*, Vol. 30, No. 10, 1993.

[133] SASSEN S., *Cities in a World Economy*, Thousand Oaks, CA: Pine Forge Press, 1994.

[134] SASSEN S., *The Global City: New York, London, Tokyo*, (2nd ed.). Princeton, N.J.: Princeton University Press,

2001.

[135] SASSEN S. , *The Global City*: *New York*, *London*, *Tokyo*, Princeton: Princeton University Press, 1991.

[136] SAXENIAN A. , "Comment on Kenney and von Burg, 'Technology, Entrepreneurship and Path Dependence: Industrial Clustering in Silicon Valley and Route 128'", *Industrial and Corporate Change*, Vol. 8, No. 1, 1999.

[137] SHATKIN G. , "'Fourth World' Cities in the Global Economy: The Case of Phnom Penh, Cambodia", *International Journal of Urban and Regional Research*, Vol. 22, No. 3, 1998.

[138] SHIN K. , TIMBERLAKE M. , "Korea's Global City: Structural and Political Implications of Seoul's Ascendance in the Global Urban Hierarchy", *International Journal of Comparative Sociology*, Vol. 47, No. 2, 2006.

[139] SHORT J. R. , KIM Y. , KUUS M. , et al. , "The Dirty Little Secret of World Cities Research: Data Problems in Comparative Analysis", *International Journal of Urban and Regional Research*, Vol. 20, No. 4, 1996.

[140] SIMON B. , "Sao Paulo: Outsourcing and Downgrading of Labour in a Globalizing City", BRENNER N. , KEIL R. , *The Global Cities Reader*, London: Routledge, 2006.

[141] SIMON D. , "The World City Hypothesis: Reflection from the Periphery", KNOX P. L. , TAYLOR P. J. , *World Cities in a World-System*, Cambridge: Cambridge University Press, 1995.

[142] SIMONTON D. K. , "Scientific Genius is Extinct", *Nature*, Vol. 493, No. 7434, 2013.

[143] SKORSKA M. J. , "Performing on the Global Stage: Exploring the Relationship between Finance and Arts in Global Cities", [2021-01-29], http://www.lboro.ac.uk/gawc/rb/rb412.html.

[144] SMITH D. A. , TIMBERLAKE M. , "Cities in Global Matrices: Toward Mapping the World-system's City-system", KNOX P. L. , TAYLOR P. J. , *World Cities in a World System*, New York: Cambridge University Press, 1995.

[145] SMITH D. A. , TIMBERLAKE M. , "Conceptualising and Mapping the Structure of the World System's City System", *Urban Studies*, Vol. 32, No. 2, 1995.

[146] SMITH D. A. , TIMBERLAKE M. , "World City Networks and Hierarchies, 1977-1997: An Empirical Analysis of Global air Travel Links", *American Behavioral Scientist*, Vol. 44, No. 10, 2001.

[147] SMITH R. G. , "Beyond the Global City Concept and the Myth of 'Command and Control'", *International Journal of Urban and Regional Research*, Vol. 38, No. 1, 2014.

[148] SMITH R. G. , DOEL M. A. , "Questioning the Theoretical Basis of Current Global-City Research: Structures, Networks and Actor-Networks", *International Journal of Urban and Regional Research*, Vol. 35, No. 1, 2011.

[149] SMITH R. G. , "World City Actor-networks", *Progress in Human Geography*, Vol. 27, No. 1, 2003.

[150] STRAMBACH S. , KLEMENT B. , "Cumulative and Combinatorial Micro-dynamics of Knowledge: The Role of Space and Place in Knowledge Integration", *European Planning Studies*, Vol. 20, No. 11, 2013.

[151] TAYLOR P. J., ARANYA R., "A Global 'Urban Roller Coaster'? Connectivity Changes in the World City Network, 2000 – 2004", *Regional Studies*, Vol. 42, No. 1, 2008.

[152] TAYLOR P. J., "Beyond Containers: Internationality, Interstateness, Interterritoriality", *Progress in Human Geography*, Vol. 19, No. 1, 1995a.

[153] TAYLOR P. J., CATALANO G., WALKER D., "Measurement of the World City Network", *Urban Studies*, Vol. 39, No. 13, 2002.

[154] TAYLOR P. J., CATALANO G., WALKER D. R., "Exploratory Analysis of the World City Network", *Urban Studies*, Vol. 39, No. 13, 2002.

[155] TAYLOR P. J., CATALANO G., WALKER D. R. F., "Measurement of the World City Network", *Urban Studies*, Vol. 39, No. 13, 2001.

[156] TAYLOR P. J., DERUDDER B., HOYLER M., et al., "City-dyad Analyses of China's Integration Into the World City Network", *Urban Studies*, Vol. 51, No. 5, 2014.

[157] TAYLOR P. J., DERUDDER B., World City Network: A Global Urban Analysis (the 2nd edition), (2nd edition), London: Routledge, 2015.

[158] TAYLOR P. J., "Hierarchical Tendencies Amongst World Cities: A Global Research Proposal", *Cities*, Vol. 14, No. 6, 1997.

[159] TAYLOR P. J., "New Political Geographies: Global Civil Society and Global Governance Through World City Networks", *Political Geography*, Vol. 24, No. 6, 2005.

[160] TAYLOR P. J., "Regionality in the World City Network",

International Social Science Journal, Vol. 56, No. 3, 2004.

[161] TAYLOR P. J., "Specification of the World City Network", *Geographical Analysis*, Vol. 33, No. 2, 2001.

[162] TAYLOR P. J., "The New Geography of Global Civil Society: NGOs in the World City Network", *Globalization*, Vol. 1, No. 2, 2004b.

[163] TAYLOR P. J., WALKER D., "World Cities: A First Multivariate Analysis of Their Service Complexes", *Urban Studies*, Vol. 38, No. 1, 2001.

[164] TAYLOR P. J., "World cities and territorial states: the rise and fall of their mutuality", World Cities in a World System, 1995b.

[165] TAYLOR P. J., *World City Network: A Global Urban Analysis*, London: Routledge, 2004a.

[166] TAYLOR R., "Globalization strategies of Chinese companies", *Asian Business & Management*, Vol. 1, 2002.

[167] TOLY N., BOUTELIGIER S., SMITH G., et al., "New Maps, New Questions: Global Cities Beyond the Advanced Producer and Financial Services Sector", *Globalization*, Vol. 9, No. 2, 2012.

[168] TOWNSEND A. M., "The Internet and the Rise of the New Network Cities, 1969 – 1999", *Environment and Planning B: Planning and Design*, Vol. 28, No. 1, 2001.

[169] VOSS H., BUCKLEY P., CROSS A. R., "The impact of home country institutional effects on the internationalization strategy of Chinese firms", *Multinaitonal Business Review*, Vol. 18, 2010.

[170] WALLERSTEIN I., "The Integration of the National Libera-

tion Movement in the Field of International Liberation", *Contemporary Marxism*, No. 6, 1983.

[171] WALLERSTEIN I., *The Modern World-system: Capitalist Agriculture and the Origins of the European World-economy in the Sixteenth Century*, New York: Academic, 1974.

[172] WALLERSTEIN I., *The Modern World-System* II: *Mercantilism and the Consolidation of the European World-Economy, 1600 – 1750*, New York: Academic Press, 1980.

[173] WANG W., WANG Y. P., KINTREA K., "The (Re) Making of Polycentricity in China's Planning Discourse: The Case of Tianjin", *International Journal of Urban and Regional Research*, Vol. 44, No. 5, 2020.

[174] WARF B., "Telecommunications and the Changing Geographies of Knowledge Transmission in the Late 20th Century", *Urban Studies*, Vol. 32, No. 2, 1995.

[175] WARNER M., NG S., XU X., "Late Development's Experience and the Evolution of Transnational Firms in the People's Republic of China", *Asia Pacific Business Review*, Vol. 10, 2004.

[176] WATSON A., "How Global are the 'Global Media'? Analysing the Networked Urban Geographies of Transnational Media Corporations", DERUDDER B., HOYLER M., TAYLOR P. J., et al., *International Handbook of Globalization and World Cities*, Northampton, MA: Edward Elgar Publishing, 2011.

[177] WATSON A., HOYLER M., MAGER C., "Spaces and Networks of Musical Creativity in the City", *Geography Compass*, Vol. 3, No. 2, 2009.

[178] YANG X., JIANG Y., KANG R., et al., "A Comparative Analysis of Internationalization of Chinese and Japanese Firms", *Asia Pacific Journal of Management*, Vol. 26, 2009.

[179] YEUNG H. W., LIU W., "Globalizing China: The Rise of Mainland Firms in the Global Economy", *Eurasian Geography and Economics*, Vol. 49, No. 1, 2008.

[180] ZENG Y., "The Formation of Regional Financial Center in China: Based on the City of Guangzhou", *Modern Economy*, Vol. 7, No. 4, 2016.

[181] ZHOU L., "The Effects of Entrepreneurial Proclivity and Foreign Market Knowledge on Early Internationalization", *Journal of World Business*, Vol. 42, 2007a.

[182] ZHOU L., "The Effects of Entrepreneurial Proclivity and Foreign Market Knowledge on Early Internationalization", *Journal of World Business*, Vol. 42, 2007b.

[183] ZHOU Y., "The Prospect of International Cities in China", LOGAN J. R., *The New Chinese City: Globalization and Market Reform*, Oxford: Oxford, 2002.

[184] 柏兰芝、陈诗宁:《从跨国广告业看全球化和全球城市——以中国广告业为例》,《地理研究》2004年第23卷第5期。

[185] 北京构建世界城市的政府治理研究课题组、周继东、杨建顺等:《北京构建世界城市的政府治理研究》,《法学杂志》2012年第33卷第9期。

[186] 陈光庭、陈砳:《东京的国际化现状、发展及启迪(一)》,《城市问题》1993年第4期。

[187] 陈林华、王跃、李荣日等:《国际体育城市评价指标体系

的构建研究》,《体育科学》2014 年第 34 卷第 6 期。

［188］陈怡安、齐子翔:《城市国际化水平评价指标体系及实证研究——以天津滨海新区为例》,《经济体制改革》2013 年第 1 期。

［189］陈悦、陈超美、刘则渊等:《CiteSpace 知识图谱的方法论功能》,《科学学研究》2015 年第 33 卷第 2 期。

［190］丁工:《促成"世界变局"与"中国机遇"互动从"相加"到"相融"》,《中国发展观察》2019 年第 18 期。

［191］杜德斌、冯春萍:《中国的世界地理研究进展与展望》,《地理科学进展》2011 年第 30 卷第 12 期。

［192］方远平、毕斗斗:《国际大都市服务业结构与功能特征》,《城市问题》2007 年第 12 期。

［193］高春亮:《文献综述:生产者服务业概念、特征与区位》,《上海经济研究》2005 年第 11 期。

［194］《歌德谈话录》,杨武能译,四川文艺出版社 2008 年版。

［195］歌德:《意大利游记》,载《歌德文集》第 11 卷,赵乾龙译,河北教育出版社 1999 年版。

［196］公丕萍、宋周莺、刘卫东:《中国与"一带一路"沿线国家贸易的商品格局》,《地理科学进展》2015 年第 34 卷第 5 期。

［197］顾朝林、孙樱:《经济全球化与中国国际性城市建设》,《城市规划汇刊》1999 年第 3 期。

［198］顾乃华、陈丰哲:《文化创意产业与城市服务业竞争力:基于全球城市数据的实证研究》,《宁夏社会科学》2011 年第 1 期。

［199］郭继文:《经济全球化进程中全面建设小康社会面临的机遇》,《菏泽学院学报》2006 年第 1 期。

［200］郭艳华、周兆钿:《广州全面建设小康社会的科技支撑能

力研究》,《科技与经济》2005年第3期。

[201] 韩骥、袁坤、黄鲁霞等:《全球城市宜居性评价及发展趋势预测——以上海市为例》,《华东师范大学学报》(自然科学版)2017年第1期。

[202] 黄丙志、石良平:《世界城市视角下国际贸易中心的当代"节点"特征》,《上海经济研究》2010年第11期。

[203] 黄江松、鹿春江、徐唯燊:《基于马斯洛需求理论构建宜居城市指标体系及对北京的宜居评价》,《城市发展研究》2018年第25卷第5期。

[204] 姜炎鹏、王腾飞、陈明星等:《全球城市研究热点与进展——首届"全球城市与城市区域"青年学者学术研讨会会议综述》,《世界地理研究》2019年第28卷第1期。

[205] 蒋荷新、邓继光:《全球城市产业结构演变规律及上海的差距——教育结构视角》,《城市发展研究》2015年第22卷第2期。

[206] 金凤君:《我国航空客流网络发展及其地域系统研究》,《地理研究》2001年第1期。

[207] 金钟范:《基于企业母子联系的中国跨国城市网络结构——以中韩城市之间联系为例》,《地理研究》2010年第29卷第9期。

[208] 金钟范:《中国城市体系跨境网络结构特征——基于世界500强企业母子关系分析》,《地域研究与开发》2016年第35卷第6期。

[209] 康拉德·S:《全球史导论》,陈浩译,商务印书馆2018年版。

[210] 蒯大申:《论国际大都市形成的文化条件》,《社会科学》2004年第7期。

[211] 李步云:《改革开放以来世界城市治理法治化的进程》,

《北京社会科学》2009 年第 5 期。

[212] 李红卫、吴志强、易晓峰等：《Global-Region：全球化背景下的城市区域现象》，《城市规划》2006 年第 8 期。

[213] 李健：《国际城市产业转型的理论、经验与启示》，《现代经济探讨》2014 年第 2 期。

[214] 李琳：《香港城市国际化的特点、经验及启示》，《城市问题》1994 年第 2 期。

[215] 李迎成：《中西方城市网络研究差异及思考》，《国际城市规划》2018 年第 33 卷第 2 期。

[216] 李志刚、闫飞：《中国模式下的"全球化城市"营造：广州经验》，《规划师》2011 年第 2 期。

[217] 李志刚、吴缚龙、高向东：《"全球城市"极化与上海社会空间分异研究》，《地理科学》2007 年第 27 卷第 3 期。

[218] 李志刚、薛德升、杜枫等：《全球化下"跨国移民社会空间"的地方响应——以广州小北黑人区为例》，《地理研究》2009 年第 28 卷第 4 期。

[219] 梁志超、黄旭、薛德升：《柏林市艺术空间演变与政府引导机制——以米特区施潘道郊区为例》，《国际城市规划》2017 年第 32 卷第 6 期。

[220] 廖开怀、李立勋、张虹鸥：《全球化背景下广州城市文化消费空间重构——以星巴克为例》，《热带地理》2012 年第 2 期。

[221] 刘涛、周强、刘作丽等：《国际大都市区空间发展规律与空间治理——兼论对北京的启示》，《城市发展研究》2017 年第 24 卷第 11 期。

[222] 刘炜、蔡丽茹、杜志威：《广州枢纽型网络城市建设与提高全球资源配置能力研究》，《城市观察》2019 年第 3 期。

[223] 刘云刚、谭宇文、周雯婷：《广州日本移民的生活活动与生活空间》，《地理学报》2010年第65卷第10期。

[224] 龙绍双：《论城市性质、功能、结构及其相互关系——兼论广州建设国际大都市的基本着力点》，《城市问题》2001年第2期。

[225] 陆菁、傅诺：《全球数字贸易崛起：发展格局与影响因素分析》，《社会科学战线》2018年第11期。

[226] 陆枭麟、王苑、张京祥等：《全球性大事件及其影响效应研究评述》，《国际城市规划》2011年第26卷第1期。

[227] 罗小龙、韦雪霁、张京祥：《中国城市国际化的历程、特征与展望》，《规划师》2011年第27卷第2期。

[228] 马士：《东印度公司对华贸易编年史1635—1834年第3卷》，区宗华译，广东人民出版社2016年版。

[229] 马学广、李贵才：《全球流动空间中的当代世界城市网络理论研究》，《经济地理》2011年第31卷第10期。

[230] 梅琳、吕方、龚胜生：《武汉城市国际化过程中跨国机构引入的问题与对策》，《湖北社会科学》2019年第4期。

[231] 梅琳、苏念、薛德升：《广州跨国机构的时空过程及其动力因素研究》，《人文地理》2012年第27卷第1期。

[232] 梅琳、薛德升、Frauke Kraas：《跨国机构与地方共同作用下的城市全球化——德国波恩的案例研究》，《地理学报》2014年第69卷第2期。

[233] 梅琳、薛德升：《世界城市中的跨国机构研究综述》，《地理科学进展》2012年第31卷第10期。

[234] 苏念、薛德升：《从政府间国际组织的联系解读中日两国的全球联系》，《热带地理》2014年第34卷第6期。

[235] 聂清：《生产者服务业与制造业关联效应研究》，《国际商务研究》2006年第1期。

[236] 潘峰华、方成、李仙德：《中国城市网络研究评述与展望》，《地理科学》2019年第39卷第7期。

[237] 彭高峰：《枢纽型网络城市——广州建设国家中心城市的规划探索与实践》，《北京规划建设》2017年第1期。

[238] 齐心、张佰瑞、赵继敏：《北京世界城市指标体系的构建与测评》，《城市发展研究》2011年第18卷第4期。

[239] 齐元静、杨宇、金凤君：《中国经济发展阶段及其时空格局演变特征》，《地理学报》2013年第68卷第4期。

[240] 任远、陈向明：《全球城市—区域的时代》，复旦大学出版社2009年版。

[241] 入江昭：《全球史与跨过是：过去，现在和未来》，邢承吉、腾凯伟译，浙江大学出版社2018年版。

[242] 邵晖：《从大城市到全球城市—区域——中国大城市空间重构的动力研究》，《发展研究》2012年第7期。

[243] 申静、刘莹、赵域航：《国际大都市创新评价指标体系构建及应用》，《技术经济》2018年第37卷第2期。

[244] 申立、陆巍、王彬：《面向全球城市的上海文化空间规划编制的思考》，《城市规划学刊》2016年第3期。

[245] 沈金箴：《东京世界城市的形成发展及其对北京的启示》，《经济地理》2003年第23卷第4期。

[246] 孙庆平：《全球化与全面建设小康社会的哲学思考》，《中国科技信息》2004年第24期。

[247] 谭佩珊、黄旭、薛德升：《世界城市中跨国文化消费空间的演化过程与机制——以柏林克洛伊茨贝格街区为例》，《国际城市规划》2019年第34卷第4期。

[248] 汤伟：《世界城市与全球治理的逻辑构建及其意义》，《世界经济与政治》2013年第6期。

[249] 唐子来、李粲：《迈向全球城市的战略思考》，《国际城

市规划》2015年第30卷第4期。

[250] 陶希东：《上海建设国际消费中心城市的成效、问题与对策》，《科学发展》2020年第11期。

[251] 汪欢欢、兰蓓：《中西部城市提升国际化水平路径研究——基于指标体系构建与比较分析视角》，《宏观经济研究》2012年第12期。

[252] 汪明峰：《浮现中的网络城市的网络——互联网对全球城市体系的影响》，《城市规划》2004年第28卷第8期。

[253] 汪明峰、孙莹：《全球化与中国时尚消费城市的兴起》，《地理研究》2013年第12期。

[254] 汪炜：《世界政治视野下的全球城市与全球治理——兼谈中国的全球城市》，《国际政治研究》2018年第39卷第1期。

[255] 王克婴、张翔：《文化产业集聚对国际创意大都市空间结构重构的影响》，《城市发展研究》2012年第19卷第12期。

[256] 王立、邱川曦、薛德升：《世界城市全球化空间的演变与重塑模式——以柏林波茨坦广场为例》，《人文地理》2019年第34卷第3期。

[257] 王立、薛德升：《解绑—嵌入：广州天河北全球化空间的跨国生产》，《地理研究》2018a年第37卷第1期。

[258] 王立、薛德升：《世界城市跨国空间形成发展过程比较——基于柏林和广州的实证》，《城市规划》2018b年第42卷第4期。

[259] 王列辉：《基于"21世纪海上丝绸之路"的中国国际航运网络演化》，《地理学报》2017年第72卷第12期。

[260] 王兰、刘刚、邱松等：《纽约的全球城市发展战略与规划》，《国际城市规划》2015年第30卷第4期。

[261] 魏士洲：《会展经济发展对北京世界城市建设的影响研究》，《江苏商论》2011年第5期。

[262] 吴郁文、彭德循：《广州港——广州国际大都市建设的加速器》，《经济地理》1995年第15卷第1期。

[263] 武前波、宁越敏：《基于网络体系优势的国际城市功能升级——以上海为例》，《南京社会科学》2010年第8期。

[264] 夏沁芳、朱燕南：《国际大都市产业结构演变规律及启示》，《中国统计》2010年第3期。

[265] 肖扬、陈颂、汪鑫等：《全球城市视角下上海新移民居住空间分异研究》，《城市规划》2016年第40卷第3期。

[266] 肖扬、杜坤、张泽：《全球城市视角下〈香港2030〉城市发展战略解析》，《国际城市规划》2015年第30卷第4期。

[267] 谢守红、李健：《关于世界城市与把上海建设成世界城市的思考》，《外国经济与管理》2003年第25卷第3期。

[268] 谢守红、宁越敏：《世界城市研究综述》，《地理科学进展》2004年第23卷第5期。

[269] 薛凤旋、杨春：《外资：发展中国家城市化的新动力——珠江三角洲个案研究》，《地理学报》1997年第52卷第3期。

[270] 薛德升、黄耿志、翁晓丽等：《改革开放以来中国城市全球化的发展过程》，《地理学报》2010a年第65卷第10期。

[271] 薛德升、黄耿志、翁晓丽等：《改革开放以来中国城市全球化的发展过程》，《地理学报》2010b年第65卷第10期。

[272] 薛德升、黄鹤绵、王阳：《历史时期全球化作用下的城市空间转变——以1890s—1930s广州东山地区为例》，《地

理科学》2014 年第 34 卷第 6 期。

［273］薛德升、梁家健、黄耿志：《全球化与广州跨国机构的空间分布演变与特征（1949—2012 年）》，《城市规划》2016 年第 40 卷第 10 期。

［274］薛德升、王立：《1978 年以来中国城市地理研究进展》，《地理学报》2014 年第 69 卷第 8 期。

［275］薛德升、邹小华：《基于中资商业银行全球空间扩展的世界城市网络及其影响因素》，《地理学报》2018 年第 73 卷第 6 期。

［276］薛熙明、朱竑、唐雪琼：《城市宗教景观的空间布局及演化——以 1842 年以来的广州基督教教堂为例》，《人文地理》2009 年第 24 卷第 1 期。

［277］阎根齐：《论南海海上丝绸之路的形成时间》，《学术探索》2017 年第 3 期。

［278］阎小培：《80 年代中期以来广州信息化水平及其变化趋势分析》，《城市问题》1999 年第 2 期。

［279］晏晓娟：《我国城市发展进程中的国际移民治理——基于社会融合的视角》，《上海对外经贸大学学报》2019 年第 26 卷第 4 期。

［280］杨辰、周俭、朗索瓦丝·兰德：《巴黎全球城市战略中的文化维度》，《国际城市规划》2015 年第 30 卷第 4 期。

［281］杨春贵：《全面建设小康社会需要正确处理的若干重大关系》，《理论前沿》2003 年第 5 期。

［282］杨蓉、刘晨、薛德升：《全球化背景下基于宗教地理的西方城市空间研究进展》，《地理科学进展》2020 年第 1 期。

［283］杨永春、冷炳荣、谭一洺等：《世界城市网络研究理论与方法及其对城市体系研究的启示》，《地理研究》2011 年

第 30 卷第 6 期。

[284] 杨再高、何江：《全球城市体系中广州国际商贸中心高质量发展研究》，载张跃国等《广州国际商贸中心发展报告（2019）》，社会科学文献出版社 2019 年版。

[285] 杨振山、丁悦、李娟：《城市可持续发展研究的国际动态评述》，《经济地理》2016 年第 36 卷第 7 期。

[286] 姚宜：《广州城市国际形象及其对外传播研究》，《城市观察》2013 年第 6 期。

[287] 姚宜：《国际组织对提升城市国际影响力的作用——以广州为例》，《改革与开放》2015 年第 9 期。

[288] 叶南客、李程骅、周蜀秦：《基于"大事件"驱动的城市国际化战略研究》，《南京社会科学》2011 年第 10 期。

[289] 易斌、于涛、翟国方：《城市国际化水平综合评价体系构建与实证研究》，《经济地理》2013 年第 33 卷第 9 期。

[290] 尤彧聪、易露霞：《广州对外贸易转型发展：现状、可行性和对策研究》，《现代营销》（经营版）2018 年第 12 期。

[291] 于涛方、刘娜：《中国城市全球化与地方化程度分析》，《地理与地理信息科学》2005 年第 3 期。

[292] 于涛方、刘娜：《中国城市全球化与地方化程度分析》，《地理与地理信息科学》2005 年第 3 期。

[293] 于涛方、吕拉昌、刘云刚等：《中国城市地理学研究进展与展望》，《地理科学进展》2011 年第 30 卷第 12 期。

[294] 袁坤、韩骥、孟醒等：《宜居城市研究进展》，《中国人口·资源与环境》2016 年第 26 卷第 S2 期。

[295] 曾德雄：《广州建设枢纽型网络城市的文化解读》，《人民之声》2016 年第 11 期。

[296] 张凡、杨传开、宁越敏等：《基于航空客流的中国城市对

外联系网络结构与演化》,《世界地理研究》2016 年第 25 卷第 3 期。

[297] 张海平:《让文化引领城市发展》,《学理论》2016 年第 12 期。

[298] 张泓铭:《上海商贸业发展与国际贸易中心建设》,《上海经济研究》2009 年第 7 期。

[299] 张庆、彭震伟:《国际大都市生产性服务业空间分布与演化的非均衡发展趋势》,《规划师》2013 年第 29 卷第 11 期。

[300] 张蓉、许学强、叶嘉安:《我国经济的全球化及其对城镇体系的影响》,《地理研究》1995 年第 3 期。

[301] 张芸、王彬、朱竑:《外来宗教在口岸城市的空间分布及扩散特征——以福州市基督教教堂为例》,《地理科学进展》2011 年第 30 卷第 8 期。

[302] 张作乾:《加速广州金融国际化建设地区金融中心》,《港澳经济》1994 年第 Z1 期。

[303] 赵渺希:《全球化语境中城市重大事件的区域关联响应——基于北京奥运会新闻信息流的实证研究》,《世界地理研究》2011 年第 20 卷第 1 期。

[304] 赵民、李峰清、徐素:《新时期上海建设"全球城市"的态势辨析与战略选择》,《城市规划学刊》2014 年第 4 期。

[305] 赵群毅、周一星:《西方生产性服务业的地理学研究进展》,《地理与地理信息科学》2005 年第 6 期。

[306] 郑德高、马璇、葛春晖等:《追求卓越的全球城市:上海城市发展目标和战略路径研究》,《城市规划学刊》2017 年第 S1 期。

[307] 郑蕾、刘志高:《中国对"一带一路"沿线直接投资空

间格局》,《地理科学进展》2015 年第 34 卷第 5 期。

[308] 周雯婷、刘云刚、全志英:《全球化背景下在华韩国人族裔聚居区的形成与发展演变——以北京望京为例》,《地理学报》2016 年第 71 卷第 4 期。

[309] 周振华:《崛起中的全球城市:理论框架及中国模式研究》,上海人民出版社 2008 年版。

[310] 周振华:《全球城市区域:我国国际大都市的生长空间》,《开放导报》2006b 年第 5 期。

[311] 周振华:《全球化、全球城市网络与全球城市的逻辑关系》,《社会科学》2006a 年第 10 期。

[312] 周振华:《世界城市理论与我国现代化国际大都市建设》,《经济学动态》2004 年第 3 期。

[313] 庄德林、陈信康:《2010 年世博会与上海国际大都市形象塑造研究》,《城市发展研究》2010 年第 17 卷第 4 期。

[314] 邹小华、薛德升、李玮:《中资律师事务所全球扩展及其网络空间结构演变》,《世界地理研究》2019 年第 28 卷第 2 期。

[315] 邹小华、薛德升:《世界城市体系研究的定量化趋势及其方法演化》,《人文地理》2017 年第 32 卷第 1 期。